国家级职业教育规划教材
全国中等职业技术学校饭店服务专业教材

GUOJIAJI ZHIYEJIAOYU GUIHUA JIAOCAI

姜倩 主编

（第四版）

客房服务

人力资源社会保障部教材办公室 组织编写

中国劳动社会保障出版社

简介

本教材介绍了客房部以及客房的基础知识，讲解了清洁设备及清洁剂的使用方法，详细阐述了客房清扫和对客服务工作的步骤和方法，并对客房物品管理和安全管理做了说明。教材文字运用简练、工作方法讲述细致、图示丰富，适于中等职业技术学校教学使用。

本教材由姜倩任主编，刘建华参加编写。沈群审稿。

图书在版编目(CIP)数据

客房服务 / 姜倩主编. —4版. —北京：中国劳动社会保障出版社，2016
全国中等职业技术学校饭店服务专业教材
ISBN 978-7-5167-2527-6

Ⅰ. ①客… Ⅱ. ①姜… Ⅲ. ①客房－商业服务－中等专业学校－教材
Ⅳ. ①F719.2

中国版本图书馆CIP数据核字(2016)第129293号

中国劳动社会保障出版社出版发行
(北京市惠新东街1号 邮政编码：100029)

*

三河市华骏印务包装有限公司印刷装订 新华书店经销

787毫米×1092毫米 16开本 16.25印张 280千字
2016年6月第4版 2025年5月第11次印刷

定价：31.00元

营销中心电话：400-606-6496
出版社网址：http://www.class.com.cn
http://jg.class.com.cn

Preface 前言

全国中等职业技术学校饭店服务专业教材自出版至今已有二十年，在此期间，我们密切关注行业的发展以及职业学校教学需求的变化，先后对教材进行了两次修订和增补开发，使得教材内容不断更新，体系逐步完善。

在新一轮的教材修订工作中，我们收集饭店企业对于技能型人才的具体要求以及学校使用教材的反馈意见，组织骨干教师与行业、企业的专家进行充分研讨，确定重点做好以下几方面工作：

◆更新教材内容　根据饭店企业的发展变化，补充有关饭店管理的最新理念，以及在线预订、智能系统等互联网时代出现的新方法、新技术，更新与饭店及旅游相关的人文信息，使教材内容更加具有前瞻性。进一步加大技能训练的比重，在前厅服务、客房服务、餐厅服务、康乐服务等主要技能课教材中，更多地加入实践案例和操作指导，有助于学校开展一体化教学。同时，将职业道德、服务意识、礼仪规范等有机融入到教学内容、课堂问答、课后训练等各环节中，以加强对学生职业素质的培养。

◆提升教材表现力　通过设置“案例分析”“知识链接”“服务提示”等不同栏目，增加教材的亲和力，激发学生的学习兴趣。同时，尽可能多地以图表代替冗长的文字叙述，使教材更加生动直观，易于学习。

◆加强立体化资源建设　将习题册修订与教材修订同步进行，同时补充开发配套的电子课件。习题册答案及电子课件可登陆 www.class.com.cn，搜索相应的书目，在相关资源中下载。

本套教材的编写得到了有关省市人力资源和社会保障部门以及一批中等职业技术学校的大力支持，教材的编审人员做了大量的工作，在此，我们表示衷心的感谢！同时，恳切希望广大读者对教材提出宝贵的意见和建议。

人力资源社会保障部教材办公室

Contents 目　录

第一章 客房部概述

客房部是饭店的重要部门之一，它不仅要建立完善的组织结构，设立合理的工作岗位，制订相应的工作内容，明确各岗位的人员素质要求，而且还应协调与饭店其他部门的关系，共同维护客房部的设施设备，为客人提供舒适、安宁的环境，做好对客服务，满足客人的各项正当要求。

学习目标

☆了解客房部在饭店中的地位、作用、任务和业务特点。

☆了解客房部组织结构的形式。

☆熟悉客房部的业务分工及主要岗位的设置。

☆掌握客房部服务员的工作描述。

☆掌握客房部与前厅部、工程部、餐饮部的沟通与协调。

☆了解客房部与采购部、保安部、人力资源部、财务部、公关销售部的沟通与协调。

☆熟悉衡量客房服务质量的标准和对客服务质量的要求。

☆掌握国家星级评定对客房服务的要求。

☆了解客房服务发展的新趋势。

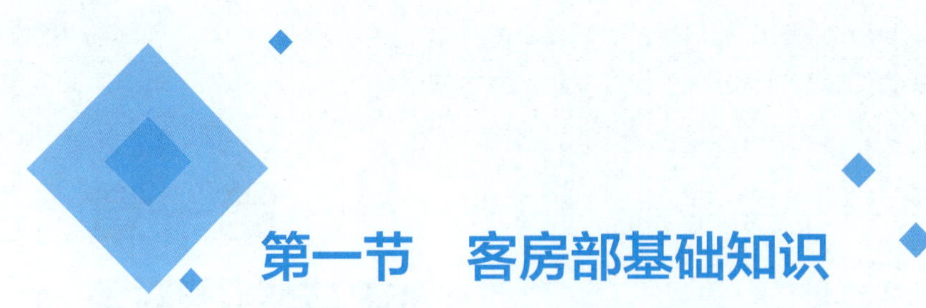

第一节　客房部基础知识

客房部又称房务部、管家部，是饭店的一个重要的业务部门，英文名称为 Housekeeping Department。它是为饭店生产客房产品，为住店客人提供会客、洗衣、物品租借等对客服务，为饭店其他部门提供布件洗涤、保管等服务，负责饭店公共区域清洁保养的综合性部门。

一、客房在饭店中的地位

1．客房是饭店的基本设施和主体

客房是饭店拥有的最基本最重要的设施，是饭店区别于酒楼、酒家、娱乐中心、休闲中心的关键所在。客房在饭店中的重要性主要体现在以下几个方面：首先，饭店的一个重要功能是为公众提供住宿，而这一切的实现依靠的就是客房；其次，从建筑面积、物资设备的使用和固定资产等几个方面来说，客房在饭店中均占了绝大部分；再次，客房的数量决定着饭店的规模，饭店综合服务设施的数量一般也由客房数量决定；最后，在饭店从业人员中，客房部员工占 1/3 左右的比例。

知识链接

饭店类型分级标准

按国际标准，拥有 300 间以下客房的饭店为小型饭店，拥有 300～600 间客房的饭店为中型饭店，拥有 600 间以上客房的饭店为大型饭店。

2．客房收入是饭店经济收入的主要来源

客房收入是饭店经济收入的主要来源，主要体现在三个方面：一，客房收入是饭店最主要最稳定的经济来源；二，客房商品成本低，利润高；三，客人入住饭店后还要用餐、购物、娱乐等，因此，提高客房利用率，不仅能增加客

房的经济收入，而且还会刺激和带动饭店其他业务部门的经营，从而提高整个饭店的经济效益。

3．客房产品质量是衡量饭店产品质量的重要标志

饭店是旅游者在旅途中的“家”。客人入住饭店后，在客房中逗留的时间最长。客人自然会把在客房中所享受到的、所看到的一切，如客房的室内外环境是否清洁、服务项目是否齐全、客房服务是否周到、室内设施物品是否齐全完好、装饰布置是否美观大方等，作为衡量饭店服务质量的重要依据之一。另外，非住店客人对于饭店的印象主要来自于公共区域的设施与服务，而公共区域的卫生与设施的维护主要由客房部来负责。由此可见，客房产品质量及其外延部分是客人和公众评价饭店质量的重要依据，直接影响客房销售和回头客的比例。

4．客房部管理直接影响饭店的运行管理

客房部能为饭店的总体形象和其他部门的正常运行创造良好的环境和物质条件，加之客房部员工占饭店员工总数的比例较大，其培训管理水平对饭店从业人员整体素质的提高和服务质量的改善有着重要意义。另外，客房部的物资设备众多，对饭店成本控制计划的实现有直接影响。因此，客房部的管理水平是饭店管理水平的直接体现。

二、客房部的任务

1．做好饭店的卫生清洁，为客人提供舒适的环境

客房部负责饭店客房和公共区域的卫生清洁，卫生既是客房商品质量的重要组成部分，又是客房价值的重要体现。因此，客房服务人员必须具备专业的卫生清洁知识和技能，客房部应严格按照清洁程序及检查标准培训员工，督导、检查客房工作质量，保证客房和公共区域的卫生。

2．做好对客服务，满足客人各项正当需求

客房是住店客人在饭店里活动的主要场所和停留时间最长的地方，也是客人接受服务项目最多、最细腻的地方。常见的客房对客服务项目有客房清扫服务、小酒吧服务、会客服务、托婴服务、洗衣服务、擦鞋服务、客房用餐服务、夜床服务等。客房服务具有项目多、项目杂、项目小等特点，但只要是客人的正当需求，客房服务员都必须热情、主动、礼貌、迅速、真心诚意地为客人提供专业的服务，满足客人住宿期间的各种合理需求。

3．做好安全保卫，保证客人环境安宁

饭店应有健全的客房楼面的安全制度，配置相应的防火、防盗等安全设施，避免火灾、盗窃等安全事故的发生，保护客人生命财产的安全。客房是客人休息的地方，不论昼夜都要保持楼层肃静，为客人营造一个安宁的住宿环境。

4．加强设备的维护保养，保证设备正常运行

设备是客房产品的重要组成部分。客房部必须做好客房设备的日常保养工作，保证客房设备的正常使用；加强客房设备的维护保养，保证客房设备的品质、延长其使用寿命。一旦设备出现故障，应立即通知饭店工程维修部，尽快恢复其使用价值，确保客房设备时刻处于良好的工作状态。

5．降低客房费用，避免浪费

客房的清洁用品、客房的布件、客用的低值易耗品等，不仅消耗量大，而且管理稍有松懈就有可能造成浪费，影响客房部与饭店的经济效益。因此，客房部一方面要根据客房的档次，满足客人以及员工因工作需要对各类用品的档次与数量的需求，另一方面又必须控制物品消耗，加强对员工的培训与管理，减少不必要的费用开支。

6．协调与其他部门的关系，保证客房服务需求

客房服务的质量，不仅与客房部内部管理有关，而且还受其他部门的影响。客房部还要与餐饮部、康乐部、商品部等部门密切配合，可以在客人住店期间积极向其推荐饭店的餐饮产品、娱乐项目及旅游纪念品等。这样既能丰富客人的生活，又能带动其他部门的经营效益。客房部还应与工程部、保安部保持密切联系，保证客房设备的正常使用及客人的人身与财产安全。客房部应及时掌握客房服务需求信息，主动同有关部门保持联系，做好协调配合工作。

三、客房部的业务特点

1．出租客房提供劳务

饭店通过出租客房让客人获得客房暂时的使用权和居住权，并以客房设备、客房用品为依托，通过提供客房清扫服务、小酒吧服务、会客服务、托婴服务、洗衣服务、擦鞋服务、客房用餐服务、夜床服务等一系列的接待服务，为客人提供劳务。

2．以“暗”的服务为主

看得见的服务为“明”，看不见的服务为“暗”。客房服务员一般是在客人到达饭店之前或客人不在房间时提供相关服务，因此提供服务以“暗”为主。

3．服务的随机性较大

客人入住饭店后，对客房服务的需求有共性又有个性，这就决定了客房服务不应该是一成不变的产品。客房服务员应学会观察客人的服务需求，在不违背法律与道德的前提下，细致入微地、随机性地满足客人的各种正当要求。

第二节　客房部组织结构

设计客房部岗位的依据是客房部的组织结构，而设计客房部组织结构的依据是饭店的规模、客源情况、服务要求、管理系统、饭店文化等。客房部应根据其组织结构设计相应的岗位，明确各岗位的职责和授权范围。

一、客房部组织结构的形式

饭店客房部组织结构的形式主要有大中型和小型两大类。大中型饭店客房部的组织结构可参照图 1—1 进行设置。小型饭店可对其进行适当地压缩、合并，如图 1—2 所示。

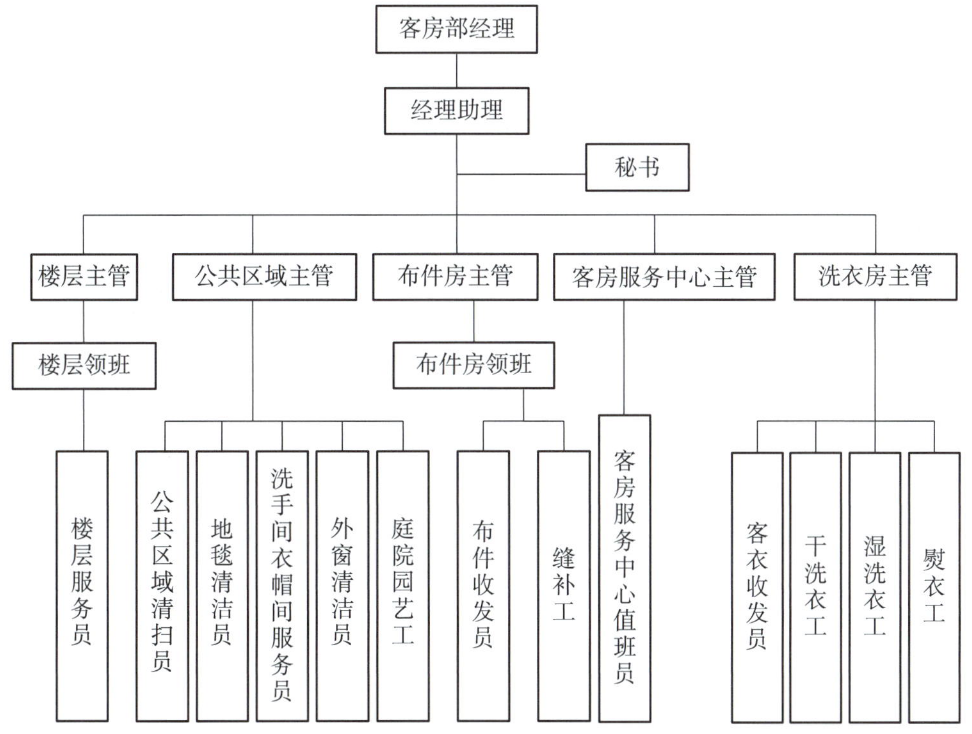

图 1—1　大中型饭店客房部结构设置模式

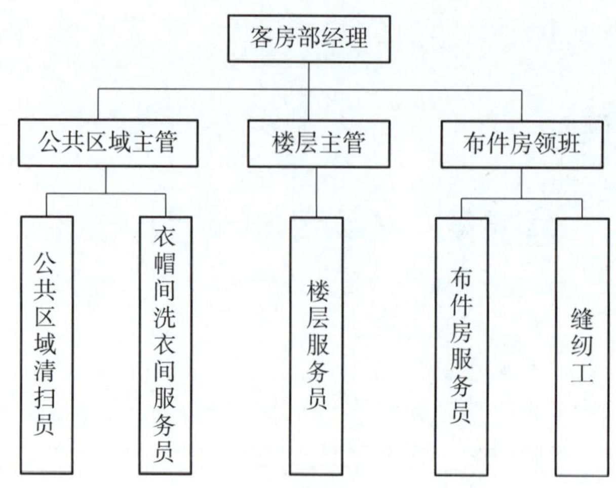

图 1—2　小型饭店客房部的组织机构设置模式

二、客房部业务分工及主要岗位设置

以大中型饭店为例，客房部各部门的业务分工及主要岗位设置如下。

1．经理办公室

经理办公室的主要职能是负责客房部的日常性事务及与其他部门的联系、协调等事宜，通常设有客房部经理、经理助理、秘书各一名，早、晚班工作人员若干名。

2．客房服务中心

客房服务中心的主要职能是负责统一调度对客服务工作，掌握和控制客房状况，同时负责发放客房用品，管理楼层钥匙，管理客房安全，控制客房部出勤情况，与其他部门进行信息传递及协调工作等。

客房服务中心设主管及值班人员若干名，开设早、晚、通宵三个班次。

3．客房楼面

客房楼面的主要职能是负责全部客房及楼层走廊的清洁卫生，客房内用品的替换，设备的简易维修和保养，及为客人提供礼貌、周到的服务。

客房楼面服务组通常设总管一名，早班主管、晚班主管或领班若干名，下设早班、晚班和通宵班三个楼层清洁组及早班、晚班两个楼层服务组。

4．公共区域

公共区域组的主要职能是负责除楼层与厨房以外所有区域的清洁与保养工作，定期清洁和保养楼层地毯及软面家具，布置饭店的绿色植物与花卉，负责客房与其他部门家具的搬运及布置工作。

知识链接

楼层服务台的取消

我国传统饭店，一般每一层的客房楼面都设有楼层服务台，配备专职的台班服务员，直接面对面地为客人提供服务，同时加强对楼层的安全管理。但现在越来越多的饭店取消了楼层服务台的服务，仅在楼面设置服务台，上面放置电话及联系电话的提示牌，以便能及时地为客人提供所需的服务。

饭店取消客房楼层服务台的原因，一是服务员在服务台值班，客人进出会有受监视的感觉，因此，取消客房楼层服务台能增加客房的私密性；二是取消客房楼层服务台可以节省人力、节约开支、减轻饭店的负担；三是取消楼层服务台能让服务员从坐等式服务改为走动式服务，变被动服务为主动服务。

饭店取消了楼层服务台，可为什么客人有事将电话打到客房服务中心，服务员就能迅速地来到客人的房间呢？原来，客房部为客房服务中心的服务员和楼层领班每人都配备了无线对讲机。当客人把电话打到服务中心后，服务中心的值班员通过对讲机呼叫，离客人最近的服务员就会来到客人的房间。

公共区域通常设总管一名，早班主管、晚班主管及通宵主管或领班各一名。下设早班、晚班和通宵班三个清洁组及早班、晚班两个洗手间及衣帽间服务组。

因地毯、外窗的清洁工作及庭院园艺工作的专业性极强，所以专设地毯清洁工、外窗清洁工及园艺工。这三项工作如果实行外包，就无须设置这三个专业岗位，但必须加强对外包公司的管理。

5．布件房

布件房的主要功能是负责饭店所有工作人员的制服，饭店所有布件的收发、分类和保管，对损坏的制服和布件进行及时修补，并储备足够的制服和布件以供周转使用。

布件房通常设主管、领班各一名，另有缝补工、布件及制服服务员若干名。

6．洗衣房

洗衣房的主要功能是负责洗送客衣，洗涤员工制服和饭店的所有布件。在大部分饭店中，洗衣房归客房部管理，但在有些大饭店中，洗衣房却作为一个独立的部门，同时对外提供洗衣服务；而在小饭店中，可不设洗衣房，其洗涤业务委托给社会上的洗衣公司负责，由布件房负责送洗及接收。

三、客房部服务员的工作描述

1．客房服务中心服务员

（1）工作内容

1）接听电话，答复客人的咨询和服务要求，及时向有关方面发出信息，并做好记录。

2）接受前厅总台报退房信息并做记录，同时通知楼层服务员查房。

3）接受客人洗衣服务要求并记录，通知有关人员收取客洗衣服。

4）与前厅总台核对房态及有关报表。

5）与有关部门沟通信息，并将本部门信息向有关方面传递，如通知维修、客房送餐等。

6）负责客人遗留物品的登记、保管等工作。

7）负责向客人提供物品的借还工作。

8）完成上级交办的其他任务。

（2）素质要求

1）高中或中专以上文化程度，受过饭店服务专业知识技术培训。

2）有英语基本会话能力。

3）掌握客房服务内容操作规程，熟悉 VIP 接待标准，熟悉饭店各种服务设施和服务项目。

4）善于领会客人心理，有较强的服务意识，反应敏捷，细致认真，责任心强。

2．楼面服务员

（1）工作内容

1）负责所分配房间的清洁布置和物品补充工作。保持房间卫生、整洁、美观、安全，为客人创造一个舒适的居住环境。

2）负责客房的“开夜床”服务和卫生工作。

3）负责为客人送水、送易耗品、收送客洗衣服、擦鞋、托婴、加床、留言及其他服务。

4）掌握各种卫生工具的使用方法和保养知识，损坏及时报修。

5）对客房家具上蜡，清洗客房地毯。

6）对客人的遗留物品及时如数上缴，不得私自处理。

7）掌握所负责房间的住客情况，对异常情况要及时报告。

8）对住客贵重物品要提醒寄存。

9）细心观察楼道安全，做好防火、防盗、防事故等安全工作。

10）保管好楼层“公卡”，如有丢失要立即报告。

11）完成上级及有关人员临时交办的任务。

（2）素质要求

1）身体健康，形象端庄，初中以上文化程度，受过饭店服务专业知识技术培训，能用英语简单会话。

2）熟练掌握客房卫生清洁程序，熟悉客房服务内容。

3）掌握各类清洁用具的使用方法和维修保养知识。

4）了解饭店各种服务设施和服务项目。

5）善于领会客人心理，有较强的服务意识，吃苦耐劳，细致认真，品行端正，责任心强。

3．客房秘书

（1）工作内容

1）负责客房部办公室的工作，确保与其他部门沟通顺畅。

2）协助经理处理来往文件，转接电话，接待来访客人。

3）保管、更新客房部所有文件和记录。

4）收集统计部门各种评比及工作数据。

5）检查失物招领记录，保管招领的重要物品。

6）负责领取和发放客房部的办公用品。

7）负责核对客房部考勤统计记录。

8）负责与外租单位沟通、联络。

9）完成经理交办的其他工作。

（2）素质要求

1）有较强的口头和文字表达能力，能撰写一般的工作报告。

2）掌握客房部的工作程序、标准和要求。

3）能熟练应用饭店电脑管理软件和现代化办公设备，能熟练制作各类报表，能独立处理办公室的日常事务。

4）有较强的管理能力、协调能力、应变能力，能处理突发事件。

5）熟悉饭店的各项管理制度，了解饭店各部门的工作程序。

知识链接

客房部员工的职业生涯

1. 客房部员工职业生涯的第一步——做好基层员工

客房部员工的基层工作岗位主要包括客房楼面服务员，公共区域清扫员，客房服务中心值班员，洗衣间衣帽间服务员，地毯清洁员，外窗清洁员，庭院园艺工，布件房的布件收发员、缝补工，洗衣房的客衣收发员、干洗衣工、湿洗衣工、熨衣工等。基层工作岗位主要培养员工熟悉客房部各业务部门的基本工作流程、掌握服务技能、形成良好的服务意识等，是客房部员工职业生涯的起点。

2. 客房部员工职业生涯的第二步——做好主管的助手

领班是主管的助手。客房部的基层员工通过自己的努力，在熟悉了基础工作岗位，具备了一定的基层管理能力后，可以胜任领班的职位。客房部的领班岗位主要包括楼层领班、公共区域领班、布件房领班、洗衣房领班等。领班、主管被称为“督导管理层”，处于工作第一线，往往出现在工作的现场，很大程度上是检查、监督和指导基层员工的操作情况。

3. 客房部员工职业生涯的第三步——做好副经理的助手

主管是副经理的助手。客房部的领班在具备了一定的管理经验后，经过自己的努力，可以胜任主管的职位。客房部的主管岗位主要包括楼层主管、公共区域主管、布件房主管、客房服务中心主管等。

4. 客房部员工职业生涯的第四步——做好经理的助手

客房部经理的助手主要包括客房秘书、客房部副经理等工作岗位。其中，客房秘书的职责主要是负责客房部信息的传递工作，协助客房部经理完成客房管理的各项统计工作及必要的文秘工作，负责客房鉴定档案的建立、更改、存档和保管工作。客房部副经理的岗位职责是协助客房部经理做好客房的日常管理工作；在客房部经理授权下具体负责相关领域的工作，并保证所负责工作保质、保量、按时完成；及时了解客房部情况，随时向客房部经理提出建议，在经理外出时行使经理的权力，当好经理的助手和参谋，配合客房部经理共同实现客房部的管理目标。

5. 客房部员工职业生涯的第五步——做好饭店总经理的助手

客房部经理或总监是饭店总经理的助手，是客房部员工职业生涯的终点。客房部经理全面负责客房部的运营与管理工作；督导下属做好饭店及客房的清洁卫生工作和接待服务工作；在确保客房正常运转的前提下，控制、降低客房费用；协调好各部门间的关系，保证满足客房接待服务的需要，提高客房的利用率。

第三节　客房部与其他部门的沟通与协调

客房部作为饭店的一个重要的业务经营部门，在经营过程中需要饭店其他部门的协助。客房部应与饭店其他部门互通信息，相互沟通，共同做好客人的服务工作。

一、客房部与前厅部的沟通与协调

客房部和前厅部是两个关系最密切、业务联系最多的部门。从经营角度讲，客房部是生产客房产品的部门，而前厅部是销售客房产品的部门，两个部门之间能否密切配合直接关系到客房的销售工作。在许多饭店中，这两个部门往往合二为一。客房部与前厅部之间的协调内容主要包括：

1. 当客人入住时，前厅部应将住客的信息及时、准确地通知客房楼面或客房服务中心。

2. 当客人换房或离店时，前厅部应将换房客人、离店客人的信息通知客房部，而客房服务员应将换房客人、离店客人的查房结果及时通知总服务台或客房服务中心。

3. 前厅部应及时地向客房部提供“客人特殊要求通知单”“重要客人接待通知单”等，以保证客房部提前做好准备，满足客人的需求。

4. 客房部应及时与前厅部交换“客房房态报告”及“客房房态差异报告”，协调好客房销售和客房管理的关系。

5. 客房部应配合前厅部对提供叫醒服务而无应答的客人进行探视，保证叫醒服务准时落实。

6. 为了防止客人逃账或发生意外，客房服务员在查房时发现外宿房、无行李房、请勿打扰房、双锁房，应及时通知总台。

7. 客房部应积极协助前厅部做好大型团队、会议客人行李的运送工作，保证客人的行李安全。

8. 客房部与前厅部员工应经常进行交叉培训，互相了解工作程序，更好地配合工作。

9．客房部应根据前厅部提供的客情预报，合理做好客房的清洁和维修计划。

案例思考

某日，服务员小王正在打扫A房间，行李员领着一位客人来到楼层找到小王说："这位客人安排在B房间，你先打扫B房间吧。"其实，当时楼层有好几间已打扫好的空房，而总台却把这间未打扫的房间出租了。小王只好停下手头工作，到B房间打扫。B房间是客人刚离店的走客房，房内又脏又乱，行李员走后，客人的行李放进B房间，而客人没地方去，只好坐在房间里看着服务员收拾零乱的房间……

想一想

- 出现这类现象的原因是什么呢？
- 怎样才能避免类似情况的发生呢？
- 如果你是小王，当你正在打扫B房间时，你会如何安排客人呢？

二、客房部与工程部的沟通与协调

客房部负责客房设施设备的日常保养工作，而工程部则主要负责客房设备的维修事宜。两个部门之间的沟通内容主要有：

1．当楼层出现维修房时，客房部要及时向工程部报修，并做好各项配合工作。

2．在旅游淡季，客房部应与前厅部、工程部协调，安排封闭房间，进行保养维修。

3．工程部应对客房部员工进行设备维修保养知识的培训。

4．工程部应建立客房工程维修报告制度。

客房部与工程部的沟通方式

客房部与工程部的沟通主要采取填写"维修通知单"的方式。维修通知单一般为一式三联，第一联留给客房服务中心，第二、第三联送交工程部，第三联可以作为工程部的派工单，客房服务员凭维修通知单的第三联为维修人员开房门。修理工作结束后，维修工应通知客房服务中心检查验收，并要求验收合格后在维修通知单上签字。如有必要，客房服务中心应立即派人重新打扫客房。

案例分析

入住某宾馆三栋912房间的李先生，按正常的起居习惯8点钟起床，如厕时发现马桶堵塞，不能抽水了，心里颇不舒畅。他找到楼层实习生小何，告知她房间内马桶坏了，请派人来维修。小何非常抱歉地对李先生说："真不好意思，给您添麻烦了，我会尽快通知人来维修的。"听了小何的回答，李先生满意地回到自己的房间，拿上早餐券到餐厅去吃早餐，然后外出办事。

小何马上打电话通知客房服务中心，报了需要维修马桶的房间号。客房服务中心文员做好维修记录，并及时向工程部报修。工程部接到通知后，把任务交给小万。小万到达912房间，观察到客房内有声音并且有灯光，想当然地认为房间内有客人在。为了不打扰客人，小万决定迟点再为客人修理，于是在没有告知服务员的情况下就离开楼层去干其他事了，之后竟完全忘记了修理912房间马桶的事。

下午6:00李先生回来，急着上洗手间，发现马桶根本没有人来维修，他不得不去大堂的公共卫生间。李先生非常生气地直接向大堂副理投诉："我早上就跟服务员反映，到现在为止都无人来维修马桶，你们饭店的效率怎么这么差，你们一点都不重视我的问题。"

分析：

本案例暴露出三个问题：

第一，工程部小万工作失职。小万遇到客人在房间时却没有征求客人意见是否可以维修，过后甚至完全忘记了去修理912房间的马桶。假如饭店房间有客人在的确不便维修，工作人员一定要向上级报告情况，这样工程部还可以进行跟踪，避免报修无人处理的情况发生。

第二，楼面服务员疏忽大意，没有重视客人的反映，也没有做好跟进工作。当班服务员没有做好"马桶是否维修好"的交班记录，接班同事完全不知道哪些房间要维修；更主要的是服务员又没有告知当班的楼层领班，连领班都不了解维修情况。其实，要杜绝类似事件的发生，做好交班记录就可以了，即当班服务员应告知下一班的同事跟进那些要维修的房间，使同事、领班从记录中得知事情的过程，并及时做好检查跟进工作。

第三，工程部与客房服务中心缺乏必要的协调沟通制约程序。若客房部严格按照客房的报修程序做，先开出一份一式三联的维修单，一联留客房服务中心存底，另二联送工程部，其中一联交给维修人员作为派工单，则客房部留底的维修单可以成为客房服务员跟踪检查的依据，而工程部留底的维修单将成为工程部跟踪检查的依据。维修工作完成后，经客房服务员签字的维修单又可成为联系工程部与客房部工作的重要纽带。

三、客房部与餐饮部的沟通与协调

1．在某些饭店中，客房部负责所有餐厅的地面清洁（厨房除外）、外窗清洁、餐厅布件的洗涤、员工制服更换清洗及式样设计。

2．客房服务员应协助餐厅收拾餐具及餐车。

3．客房部应每日清点客房小酒吧（Mini-bar）的酒水数量，由餐饮部食品仓库提供酒水。

4．客房部应与餐饮部密切配合，做好 VIP 房果篮、酒水及点心的摆放。

客房部协助餐厅部房间送餐收拾餐具的方法

客人在房内用餐的餐具如果不及时撤走，会影响客房服务员打扫房间卫生。但餐厅服务员又因不能较准确地掌握客人用餐完毕的时间，不能随意上楼敲客人的房门，及时收取餐具。如何解决这一矛盾呢？

客房部应将客人在客房内用餐的餐具如何处理写入客房部的作业指导书中，作为一项工作标准，要求客房服务员将餐具从房间内撤出，然后倒掉残渣、洗刷干净，并放在工作间固定的位置，然后打电话通知餐饮部来人取餐具。餐厅服务员接到电话后，应马上到楼层将餐具取回餐厅。

四、客房部与采购部的沟通与协调

客房部的一切房间用品和清洁用品往往由采购部负责。两个部门之间的沟通内容主要有：

1．采购部提供市场的供应信息，便于客房部提出采购计划。

2．客房部应明确采购物品的规格、质量、数量，经核准后，由采购部负责办理。

3．客房部应及时将得到的供货商及新产品信息推荐给采购部。

五、客房部与保安部的沟通与协调

1．客房部及时向保安部提供必要的住客资料和信息。如住客是单身女性，客房有大笔现金、贵重首饰，房间内有暴力迹象及其他可疑事件等。

2．客房部应协助保安部做好客人遗失物品的调查工作，督导员工严格执行饭店及部门管理制度。

3．客房部在保安部指导下制定客房安全管理制度，并随时接受保安部的检查监督。

4．客房部应积极协助保安部对饭店公共区域及客房楼层进行检查，做好防火、防盗等安全工作。

5．客房部应请保安部对客房部员工进行培训，讲授客房消防及安全保卫知识。

6．客房管理人员要与保安部负责人定期碰面，研究加强客房保安工作的措施。

六、客房部与人力资源部的沟通与协调

1．客房部向人力资源部提供客房部人才需求信息，包括需求数量和要求。

2．客房部向人力资源部提出员工的培训需求，包括培训内容和要求。

3．客房部按照人力资源部或培训部的培训计划和培训要求，拟定部门培训计划，并按要求保证培训质量。

4．人力资源部依据饭店的经营情况与客房部协调用工标准及人员配置比例，合理控制人力成本。

七、客房部与财务部的沟通与协调

1．客房部与财务部共同做好客房年度费用预算，严格控制成本。

2．双方共同配合做好固定资产的登记和管理工作。

3．客房部应接受财务部的监督，做好客房物品的清理和盘点工作。

八、客房部与公关销售部的沟通与协调

客房的销售工作人人有责，尤其是客房部员工。为此，客房部的员工必须协助公关销售部做好客房的各项销售工作，如房间内放置广告宣传品等。与此同时，公关销售部也应主动与客房部做好沟通，否则，会影响客房部的工作，甚至影响对客的服务质量。

案例思考

某饭店公关销售部工作人员带着旅行社订房人员参观客房，她从总台领了房间钥匙便带客入房，没有向客房部打招呼，总台服务员也没有将这

一情况通知客房部。结果，这间客房被参观的人弄得一团糟，对此，客房部自然一无所知，而总台电脑仍然显示这间客房是已经整理好的空房，第二天又将这间客房出租给新来的客人。结果，这位客人入室后，发现此状，大为恼火。

想一想：

客房部与公关销售部的沟通协调的重点是什么？

第四节 客房服务

客房服务是客房的重要产品之一，客房部应明确客房服务质量的标准和要求，结合饭店的等级和客房服务未来发展的新趋势，围绕国家星级评定对客房服务的要求，做好客房服务品质的建设，提升客房服务的质量。

一、衡量客房服务质量的标准

1. 宾至如归感

所谓的宾至如归感，即让住客住进饭店就能产生一种回到家里的感觉。这种感觉的产生，一方面是因为客房里的设施和用品样样齐全，使用起来像家里一样方便；另一方面是因为客人住进客房后，能感觉到亲切和温暖。

2. 舒适感

由于旅途的舟车劳顿，客人在下榻饭店的时候一般都疲惫不堪，迫切需要得到周到的服务。舒适此时成为客人生理和心理上的主导需求。饭店可以通过可口的饭菜、优雅的就餐环境、清洁卫生和赏心悦目的住宿环境及良好的客房服务，使客人自然而然的产生一种舒适感。

3. 安全感

安全感是人们最基本的需求。客人入住饭店后，希望饭店能为其营造一个安全的住宿环境，能保障其人身和财产安全，保护其隐私权。首先，饭店应配备一系列的安全设备，制定完善的安全制度，如防盗措施、防火措施、财务保管等；其次，饭店应尊重客人对客房的使用权，保护客人的隐私权，让客人住得更加安心。

4．吸引力

客房应通过雅致和谐的装饰布置，式样、风格各异的家具，良好的采光，清新的空气，着装美观大方、彬彬有礼的客房工作人员，独具特色的客房服务项目，增强服务环境的生动感和亲切感，使客人不仅乐于选择在这里投宿和进行各种社交活动，而且住过一次印象深刻，离店时会情不自禁地产生一种依依惜别之情，成为饭店的“回头客”。

二、客房服务质量的要求

1．真诚

客房的最佳服务，首先要突出“真诚”二字，即要实行情感服务，避免单纯的任务式服务。这就要求客房服务员为客人提供主动、热情、耐心、周到、礼貌的服务，处处为客人着想，提供“暖”字服务。

（1）主动

所谓主动服务，即为客人提供的服务应在客人要求之前。这种服务能令客人感到服务员对他的细心和体贴，能让客人获得意外的惊喜和满足，从而产生“宾至如归”之感。主动服务要求服务员在工作中更加细心，善于察言观色，善于掌握客人的需求心理。具体来说，在服务工作中要做到：主动问好打招呼，主动迎送、提行李、接大衣，主动照顾老弱病残，主动征求意见，主动按电梯，主动帮助解决困难。

案例思考

某饭店七楼，一女宾从电梯中走出，手中提着一个旅行包，身上背着一个女式挎包。服务员主动走过去向客人问好，在问清楚客人的房间号后，对客人说：“我来帮您提行李吧”，并伸手接过旅行包。客人把旅行包交给服务员后说：“谢谢！”可是服务员又伸手去拿客人的挎包，客人脸上露出了不悦，把挎包背到身后，并从服务员手中夺回了旅行包说：“这个也不用了，还是我自己来吧。”服务员愣在了那里，心里纳闷：“难道我做的有什么不对吗？”

想一想：

服务员做得有什么不妥？为什么？

（2）热情

所谓热情服务，就是客到热情欢迎，客住热情服务，客走热情欢送。服务员热情亲切的服务态度，能消除客人在异地的陌生感和不适应感，增强对服务员的信赖，为服务工作得到客人的支持和谅解打下良好的基础。客房楼面的热情服务要做到“四到”，即微笑到、敬语到、香巾到、茶到。

需要注意的是，在对客服务过程中的主动与热情，应掌握适度的原则，应尊重客人的选择，避免因过度热情、主动而引起客人的误解。

（3）耐心

所谓耐心服务，是指对客人的主动热情要持之以恒，不因个人私事影响工作情绪和对客的服务态度。

（4）周到

所谓周到服务，是指对客服务应考虑周全，面面俱到，无所疏漏。周到服务要求服务员熟悉各类客人的基本需求和特殊需求，掌握住客心理，尽量为客人创造宁静的住宿环境，满足他们的各种需求。

（5）礼貌

所谓礼貌服务，是指在仪容仪表上，客房服务员应注意发型服饰的端庄、大方、整洁；在语言上，要文明、清晰，讲究语言艺术，注意语气语调，讲普通话，而且要对客人的问题应对自如得体。在无法解决客人提出的要求时，应耐心解释，不推诿应付，在态度上不卑不亢、落落大方，服务中始终以发自内心的微笑相迎；在姿态上，要举止文明，主动服务，彬彬有礼，坐、立、行和操作均有正确的姿势。

2．讲效率

所谓效率服务，是指快速而准确的服务。客人在饭店内的吃、住、行、娱乐、购物等活动，总是在快节奏中进行的。因此，客房服务要求快而准，即服务动作要快速，服务程序要正确。它是一个过程的两个方面，缺一不可。例如，希尔顿饭店集团对客房服务员的要求是：在 25 分钟内整理好一间客房，并符合饭店卫生标准。

3．随时做好服务的准备

随时做好服务的准备包括两个方面的内容：一是随时做好心理方面的准备；二是随时做好物质方面的准备。客房的服务工作不仅是面对客人所进行的服务，而且还包括了服务前所做的一切准备活动。随时做好服务的心理准备和物质准备，是优质服务的基础。

4．做好可见服务

客房服务工作面对的不是机器、原料，而是有思想、有感情的活生生的人。

虽然客房服务员不像餐厅、总台服务人员那样经常面对面地接触客人，但是他们所提供的每一项服务都会给客人留下印象，而且客房服务员所负责整理的房间、添补的各种用品和酒水饮料，都会成为客人评价服务员工作好坏的标准。因此，客房服务员应明确“见物如见人”的道理，自觉做好可见部分的工作。

案例分析

意外的惊喜

在一家外企工作的许小姐，最近由于公司方面在北京有业务洽谈，被派到北京工作一个星期。许小姐下飞机后就被安排住进了一家饭店。这家饭店向来以细心周到的服务而备受好评。入住的这几天里，许小姐也感到非常满意。连日工作，许小姐忙得喘不过气来，以至于忘记了第二天就是自己25岁的生日。

这天晚上，许小姐在外忙碌了一整天后，拖着疲惫的身体回到饭店。还没来得及吃晚餐的她，回到房间后立即打电话到餐饮部点餐。谁知，早在许小姐入住当天，细心的前台小姐已在入住登记表中发现了她的生日，并立刻联系好客房部与餐饮部的同事，分工合作，共同安排为许小姐庆祝生日的有关事宜，准备给许小姐一个意外的惊喜。在接到许小姐的电话点餐后，服务员马上把早已准备好的礼物和贺卡摆放在布置精美的餐车上，并随同许小姐所要的食物一并送往客房。

没过多久，送餐的服务员前来敲门。许小姐打开房门，眼前所看到的情景令她惊喜万分。只见服务员推着一辆铺有美丽淡紫色花布的餐车进门，车上摆放着一束娇艳欲滴的鲜花，还有一个精美的生日蛋糕，蛋糕上的卡通人物非常可爱，生日蜡烛正在燃烧，整个房间充满了温馨的气氛。这一切都来得太突然了，还没有等许小姐回过神来，服务员已把手中的贺卡递给了她，并微笑着致意：“祝您生日快乐！”这时，许小姐才恍然醒悟到今天是自己25岁的生日。她激动地对服务员说：“真的太忙，我连自己的生日都给忘记了，但是你们却为我安排得这样细心和周到！谢谢！”服务员回答道：“您喜欢我们为您所做的安排，那实在是太好啦！”

一个星期繁忙的工作终于结束了，许小姐准备返回广州。在离开饭店的时候，她对前台小姐说：“再次感谢你们饭店给了我一个难忘的生日。以后有机会，我一定会再来的。”前台小姐微笑着回答道：“欢迎您再次光临！”

分析：

饭店服务员之所以会记得许小姐的生日，是因为细心的前台小姐在入住登记表中发现了她的生日。而客房部与餐饮部精心为许小姐安排的生日活动，既体现了对客服务的主动性，又体现了可见服务的重要性。

5．树立全员推销意识

推销，从某种意义上说，能让客人更多地了解饭店的服务信息，能让客人更好地选择饭店的产品，能让客人更好地享用饭店的服务。因此，推销不仅是一种商业行为，同时也是饭店优质服务的重要组成部分，饭店的全体员工应树立全员推销意识。客房部的员工在工作过程中应主动地利用给客人提供委托代办服务或其他适当时机，根据客人的爱好，向客人介绍有关饭店的服务项目，或者向客人介绍本地的旅游点和名胜古迹，同时努力做好每一项工作。

6．礼貌待客

由于客人缺乏对具体服务项目的专业知识和直接接触的机会，所以当他们评价一项服务是否满意时，人际关系和服务态度比服务项目效用有更高和更直接的评判作用。因此，注重礼节、礼貌是客房服务最重要的职业基本功之一，它体现了饭店对客人的基本态度，也是做好优质服务的重要环节。

三、国家星级评定对客房服务的要求（见表1—1）

表1—1　　国家星级评定对客房服务的要求

饭店类型	客房服务要求
一星级饭店	应提供热饮用水
二星级饭店	应提供热饮用水
三星级饭店	①应提供互联网接入服务以及使用说明 ②应备有擦鞋用具 ③应提供留言和叫醒服务 ④应24小时提供热饮用水，免费提供茶叶或咖啡
四星级饭店	①应提供互联网接入服务以及使用说明 ②应提供开夜床服务并放置晚安致意品 ③应提供客房微型酒吧服务，至少50%的房间配有小冰箱，冰箱中有适量酒水和饮料，客房备有饮用器具和价目单，免费提供茶叶或咖啡。提供冷、热饮用水，可应客人要求提供冰块 ④应18小时提供送餐服务。有送餐菜单和饮料单，送餐菜式品种不少于8种，饮料品种不少于4种，甜食品种不少于4种，有可挂置门外的送餐牌 ⑤应提供留言及叫醒服务 ⑥应为客人提供会客服务，可应客人要求及时加椅或提供茶水 ⑦应备有擦鞋用具，并提供擦鞋服务

续表

饭店类型	客房服务要求
五星级饭店	①应提供互联网接入服务以及使用说明 ②应提供开夜床服务且夜床服务质量较好 ③应提供客房微型酒吧（包括小冰箱）服务，配置适量的酒和饮料，备有饮用器具和价目单，免费提供茶叶或咖啡。提供冷、热饮用水，可应客人要求提供冰块 ④应 24 小时提供送餐服务。有送餐菜单和饮料单，送餐菜式品种不少于 8 种，饮料品种不少于 4 种，甜食品种不少于 4 种，可有挂置门外的送餐牌，送餐车应有保温功能 ⑤应提供自动和人工叫醒、留言及语音信箱服务，服务质量较好 ⑥应为客人提供会客服务，可应客人要求及时加椅或提供茶水 ⑦应备有擦鞋用具，并提供擦鞋服务

四、客房服务发展的新趋势

进入 21 世纪后，客房服务在服务项目、服务方式、设施设备、客房设计、产品种类及客房环保等方面都体现出新的发展趋势。

1．项目丰富化

客房服务项目的设立不再仅仅局限于饭店档次、星级的限制，而是充分考虑客人的需求和饭店的实际情况，使服务项目趋向于丰富化的目标。即使是同一种服务项目，也努力形成本饭店的服务特色。如一些位于环境优美的风景区的饭店，考虑到客人进出不方便，在楼层区域设立小图书室以丰富喜欢安静的客人的夜间生活。同是客房小酒吧服务，由于接待的客人不同，有些饭店摆放以零食类为主的食品，而有些饭店则摆放快餐面等可以让客人果腹的食品。客房服务项目趋于丰富的同时，更能满足客人的需求。

2．服务个性化

标准化、程序化和规范化的服务是饭店服务质量的基本保证。但是，只有标准化而没有个性化的服务是不完善的，是不能够真正满足客人的需求，令客人完全满意的。因此，在饭店业竞争日趋激烈的今天，个性化服务已经成为饭店之间竞争的有利措施，成为服务的大趋势。客房服务尤其如此。为了向客人提供个性化服务，培养忠诚的顾客，客房通常建立完善的客史档案，并根据客人需求的变化不断调整服务的规程和标准。如，提供夜床服务的饭店要能够保证为客人开喜欢的那张床，放客人喜爱的水果、茶等物品；不再强求所有客人看同一份报，而是根据客史档案将客人喜爱看的报纸放进客房。

3．设施智能化

随着高科技时代的到来，客人，尤其是一些商务客人，对饭店的各种设施都提出了更高的要求，这一要求驱动客房的设施向着智能化的方向发展。如，客房使用智能 IC 卡锁钥系统，甚至是感应门锁系统、指纹门锁系统（见图 1—3）；客房内的自动控制系统，使用感应器控制，人进灯亮，人出灯灭等；还有先进的通信系统，可以上宽带网的接口，装有能够为客人提供其在饭店的消费情况、预订房内用膳、订购商品、选看电影等信息的电视系统。

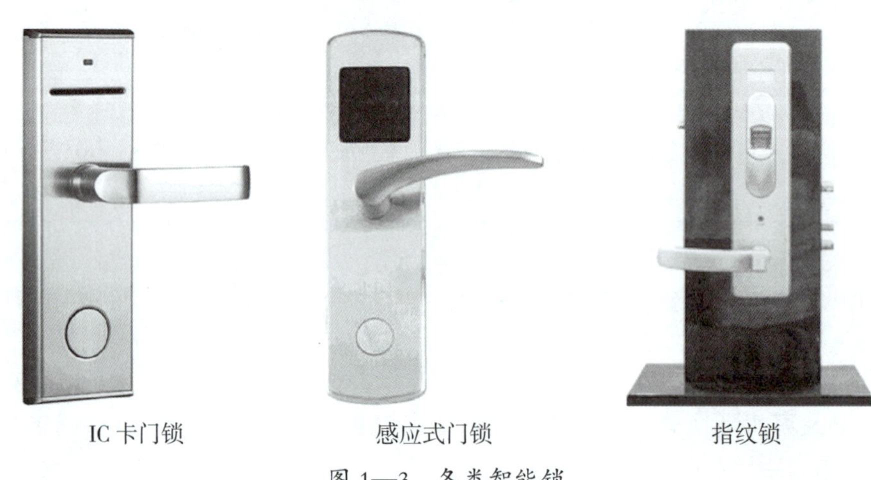

IC 卡门锁　　感应式门锁　　指纹锁

图 1—3　各类智能锁

4．客房绿色化

在倡导可持续发展的今天，创建绿色饭店已经成为一种时尚，而客房的绿色化则是其中重要的组成部分。客房通常在房间和卫生间中放置棉织品的免洗提醒卡；减少并非大多数客人需要的客用品的品种和数量，同时提醒客人如果需要这些物品可以通知客房中心提供；在卫生间使用沐浴液、洗发液的液体分配器取代传统的一次性容器，减少一次性容器对环境造成的污染；客房小冰箱选用吸收式的环保产品（见图 1—4）；减少一次性塑料用品的使用等。

图 1—4　无氟无声的吸收式环保冰箱

5．设计人文化

客房的设计更注重人的感受，趋向于人文化的发展方向。如，插座的位置更加人性化，以方便客人的使用；座椅更追求舒适感，以满足客人办公和休息的双重需要；照明的灯光既考虑美化环境，也兼顾阅读和工作的需要，具有足够的亮度等。另外，还应考虑到残疾客人的需要，在所有残疾客人可能抵达的楼层区域作无障碍设计，可能需要使用的设施应均可自助使用，无须他人帮助，这也体现着一种社会的文明。

6．类型多样化

随着饭店业的发展，一些有远见的饭店开始经营自己的特色，而客房的类型是其区别于其他饭店的一个重要的方面。由此，客房类型呈现多样化发展的趋势，如商务客房、会议客房、休闲度假客房、无烟客房、女士客房、儿童客房、残疾人客房、盲人客房、大床间、连通房等。在客房类型趋向于多样化的情况下，饭店也逐渐形成了自己的特色，并尽力使自己所特有的细分市场上的客人满意。

思考与练习

1. 客房服务的业务特点是什么？据此，客房服务员提供服务时应注意哪些问题？
2. 客房部通常设有哪些业务部门？
3. 简述客房服务中心服务员、楼面服务员的工作内容与素质要求。
4. 客房部与前厅部应如何做好沟通与协调工作？
5. 客房服务质量的基本要求是什么？
6. 简述国家星级评定对三、四、五星级饭店的客房服务要求。
7. 客房服务发展有哪些新的趋势？

第二章 客房

一个完善的客房产品必须具备睡眠、起居、书写、储存、娱乐和盥洗六大功能空间，同时在每个功能空间中还应配置相应的家具、电器、安全、卫生等设施设备和相应的床上用品、茶水具、文具用品、卫生用品等客房用品，以满足客人在住店期间的各种生活需求。为了体现客房产品的多样性，饭店还应设计出各种类型的客房，以便在功能上、档次上、价格上满足不同客人的需求。

学习目标

☆了解客房产品的基本要求。

☆掌握客房的基本功能与布局。

☆熟悉客房的类型。

☆掌握客房基本设备的配置。

☆了解客房设备配置的新趋势。

☆掌握客房用品的配置标准。

☆了解客房用品的种类、配置要求。

☆了解客房陈设及装饰的基本原则和方法。

第一节　客房基础知识

一、客房产品的基本要求

客房是饭店向客人提供的最主要的产品，一个完整的客房产品必须同时具备以下五个方面的基本要求。

1．客房空间

客房空间是客房产品的基础。客房类型和档次不同，其对空间面积的要求也不同，具体见表2—1。

表2—1　星级饭店客房数量与面积要求

饭店类别	数量（间）	面积（平方米）
一星级	15	无
二星级	20	无
三星级	30	无
四星级	40	70%客房的面积（不含卫生间）不小于20平方米
五星级	50	70%客房的面积（不含卫生间和门廊）不小于20平方米

2．客房设备

客房应配备一定数量的家具设备、电器设备、卫生设备、安全设备，用以满足客人在客房生活中最基本的物质需求。客房设备不仅要达到应有的规格和质量要求，而且还要能正常运转，同时还应方便客人的使用和服务员的操作。

3．客房供应物品

为满足客人生活起居的需要，客房还应配置相应的供应物品，如信封、信纸、牙膏、牙刷等。为体现客房产品的价值，饭店应根据其档次和星级配置相应的客房供应物品。

4．客房卫生

客房档次不同、价格不同，对清洁卫生的要求自然会有所不同，但无论何种档次的饭店，对客房卫生的基本标准是不会降低的。一家饭店的客房是否整洁，不仅是衡量客房使用价值高低的重要标志，而且也是客人选择饭店住宿的首要条件。

5．客房安全

客房安全状况是客房产品的重要组成部分。饭店应在客房区域创造一种安全的气氛，如设置完好的设施、设备，以便防火、防盗、防疾病；建立一系列的安全制度，让客人有安全感。

二、客房的基本功能与布局

为了满足客人生活的各种需求，饭店应对客房进行合理布局，设计出各类功能空间，并根据各空间的功能决定其装修的风格及配置的家具设备。以标准间为例，可将客房的功能分为六大项，即睡眠空间、起居空间、书写空间、储存空间、盥洗空间、健身空间。具体见表 2—2。

表 2—2　客房的基本功能空间

空间	图示	特点	配置的家具
睡眠空间		客房中最基本、最主要的空间	床、床头柜
起居空间	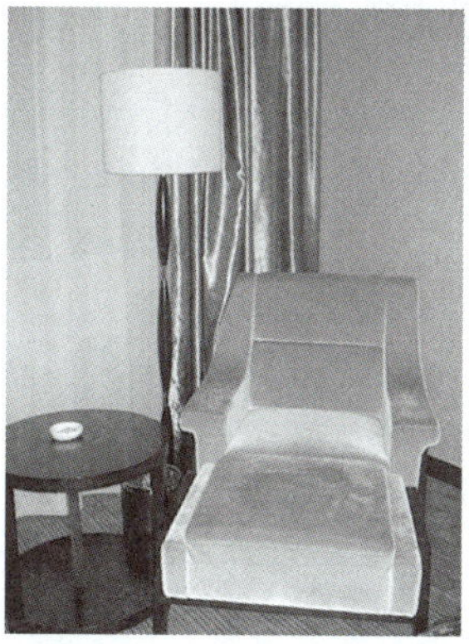	在客房的窗前区，供客人休息、会客、观景、看电视、饮食等	沙发、茶几

续表

空间	图示	特点	配置的家具
书写空间		一般设在睡眠空间的对面	沿墙设计一组多功能桌柜，如写字台兼化妆台、行李柜，墙面设有镜子
储存空间		设在进门过道处，主要形式是壁柜或独立进入式储物间	壁柜、酒柜
娱乐空间		一般高档客房才有设置，常设在起居空间附近。常见的娱乐设施为电视，偶有健身器材	
盥洗空间		通常有两种形式：一是盥洗空间兼卫生间，二是独立洗浴间与独立卫生间	淋浴房或浴缸、便器、冲洗器，云台与洗手盆、化妆镜

第二节　客房类型

根据不同的分类标准，客房有不同的类型。

一、根据构成单位客房的房间数量分类

1．单间客房

由一个面积不少于16平方米，带有独立卫生间的房间构成的单位客房称为单间客房。

2．套间客房

由两个或两个以上相通的房间构成的单位客房称为套间客房。

二、根据单间客房的床位数、允许客人居住的人数分类

1．单人间（Single Room）

配备一张床，供一人居住的单间客房，称为单人间。该类客房具有较强的隐私性。如图2—1所示。

2．大床间（Double Room）

配备一张双人床，供两人居住的客房。这种房间适宜夫妻和单身旅客居住。当大床间提供给新婚夫妇使用时，被称为“蜜月客房”。如图2—2所示。

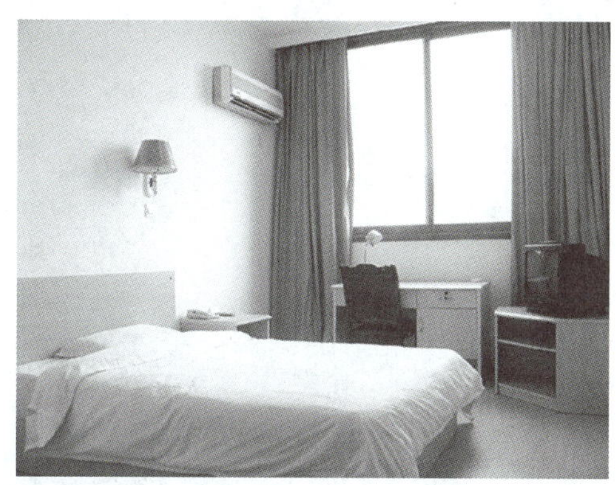

图2—1　单人间

图2—2　大床间

3．双床间（Two-bed Room）

配备两张床的单间客房叫作双床间。这种客房，根据所配置床的种类的不同，又可分为以下几种客房类型：

（1）普通标准间（Twin Room）

两张单人床，用床头柜隔开，可供两位客人居住，称为普通标准间。在一般的饭店中，此类客房数量最多，使用灵活，尤其适合团队和会议客人使用。如图2—3所示。

（2）豪华标准间（Double-Double Room）

两张双人床，这种客房房间面积较大，家具较为高档，室内装潢较为豪华，称为豪华标准间。如图2—4所示。

图2—3 普通标准间

图2—4 豪华标准间

（3）家庭房（Double-Single Room）

一张双人床、一张单人床，这种客房适合家庭使用，被称作家庭房。如图2—5所示。

4．三人间（Triple Room）

配备三张单人床，可供三人同时居住的单间客房叫作三人间。此类客房属于经济型客房，适用于休闲度假型的饭店，供家庭使用。如图2—6所示。在饭

图2—5 家庭房

图2—6 三人间

店中，尤其是高档饭店中很少见，如果客人需要三人合住，可在标准间或大床间内加床。

三、根据构成套间的房间数量及内部装潢布置的档次分类

1．普通套间（Junior Suite）

普通套间又称为标准套间（Standard suite），一般由连通的两个房间构成，一间为卧室，一间为起居室。卧室中放一张双人床或两张单人床，配有卫生间，卫生设备齐全，供主人使用。起居室内的卫生间一般供来访客人使用，可以不配洗浴设备。如图 2—7 所示。

2．复式套间（Duplex Suite）

起居室在下，卧室在上，两者用楼梯连接的套间称为复式套间。复式套间的各个房间功能专一，互不干扰。如图 2—8 所示。

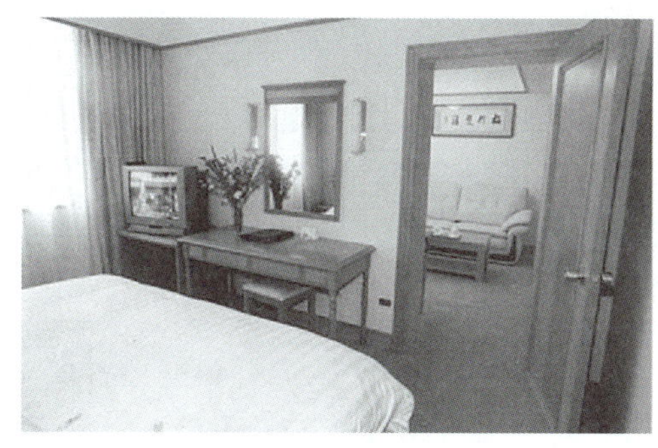

图 2—7 普通套房

图 2—8 复式套间

3．商务套间（Business Suite）

商务套间中一间为小型洽谈室，设有写字台，配有传真机、电脑等设备；另一间为卧室，与卫生间相连。此类客房专为商务客人设计和布置，客房内的布局、家具设备的配备等都充分考虑了商务客人的需要。此类客房的房价高于一般客房。如图 2—9 所示。

4．豪华套房（Deluxe Suite）

豪华套房可以是双套间，也可以是三套间，还可以是多套间，分为卧室、起居室、会客室、餐厅、书房及厨房。其中，多套间有两个各带卫生间的卧室，卧室内配备有大号双人床或特大号双人床。室内注重装饰布置，设备用品华丽高雅、功能齐全。如图 2—10 所示。

5．总统套房（Presidential Suite）

总统套房一般由五间以上的房间构成，包括卧室、卫生间、客厅、写字室、娱乐室、会议室、随员室、警卫室、餐室或酒吧间以及厨房等。其中总统与夫

人的卧室分开，男女卫生间分开。有的总统套间还有室内花园。它是饭店最高档次的客房，内部装饰极为讲究，设备、用品富丽豪华，造价昂贵，房价高昂。一般四星级以上的饭店才可设置此类客房。如图 2—11 所示。

图 2—9　商务套间

图 2—10　豪华套房

图 2—11　总统套房

四、根据客房的位置分类

1．内景房（Inside Room）

客房的窗户朝向饭店的内院，住客在房内可观赏到店内的景色。如图 2—12 所示。

2. **外景房**（Outside Room）

客房的窗户朝向街道、公园、大海、湖泊等，住客在房内可观赏店外的景色。湖景房、海景房、山景房均为此类房型。如图 2—13 所示。

图 2—12　内景房

图 2—13　外景房

3. **连通房**（Connecting Room）

连通房有两个独立的双人间，用中间各装有门锁的双扇门相通，一间为卧室，另一间为起居室。连通房可作为套间出租；若双扇门两边同时加锁，则可作为两间独立的双人间出租。

4. **角房**（Corner Room）

角房位于楼层的边角处，在多边形或特殊造型的建筑物中才有这种类型的客房。

五、主题客房

主题客房是通过空间、平面布局、光线、色彩、陈设与装饰等诸多要素，运用各种艺术手法来设计与烘托某种独特的文化氛围，突出某个主题的客房。如图 2—14 至 2—16 所示。

图 2—14　时空主题客房

图 2—15　蜜月主题客房

图 2—16　文房四宝主题客房

六、特色楼层

特色楼层是指高级饭店将某些楼层的全部或一部分客房设置成为为某一类特定对象服务的楼层，以满足其对客房设备与服务的个性化需求。目前，饭店设置的常见特色楼层有如下几类：

1．商务楼层

商务楼层是为接待商务客人而设置的楼层。楼层上设有专门的商务中心、商务洽谈室、自助餐厅、咖啡厅等。商务楼层可以为商务客人提供从入住至离店的一系列服务，包括秘书服务和翻译服务，深受商务客人的喜爱。

2．行政楼层

行政楼层是为接待高级别的行政官员、金融大亨、商业巨子或其他社会名流而设置的楼层。客房内部装修豪华，家具、日用品高档，一般都配备可供上网的电脑、传真机、写字台上附设电话机等。行政楼层往往设有专用的大厅，入口处设有接待酒吧，为客人提供开房、退房、复印、打字、咨询等服务业务。在一些饭店，行政楼层设有门禁，必须持有该层房间钥匙的客人才可通过电梯到达行政楼层。

3．女士楼层

女士楼层是饭店为了方便女性客人，尊重女性客人的隐私权，增加女性对饭店的安全感和舒适感而专门向女士开放的楼层。女士楼层具有与女性情感相符的室内装饰、家具、日用品，提供女性必需的化妆品、服装衣物用品及设备，并提供安全警卫服务。

服务提示

女性客房的设置特点

（1）客房选择色彩温馨的棉织品窗帘。

（2）客房内放置针对女性的安全提示说明。

（3）客房内放置女性喜爱的时尚杂志，供客人休闲翻阅。

（4）客房中每日准备各种鲜花，提供时令水果。

（5）浴室内配备女性专用的洗浴用品及卫生包，以体现对女性客人的照顾体贴。

（6）客房中放置为女性“度身定制”的送餐菜单，为不愿到餐厅用餐的女性客人提供方便。

（7）客房中常配置色彩明快的沙发和靠垫、明亮时尚的走入式衣柜（内备熨衣板）、电熨斗、宽大的全身镜等。

（8）客房内可摆放一些女性物品及小装饰品，客人如果喜欢可以买走。

（9）酒店点播系统专设女性频道，供客人观看。

4．无烟楼层

无烟楼层是指饭店专门为不吸烟的客人准备的楼层。无烟楼层的设置，体现了现代人对新鲜空气的渴求，对环境保护的追求。无烟楼层是一个具有健康内涵的客房产品，从设计、建筑、装修到管理的各个环节均应体现“无烟”的内涵。

无烟楼层的特殊要求

（1）在保证必要安全设备的前提下，无须增设更多的防火材料。

（2）施工人员绝对禁止吸烟，自始至终保持该区域的绝对纯净。

（3）客房不配置烟灰缸与火柴。

（4）前台有相关说明和接待服务。

（5）该楼层布件单独洗涤。

（6）无烟楼层与其他楼层有缓冲区域。

第三节　客房设备配置

客房是客人在饭店逗留期间的家外之家。为了满足客人休息与工作的需要，客房必须配备一些相应的家具和设备，并对其进行合理的功能设计。下面以标准间为例介绍客房的基本设备配置。

一、客房基本设备

1．家具设备

一般标准间内的家具主要包括：床、床头柜、衣橱、酒柜、行李架、写字台、化妆台、电视柜、沙发和茶几等。

（1）床

客房床的配置要求是重量轻、稳固、床垫软硬适度、造型优美，床架底部有活动的走轮和定向轮，方便移动。饭店客房常见的床有下列几种：

1）单人床（Single Bed）。

2）双人床（Double Bed）。

3）大号双人床（Queen-Size Bed）。

4）特大号双人床（King-Size Bed）。

5）加床（Rollaway Bed）。

知识链接

床的基本情况

通常床的长度为 190～200 厘米，单人床的宽度为 100 厘米、110 厘米、120 厘米、135 厘米不等，双人床的宽度为 140 厘米以上，大号双人床宽度为 160 厘米，特大号双人床宽度为 180～220 厘米，床的高度一般为 45～55 厘米。

6）婴儿床（Baby Cot）。

（2）床头柜

床头柜是与床配套的家具。为了方便客人使用房间内的设备，在床头柜上安装有电视机、音响、空调、房内各种照明灯、请勿打扰指示灯等电器设备的控制开关，装有控制开关的床头柜常常又被称为多功能控制柜。但现在越来越多的饭店直接将控制开关安装在更易操作的床头上方的墙面上，为了方便客人，还设置了各类照明设备的总控制开头。如图 2—17 所示。

图 2—17 电子触摸遥感器

（3）衣橱

衣橱大多设在客房入口的小过道内，主要供客人挂衣服和存放物品使用。

（4）酒柜

酒柜专用于摆放客房小酒吧供应的酒水，普通客房的酒柜往往与衣橱连成一体，豪华客房的酒柜自成一体。若客房内没有提供小酒吧服务，可以不设此项家具。

（5）行李架

行李架是供客人存放行李的用具，一般位于写字台与二道门之间，可作为一件单独的家具，也可作为写字台的扩充部分。

（6）写字台、化妆台

客房中的写字台、化妆台一般合二为一，并配有座椅，在写字化妆合用台上方所靠的墙面上应设有梳妆镜，梳妆镜的高度以客人站在写字台前能照全其头部为宜。

（7）电视柜

电视柜是每个房间的必备物品。为了方便客人从不同的角度观看电视，电视柜上应配有可转动的圆形或方形的电视机托盘，其规格视电视机的大小而定，底托的重量越大，其稳定性越强。但随着液晶电视在客房中的使用，液晶电视往往直接上墙，因此，新开的饭店或重新装修的饭店的客房不再设置电视柜。

（8）沙发与茶几

沙发与茶几一般置于标准间的窗前区，供客人会谈、休息使用。标准间的沙发均为单人沙发，其形状和大小依房间的装饰和面积而定。现代饭店的客房中还会出现贵妃椅。

2．电器设备

标准客房一般配备的电器设备有照明设备、电视机、空调、电话、电热水壶等，较高级的客房还应配备电冰箱、保险箱、电脑等。

知识链接

照明设备的类型

照明设备同时具有照明与装饰的功能，根据其所处的位置的不同，可分为：

（1）廊灯：位于客房走廊过道的上方。

（2）台灯：一般置于写字台上。

（3）镜前灯：位于梳妆镜的上方。

（4）落地灯：一种可以移动的站灯，主要放置在沙发的旁边，与沙发一起构成一个交谈、阅读、休息的中心。

（5）床头灯：位于床头柜的上方或床头柜上。

（6）夜灯：一般安装在床头柜的底部，使用方便，又不影响睡眠。

（7）衣柜灯：安装在衣柜的里面，是一盏感应灯，随着衣柜门的开关而开关。

（8）酒吧灯：设置在酒柜的顶部。

3．客房自动化设备

常见的客房自动化设备有高速互联网、在线客房、电子控制的客房迷你吧、房间自动化结账系统、IP电视、IP电视机顶盒（见图2—18）、可视电话（见图2—19）、多功能电子红外线遥控器等。

4．卫生设备

标准的卫生设备一般包括浴缸、淋浴房、便器、洗脸盆与云台等，豪华客房和套房还配有净身器。

图 2—18　IP 电视机顶盒

图 2—19　可视电话

（1）浴缸

浴缸配有冷、热水龙头和可以调节水流的淋浴喷头、扶手、肥皂盒。浴缸底部应有防滑功能，否则，应配有胶皮防滑垫。冷、热水龙头的对面墙上装有浴巾架。浴缸上方配有浴帘杆、浴帘和可以活动的晾衣绳。

豪华房间的浴缸往往还带有能产生漩涡的水疗装置，也可在卫生间装上带有小型电动蒸汽发生器的桑拿浴和蒸汽浴装置。如图 2—20 所示。

（2）淋浴房

作为一种发展趋势，越来越多的饭店在卫生间里用淋浴房装置替代了浴缸。在高档的客房中，淋浴房与浴缸分设，或淋浴房配有水疗装置。如图 2—21 所示。

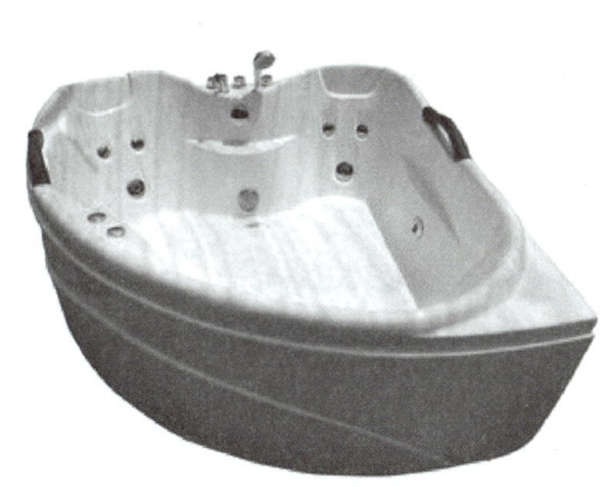
图 2—20　带有水疗装置的按摩浴缸

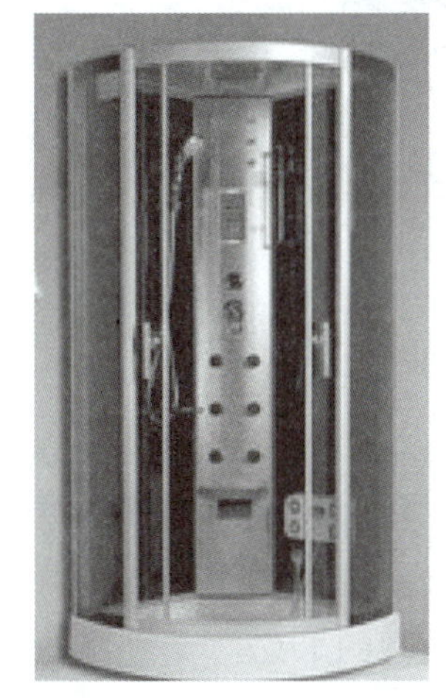
图 2—21　带有水疗装置的淋浴房

（3）便器

便器通常分为坐式便器和蹲式便器，大部分客房的卫生间只安装坐式便器，高档套房两种都装。

为了有效地控制便器的用水量，便器的抽水装置设计要合理，便器上应装有两种抽水开关，一种可以用整水箱的水，另一种可以用半水箱或更少的水。另外，便器要宽大，排污通畅，噪声低。

(4) 净身器

净身器也叫下身冲洗器，设在便器旁边。大部分豪华客房和套房都配有净身器。如图 2—22 所示。

知识链接

自动化便器

这种便器集马桶与净身器的功能于一体，具有清洗理疗的功效，客人便后，可根据需要调节水压，通过电脑自动喷水清洁。此种便器代表着客房卫浴设备的一个发展方向，现在一般用在高档客房中。如图 2—23 所示。

图 2—22 净身器

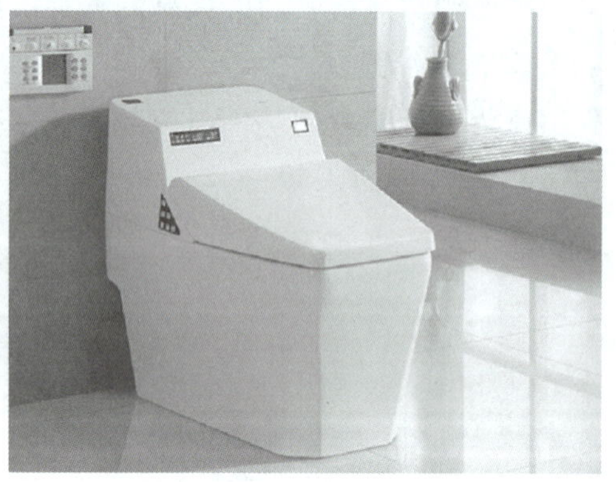

图 2—23 自动化便器

(5) 洗脸盆与云台

云台一般由大理石、人造大理石或其他材料铺设而成，洗脸盆镶嵌其中，内有水塞子和溢水口。洗脸盆上装有规范标志的冷热水龙头各一个，有的饭店为了方便客人，还装有饮用水系统。在云台旁边的墙壁上设有毛巾架、具有国际标准型的 110/220 伏特交流电的插座和电话机。云台的上方还配有一面大玻璃镜，大镜面里或大镜面的侧面还配有化妆放大镜。另外，为了避免因客人沐浴而使镜面蒙上水蒸气，可在镜子的背面安装除水雾装置。云台的大小可视卫生间的面积和布局而定，但高度一般以 80 厘米为宜。如图 2—24 所示。

图 2—24 洗脸盆与云台

5．安全设备

为了保证客人住店期间的人身、财产和心理安全，饭店在每间客房都配备相应的安全设备。客房的安全设备分为防火设备和防盗设备，见表 2—3。

表 2—3 防火设备和防盗设备

设备类型	设备名称	图示	说明
防火设备	烟感报警器		烟感报警器安装在天花板上。一旦发生火灾，房内烟的浓度达到一定的程度时，烟感报警器会自动报警
	温感喷淋头		温感喷淋头又称花洒。一旦发生火灾，当温度达到一定的高度时，温感喷淋头的安全阀门将自动开启，水从安全阀流下，起到自动灭火的作用
	安全指示图		安全指示图又称火警疏散图，被张贴在每间客房的门后，标明客房所在的位置及安全通道的方向

续表

设备类型	设备名称	图示	说明
防盗设备	门锁		具有良好防盗功能的IC卡钥匙门锁、感应钥匙门锁、指纹锁已经代替了以往的客房门锁
	窥视镜		窥视镜又称警眼，通过窥视镜，客人可以在房内观察到房门外的情况
	防盗链	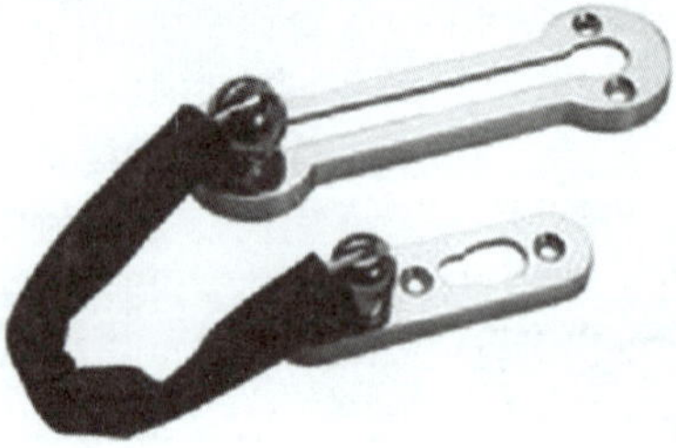	防盗链安装在客房门的后面，一部分固定在房门上，另一部分固定在门框上，两部分通过一条链子相接，防盗链扣上时，即使房门被打开，外人也无法进入房内
	保险箱	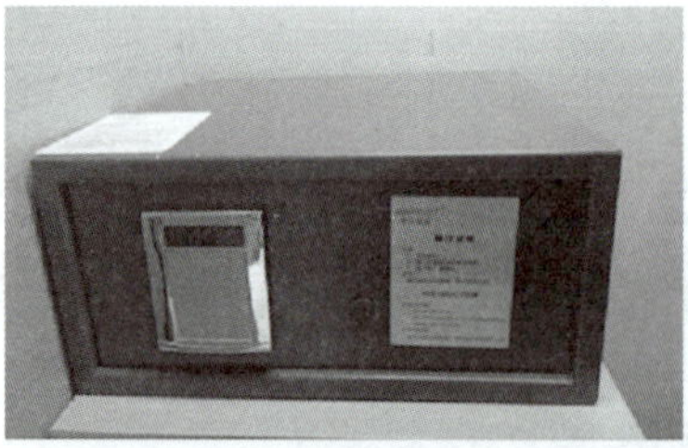	通常放在客房衣橱的下方，供客人免费存放随身携带的贵重物品

6．残疾人设备

残疾人设备主要指轮椅和残疾人客房中的配套设施。如图 2—25 至图 2—27 所示。

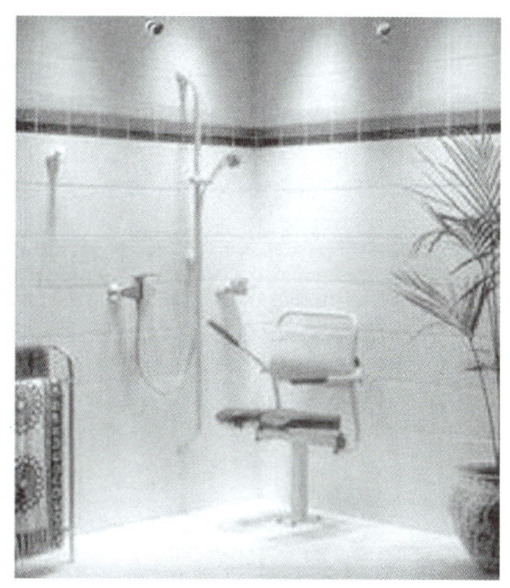
图 2—25　淋浴轮椅

图 2—26　残疾人洗脸盆

图 2—27　残疾人便器和淋浴房

知识链接

残疾人客房的配置

残疾人客房的门厅不应有门槛，如有不同高度的地面，出入口应有坡道，房内设备能满足残疾人生活起居的一般要求。

（1）坡度应控制在 12° 以下。

（2）房间门、卫生间门均不少于 90 厘米宽，不宜安装闭门器，或安装其他具有自动关闭性能的装置。

（3）门锁宜用摇臂执手（锁把），不宜用球型执手。

（4）门上分别在高度 1.1 米和 1.5 米处装有窥视镜，门链高度不超过 1 米。

（5）卫生间应有较大的空间方便轮椅回旋，内有特殊折椅、淋浴轮椅。

（6）卫生间有残疾人的专用面盆、浴盆，在墙壁、浴缸、洗脸盆、便器边应设牢固的扶手，并具水平和垂直扶拉结构。

（7）规格要求上，门与厕位间的空间间距不少于105厘米。

（8）面盆台面高度在70厘米，台面下无影响轮椅回旋的障碍物。

（9）便器高度为43厘米。

（10）浴盆边侧墙体扶手垂直安装，且承受拉力不少于100千克。

（11）毛巾架及挂衣钩离地面高度不超过110厘米。

（12）沐浴喷淋装置要为活动式可调节喷淋器，并配有150厘米左右长的金属软管。

（13）呼叫按钮。

（14）门、窗帘、开关均为遥控，或开关位置高度不应超过110厘米，且不得低于45厘米。

（15）床的两边装有扶手，但不宜过长，应方便客人从残疾车上上床。

（16）盲文服务指南。

（17）衣橱内挂衣杆高度能适应残疾人。

（18）电器插座的高度不宜超过1.2米。

（19）除装有消防喇叭等听觉报警器外，还应装有可视性火警装置。

二、客房设备配置发展新趋势

科学技术的发展及客人要求的日益提高，促使客房设备配置出现了一些新的变化趋势，这些趋势主要体现在人本化、家居化、智能化和安全性等方面。

1. 人本化趋势

人本化趋势就是要从客人角度出发，让客人在使用客房时更加方便，感受更加舒适。如传统的床头控制板正在面临淘汰，取而代之的是“一钮控制”的方式，也就是说，客人晚上睡觉时只需操作一个按钮就可将室内所有需要关掉的电器、灯全部关掉。

2. 家居化趋势

家居化趋势主要体现在：一，客房和卫生间的空间加大；二，客用物品的材料、色调家居化，如客房的物品多用棉织品、手工织品和天然纤维编织品；三，增设了家用设备，如客房中普遍放置熨斗、熨衣板，卫生间浴缸与淋浴分开，使用电脑控制水温的带冲洗功能的便器等。

3. 智能化趋势

在智能化的客房中，客人可以享受网上冲浪等Internet服务，可以在电视或电脑中选择所需的一切服务，更可以坐在屏幕前与商务伙伴或家人进行可视的面对面会议或交谈。客人可以将窗户按照自己的意愿转变为美丽的沙滩、辽阔的大海、绿色的草原等，还可以在虚拟的客房娱乐中心参加高尔夫球等任何自己喜爱的娱乐活动。房间内的光线、声音和温度都可根据客人的个人喜好自动调节。

4．安全性日益提高

客房楼道中微型监控系统的应用，指纹或视网膜匙门锁的出现，红外感应装置（能显示客人是否在房间）、床头柜和卫生间中紧急呼叫按钮的安装，大大增强了客房的安全性，同时又不会过多地打扰客人，使客人拥有更多的自由空间而又不必担心安全问题。

第四节　客房用品配置

饭店的客房在配置了必要的设施设备后，为了保证客人在客房中的生活与工作的需求，还需配备相应品种与数量的客房用品。

一、客房用品种类

客房用品是指配置在客房中供客人使用的各种物品。按照不同的划分标准，其称呼不同，具体见表 2—4。

表 2—4　　客房用品种类

分类标准	类型名称	说　明
按消耗形式分类	一次性消耗品	指一次消耗完毕，完成价值补偿的客房用品。如茶叶、卫生纸、纸巾、信封、信纸等
	多次性消耗用品	指可多次通过替换的方式提供给客人使用，通过一定周期才能逐渐完成价值补偿的客房用品。如床上用品、卫生间的“四巾”、茶水具等
按供应形式分类	客房免费赠品	指客人离店时可以带走的客房用品，即一次性消耗品。通常包括：香皂、小袋独立包装的洗浴液和洗发液、牙具、淋浴帽、梳子、卫生纸、圆珠笔、火柴等

续表

分类标准	类型名称	说　　明
按供应形式分类	客房固定用品	指客人离店时不可带走的客房用品，即多次性消耗品。通常包括烟灰缸、茶具、床上用品、卫生间的“四巾”等。若客人在住店期间损坏了客房的固定用品，应视具体情况，向客人索取一定的赔偿金
	客人租借物品	此类物品因为不是每位客人在住店期间都需要的生活必需品，因此一般不放在房内，而是存放在客房服务中心，客人需要时免费租借给客人使用。这些物品，比较常见的有：熨斗、熨衣板、电插座、急救袋等。客人在使用这些租借物品时，若不慎损坏或遗失，应按照饭店的规定支付相应的赔偿金额

二、客房用品配置要求

1．符合饭店星级和客房档次的标准

客房用品的配置应符合饭店星级和客房档次的标准，并突出饭店的风格。通常，饭店星级标准、客房档次越高，所配置的客房用品的品种越齐全，数量越充足，品味越高雅。反之，只需满足客人住店期间的基本生活需求、符合房间价格即可。

2．质量第一、美观雅致

无论是一次性消耗品，还是多次性消耗品，无论是低星级的饭店还是高星级的饭店，选择客房用品时，都应牢记质量第一。另外，因为多次性消耗品具有装饰性作用，一次性消耗品又具有广告宣传作用，因此，在保证质量的前提下，在样式上、包装上应考虑美观雅致，与客房内的其他设备相适应。

3．讲究配置标准统一

客房用品的配置标准应做到三个统一：首先，同一类型的客房里所配置的客房用品在质量上、样式上必须统一，才能产生整体协调的美感，否则会让客人产生七拼八凑的感觉；其次，同一类型的客房里所配置的客用品在品种和数量上要统一，这样不仅能让客人产生公平感，而且还有利于饭店有效地控制客房用品；最后，客房用品在客房里的摆放位置和方法要统一，以体现服务工作的规范性。

三、客房用品配置标准

客房用品配置标准是指对客房内各种客用品在摆放位置、物品种类及数量、摆放要求上的具体规定。下面以三星级饭店标准间为例，以家具设备和卫生设备为线索，介绍客房用品的摆放标准。

1．普通标准间卧室客用品配置标准

下面，以客房的家具为线索，阐述卧室客用品的配置标准，详见表 2—5。

表 2—5 普通标准间卧室客用品配置标准

家具	配置标准	图示
房门	“请勿打扰”和“请即打扫”牌各一块挂在客房房门后的锁柄上。挂放时要求正面朝外	请勿打扰 PLEASE DO NOT DISTURB 请即打扫 PLEASE CLEAN ROOM
衣橱	①备用枕头、备用被子、毛毯折叠整齐放在衣橱的格架上 ②8～12 只各类衣架、裤架和裙架，平均集中放置在挂衣横杆的两侧，衣架钩一律朝里 ③鞋篮、衣刷、鞋拔等整齐地摆放在衣橱的底部	
酒柜	①各种与星级档次相配套的酒水、饮料、小食品若干件。摆放时，矮的放在前面，高的放在后面，商标朝外 ②与酒水相配套的酒杯若干只；开瓶器一个，把手朝外；调酒棒两根，店徽朝外；与酒杯相配套的杯垫若干个，店徽朝上；纸巾若干包 ③酒水价目表一份，正面朝外；账单两份	

续表

家具	配置标准	图示
写字台	①文件夹一只，整齐地摆放在写字台桌面正中偏下方 ②烟灰缸一只，摆放在文件夹的右上方，烟灰缸的三个架烟孔成正三角形分布 ③火柴一盒，整齐地在烟灰缸的右上角，店徽正面朝向客人 ④购物袋、洗衣袋、洗衣单等各两份，放在写字台的抽屉里（也可放在衣橱的底部） ⑤文具用品包括：服务指南、住宿须知、宾客意见表、防火指南、送餐菜单、客房价目表各一份，信封四只、信纸四至六张，明信片两张、传真纸两张，圆珠笔一支等。各类物品从高到低整齐有序地摆放在文件内，店徽朝外	 
电视机柜	电视节目单一份，整齐地摆放在电视机柜的上方	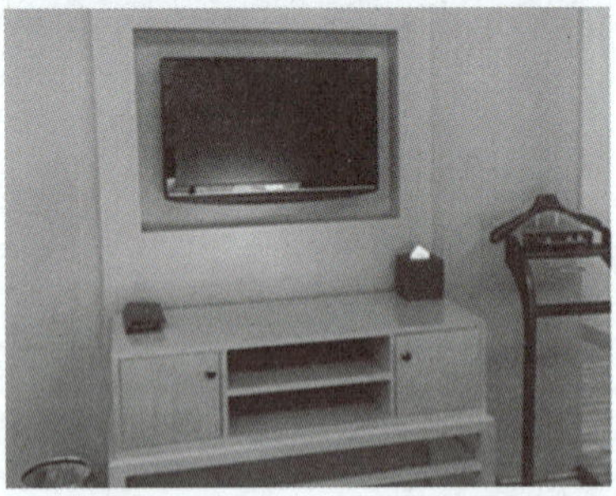
茶几	①有盖茶杯两只，杯把同一朝向，店徽朝外，整齐地摆放在茶几上侧 ②茶盅一只，店徽朝外，整齐地摆放在有盖茶杯的下方 ③茶叶至少四包，店徽朝上，整齐地摆放在茶盅内 ④纸篓一只，套有垃圾袋，整齐地摆放在茶几下面外侧的正中位置上	
床头柜	①电话使用说明书、“请勿在床上吸烟”标识、晚安卡、便笺夹各一份，整齐地摆放在床头柜面上 ②便笺至少三张、便笺笔一支，店徽正面朝上，整齐地摆放在便笺夹上 ③拖鞋两双、擦鞋器具两套、电蚊香器与电蚊香片一套，店徽朝外，整齐地摆放在床头柜下方（电蚊香器也可放在写字台的抽屉中）	

续表

家具	配置标准	图示
床	以一张单人床为例，所需的床上用品为： ①中式铺床的床上用品为：床单一条 / 床、枕芯两个 / 床、枕套两只 / 床、被套一个 / 床、棉被一条 / 床、衬垫一条 / 床 ②西式铺床的床上用品为：床单至少两条 / 床，枕芯两个 / 床、枕套两只 / 床、毛毯一床、床罩一条 / 床、衬垫一条 / 床	

2. 普通标准间卫生间客用品配置标准

下面，以卫生间的卫生设备为线索，阐述卫生间客用品的配置标准，详见表 2—6。

表 2—6 普通标准间卫生间客用品配置标准

卫生设备	配置标准	图示
云台	①消耗品托盘一只、折叠成正方形或三角形的小方巾两条、面巾纸一盒、烟灰缸一只、漱口杯两只、插有鲜花的花瓶一只，整齐地摆放在云台面上 ②消耗品托盘内摆放的消耗品包括：牙刷和牙膏两套，浴液、洗发液、护发素两套，浴帽两只，梳子两把，小块香皂至少两块等。这些物品要求摆放合理、美观、整齐，店徽朝外或朝上	 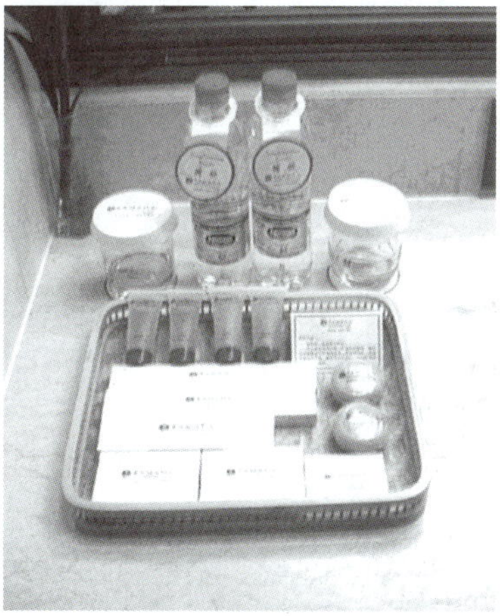

续表

卫生设备	配置标准	图示
云台	③面巾两条，折叠成长条形挂在毛巾架上。要求两条毛巾的下端平齐，店徽朝外	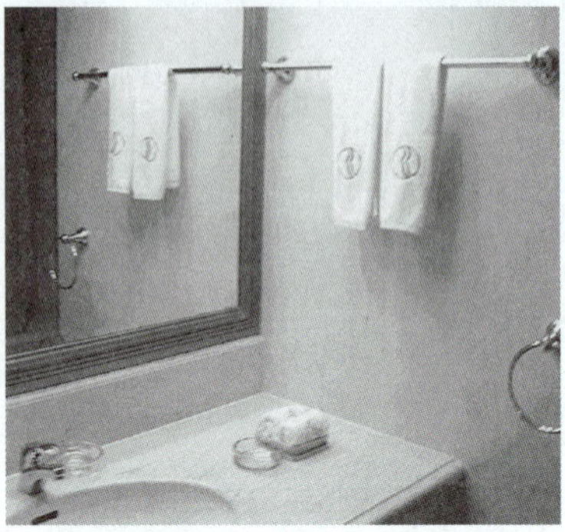
便器	①女宾卫生袋两只，整齐地摆放在便器水箱正中，店徽正面朝上 ②卫生卷纸一卷，下端折叠成三角形或梯形，放在便器旁的纸架上	
浴缸	①防滑垫一块，置于浴缸底部 ②地巾一条，折叠好挂在浴缸前沿的正中 ③大块香皂一块或浴液、洗发液一套，放在浴缸墙上的皂盒内 ④浴巾两条，折叠整齐平放在浴巾架上 ⑤浴帘一条，挂在浴帘杆上，推至卫生间门后，底端放在浴缸外	 

第五节 客房陈设与装饰

客房良好的陈设与适当的装饰，对提升客房档次，改进客房服务质量，有重要的帮助。

一、客房家具陈设

客房家具的陈设，一要注意设备款式与民族风格的协调统一，二要注意建筑风格与家具设计风格的和谐搭配，既要有规律又要有变化。

1．对称与自由

客房家具配置数量的奇偶不同，家具摆放的原则也有所不同。通常情况下，家具配置数量为偶数的，摆放时应遵循对称的原则；家具数量为奇数的，应遵循自由的原则。如标准间的两张床以床头柜为中心对称摆放，而大床间的床头柜则以床为中心对称摆放；起居空间的沙发椅或圈椅以茶几为中心对称摆放，而书房、会客室的沙发常以自由摆放为主；客房的写字台、电视柜、书柜等单件家具的摆放均自由活泼，给人以轻松愉快之感。如图 2—28、图 2—29 所示。

图 2—28 对称

图 2—29 自由

2．分散与集中

客房的功能划分不同，家具的摆放也有所不同。如客房睡眠空间的家具、卫生间的卫生设备的摆放相对比较集中，而其他区域的家具摆放较为分散。如图 2—30、图 2—31 所示。

图 2—30　分散

图 2—31　集中

3．高低起伏

根据客房空间的大小以及对采光效果的评估，客房搭配高低起伏、错落有致的家具、灯饰、绿色植物可以达到丰富室内空间的目的。如写字台旁竖一面落地镜，有拓展视觉空间的效果；沙发旁的落地灯、绿色植物、写字台上的台灯等不仅起点缀作用，还会使空间更有层次感。如图 2—32 所示。

4．对比与映衬

和谐的色彩与房间装饰物互相映衬，共同营造和谐、舒适的氛围。如地毯、墙纸、灯饰、窗帘、家具等色调合理搭配，书写空间的桌椅、灯饰、化妆镜的边框互相映衬等。如图 2—33 所示。

图 2—32　高低起伏

图 2—33　对比与映衬

5．营造视觉中心

设计客房视觉中心，营造美好的一角是客房装饰与布置的重点。因地制宜地选择适当的空间进行装饰，营造特点突出、新颖美观、实用性强的视觉中心，会强化客房的吸引力，有利于合理利用空间。如床头背景墙的设计、客房窗前区的美化、会客室电视背景墙的设计，均能达到营造视觉中心的效果。如图 2—34 所示。

图 2—34 营造视觉中心

二、客房纺织品及装饰织物陈设

客房的纺织品及装饰织物主要指床上用品、窗帘、帷帐、地毯、装饰布等。客房的纺织品及装饰织物的色彩、图案、式样、质地应与客房家具的色彩、款式相和谐，以烘托室内艺术氛围，提高室内构图的美感。如图 2—35 所示。

图 2—35 纺织品及装饰织物陈设

三、客房室内观赏品陈设

客房室内观赏品主要有平面摆设和墙面悬挂两大类。平面摆设类主要指古玩、瓷器等各类艺术陈列品及玉石雕刻、象牙雕刻、漆器、景泰蓝等工艺美术。墙面悬挂类主要指绘画、挂屏、壁饰等。

在选择室内的观赏品时，应突出客房设计的文化主题，体现民族风格和地方特色，注意客户群的风俗习惯和宗教信仰，并要与饭店的豪华程度相匹配。

具体设计布置观赏品时，应注意与室内整体装饰风格相协调，使观赏品的造型、质感、色彩、视觉效果等与客房墙面、室内光线明暗对比及家具陈设相匹配，在总体布局上做到大兼小、高兼低、有呼有应、有虚有实。

选择室内观赏品的注意事项

（1）选择绘画类观赏品应考虑绘画的题材、大小、装裱的形式风格。

（2）一般情况下，铁画给人以粗犷感，刺绣给人以秀雅感，木雕给人以质朴感，雕漆给人以深沉厚重感，漆画给人以华丽感，壁毯和壁挂给人以亲切感。选择时，应与室内的装饰主题相一致。

（3）玉石、象牙、雕漆、脱胎漆、景泰蓝、陶瓷等工艺美术摆件，摆放时要考虑到位置、光照、背衬以及质感，可将其陈列在博古架上、玻璃柜内或特制的玻璃罩内。

四、客房绿化

1. 客房绿化形式

客房绿化一般以盆栽、盆景和插花作为表现形式。

（1）盆栽

盆栽可分为盆花、盆树、盆果和盆草等。

1）盆花。盆花有木本和草本植物，花型、颜色多样，常见的有杜鹃、水仙、君子兰、山茶、兰花、月季等，可以按不同季节选择不同品种装饰客房。见表 2—7。

表 2—7　　盆花

杜鹃	水仙	君子兰

续表

山茶	兰花	月季

2）盆树。盆树是木本植物，常见的有铁树、龟背竹、天竹、橡胶树等，多用于客房楼层、贵宾室、会议室、门厅等空间的装饰。见表 2—8。

表 2—8　　　　盆树

铁树	龟背竹
天竹	橡胶树

3）盆果。盆果是指以观果为主的植物，常见的有金橘、石榴、天柱果、葡萄等，可以给客人丰收、吉祥的感受，增添欢乐、愉悦的气氛。见表 2—9。

表 2—9 盆果

金橘	石榴	葡萄

4）盆草。盆草是指草本类观叶植物，客房装饰中较为常见的有吊兰、文竹、抽叶藤等。见表 2—10。

表 2—10 盆草

吊兰	文竹

（2）盆景

盆景是指用植物、石头等材料在盆中再现自然景色的一种艺术，可分为山水盆景和树桩盆景。

1）山水盆景。山水盆景是通过模仿自然风光、名山名水，以独立式、重叠式、开合式、散置式等形式塑造的真实小景。山水盆景的材料主要由石块、小草、青苔和微型建筑物等组成。山水盆景既是绿化装饰品又是民间工艺品，根据盆中水面面积的大小可将其分为水景、旱景和水旱景，见表 2—11。

表 2—11　山水盆景的类别

类别	说明	图示
水景	在盆的整个平面面积中，水面面积占整个盆景平面面积 6/10 以上的盆景称为水景。水景以水石为主，山石搁置水中，特别适于表现平荡的湖泊和宽阔的河流	
旱景	盆中完全无水的盆景称为旱景。盆中有土有石，土石常成山形。根据山形、地貌构成连绵群山、草原林木或沙丘绿洲等。有些旱景用白色细石粒代水	
水旱景	水面面积占盆景平面面积的 4/l0 ~ 6/10，水的面积与陆地面积相差不大的盆景称为水旱景。盆中有土有水，有山有林，生意浓郁，所表现的景物内容相当广泛	

2）树桩盆景。树桩盆景是指观赏植物的根、茎、干、叶、花、果的风韵和神态的盆景。客房内的盆景陈设以微型盆景为宜，常放在茶几、几架、写字台上；也可以设置盆景架，放在大客房的窗前、角落等地方。树桩盆景的表现形式见表 2—12。

表 2—12　树桩盆景的表现形式

直干式盆景	露根式盆景	曲干式盆景	悬岩式盆景

续表

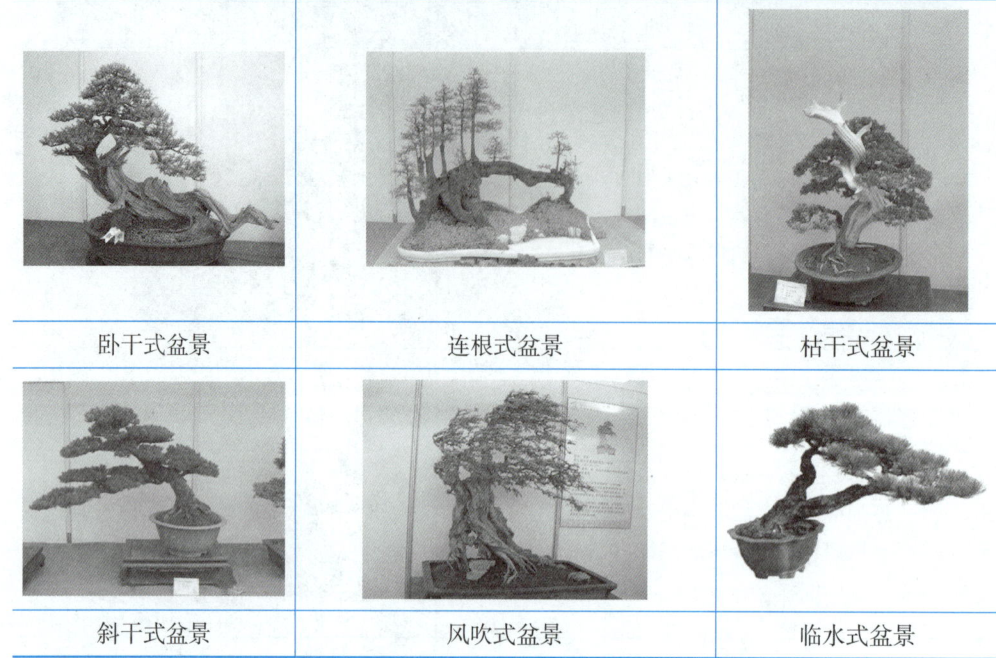

卧干式盆景	连根式盆景	枯干式盆景
斜干式盆景	风吹式盆景	临水式盆景

（3）插花

插花是以切、取植物的形式，将可供观赏的枝、叶、花、果等部分插入容器中，经过艺术加工组合造型成为精美的花卉装饰品，给客人一种亲切、温馨的感觉和受欢迎、受尊重的满足感。如图 2—36 所示。

2．客房绿化原则

（1）根据客房的类别来选择绿化植物

普通客房受房间面积的影响，一般在梳妆台或茶几上摆放别致的小盆盆栽或中型植物，使房间显得美观大方、充满生机。如图 2—37 所示。

套房房间内一般以一至两盆中型植物配以适度的插花或盆景点缀。如图 2—38 所示。

总统套房的绿化需要精心设计，根据不同的设计风格、客房面积和布局对盆栽、盆景和插花进行合理选配及均衡布置，衬托出总统套房的高雅华贵。如图 2—39 所示。

（2）根据客房的环境来选择绿化植物

客房植物的色彩应与客房环境色的冷暖、采光及聚光度相匹配。如客房的家具、地面、墙壁是暖色，绿化植物应选择偏冷色的。

（3）根据季节来选择绿化植物

客房植物还应与季节、气氛相协调，如春节常选用桃花、腊梅、金橘等。

（4）客房的绿化应做到主次分明

主次分明是客房绿化装饰的重点，通过主景和陪景、主调和陪调的合理设计和搭配，体现客房绿化高低错落、疏密聚散的视觉效果，达到主景突出、引人注意的目的。如图 2—40 所示。

图 2—36　客房插花

图 2—37　普通客房绿化

图 2—38　套房房间绿化

图 2—39　总统套房绿化

图 2—40　绿化应做到主次分明

思考与练习

1. 标准间可以划分为哪些功能空间？

2. 饭店中常见的客房类型有哪些？

3. 以三星级饭店为例，客房中有哪些家具设备、电器设备、卫生设备及安全设备？

4. 客房用品是如何分类的？

5. 普通标准间应配备哪些客房用品？简述它们的配置数量与摆放标准。

第三章 清洁设备及清洁剂

不管是在自己家中还是在饭店里，做清洁时都会用到各种各样的清洁设备和清洁剂，小到抹布、扫帚、洗洁精等，大到吸尘器、洗地机、打蜡机等。同一般家用清洁设备和清洁剂相比，饭店里的清洁设备和清洁剂更加专业，只有学会正确使用才能发挥出它们的最大功效。

学习目标

☆熟悉清洁剂的分类及功效。

☆熟悉一般器具的使用与保养方法。

☆掌握清洁机器设备的使用与保养方法。

☆掌握使用清洁剂的注意事项。

第一节　清洁设备

在清洁保养中，科学合理地使用清洁设备，既可以提高工作效率，确保客房设备与客房区域的清洁度，为客人提供卫生舒适的居住环境，同时还能延长客房设备及清洁设备自身的使用寿命。

一、清洁设备分类

客房服务中所使用的清洁设备可以分为一般器具和机器设备。

1．一般器具

一般器具是指直接用于手工操作、不需要电动机驱动的清洁设备，如抹布、扫帚、拖把、手推车、房务工作车、玻璃清洁器等。这类设备的优点是使用方便、适用范围广、价格较低、维修保养容易。

2．机器设备

机器设备通常是指需要经过电动机驱动的清洁设备，如吸尘器、洗地毯机、洗地机、打蜡机等。该类设备的优点是环境污染小、使用灵便、工作效率高。

二、一般器具的使用与保养

1．扫帚

扫帚主要用于扫除地面上那些无法用吸尘器吸净的碎片和脏物。根据其用途和使用场所的不同，扫帚可分为以下几种，见表 3—1。

表 3—1　扫帚的类型与特点

类型	特　点
长扫帚	柄较长，使用者无须弯腰，适用于大面积地面或高处的清洁
短扫帚	柄比较短，单手可操作，使用范围广
小扫帚	主要用于掸去家具等设备物品的表面灰尘，或清除席梦思边沿和地毯边角的灰尘

使用扫帚时，清扫的幅度不宜过大，避免尘土飞扬，泥水四溅。使用后洗净、晾干。

2．拖把

拖把的用途是清洁光滑的地面。其制作材料有天然纤维和化纤两种，天然纤维材料吸水性强，化纤材料除尘性好。

使用拖把时，应讲究移动线路，常用的方式是直线或“∞”形移动，避免遗漏。另外，使用拖把时还应注意下列有关事项：

(1) 在移动中拖把不能离开地面。

(2) 使用拖把时，应将拖把洗净并拧干，以无水滴为宜。

(3) 使用拖把后，应将拖把洗净晾干，以防止其霉烂、滋生细菌。

3．榨水车

榨水车是与拖把相配套的器具，其作用是拧去拖把上的水或浸蜡后拖把上多余的蜡液。榨水车有滚轴式、下压式和边压式三种，其中以下压式最好。如图 3—1 所示。

4．多功能清洁推车

多功能清洁推车是一种可以推动的小型工具车，可以同时用于盛放清洁剂、放置和清洗拖把，适用于流动作业。如图 3—2 所示。

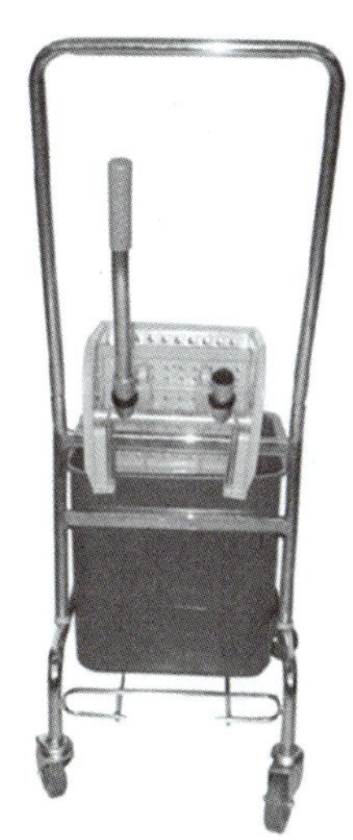

图 3—1　榨水车

图 3—2　多功能清洁推车

5．地刷

在清洁保养地面时，机器无法清洗到的场所与部位，可由地刷来完成。如图 3—3 所示。

6. 簸箕

簸箕可分为敞口式簸箕和提合式簸箕两种。提合式簸箕的结构是盖和本体连动，拿起柄后盖即自动关闭，放下则打开，式样美观方便，适合于巡回清扫。如图 3—4 所示。

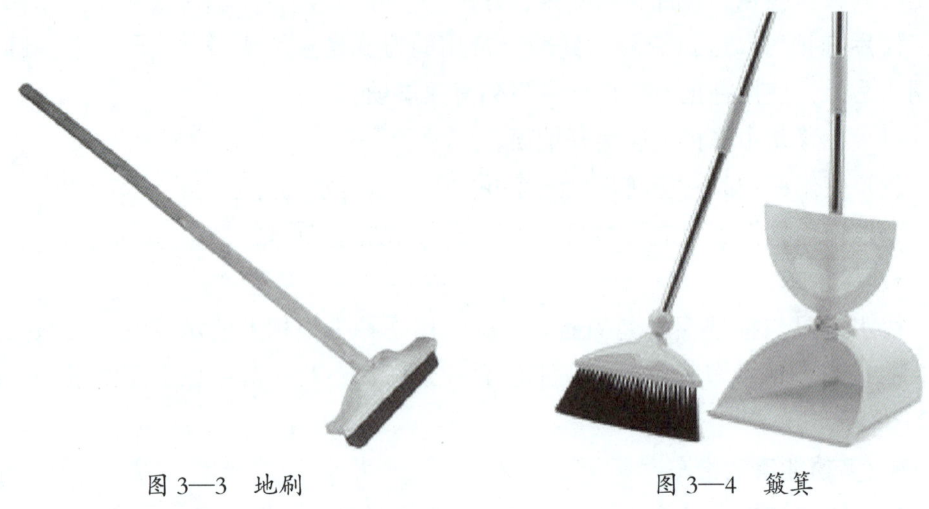

图 3—3 地刷　　图 3—4 簸箕

7. 尘推

尘推主要用于光滑地面的清洁保养工作，它可将地面的沙砾、尘土等清除，以减轻地面的磨损。如图 3—5 所示。

尘推的使用与保养应注意下列有关事项：

（1）将已用牵尘剂（尘推处理液）处理过的干尘推平放在地面上，按直线或“∞”字形推进，尘推不可离地。

（2）当尘推沾满尘土后，将尘推放在垃圾桶上清洁。

（3）当尘推失去粘尘能力后，要重新用牵尘剂处理后才可再用。

（4）尘推变脏后可用碱水清洗，晾干后用胶袋封好备用。

8. 玻璃清洁器

玻璃清洁器主要用于清洁玻璃、镜面和其他光滑的面层。一套玻璃清洁器主要由伸缩杆、擦拭器、刮刀等配件构成。伸缩杆可按需进行调节，擦拭器用于涂抹清洁液和擦拭，刮刀用于刮除清洁液和污渍。玻璃清洁器在使用后要拆卸，清洁擦拭干净，分开存放。如图 3—6 所示。

9. 工作车

工作车用于运载和存放物品，可以减轻客房服务员的劳动强度、提高工作效率。客房根据需要，可配置不同类型的工作车，如房务工作车、棉织品车、辘轴车、平台车等。如图 3—7 所示。

图 3—5 尘推

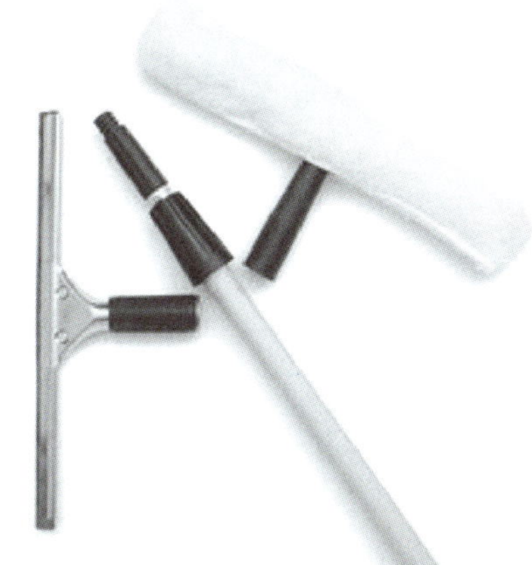

图 3—6 玻璃清洁器

图 3—7 工作车

10. 其他清洁器具

其他清洁器具多是一些辅助性的小工具，详见表 3—2。

表 3—2 其他清洁器具

清洁器具	说明
抹布	在房务工作车中，抹布的用途很多，既可除尘又可除渍
刷子	客房部用的刷子很多，有浴缸刷、便器刷、窗沟刷等。工作中，应根据需要配备并合理使用，用后应洗净放好
搋子	用于疏通便器的简易工具
小铲刀	又称油灰刀，用于去除粘固在面层上的沾黏物和难以清洁的污垢
百洁布	又称快擦布，有粗、细两种，用于清洁卫生间洁具
鸡毛掸	用于去除高处的尘埃，一般为室外使用
喷雾器	单手操作，用于喷射清洁剂及蜡水等
接线插盘	为使用远离电源插座的电器设备提供方便
警示牌	能起到提醒警示、防止事故发生的作用

抹布使用注意事项

（1）为了防止抹布的交叉使用，抹布应制成不同尺寸，选用不同质地和颜色的布料。

（2）为了达到更好的除尘效果，抹布可用牵尘剂处理。

（3）为了提高工作效率，抹布应折叠使用。

（4）为了保证抹布的卫生质量，抹布最好由洗衣房统一洗涤。

（5）为了保证抹布的周转，杜绝服务员用客用毛巾当抹布，抹布的数量应充足。

三、机器设备的使用与保养

1．吸尘器

吸尘器的应用范围很广，能够清理地板、家具、帘帐和地毯等。吸尘器不但可以吸进其他清洁工具不能清除的灰尘，如缝隙、凹凸不平处、墙角以及形状各异的各种摆设上的尘埃，而且不会使灰尘扩散和飞扬。吸尘器的主要配件有软管、延长管、电线及插头、各种吸尘嘴等。根据吸尘器的构造和操作原理，吸尘器可分为筒式吸尘器、立式吸尘器、干湿两用吸尘器和肩背式吸尘器等，详见表 3—3。

表 3—3　　吸尘器类型

吸尘器	说明	图示
筒式吸尘器	吸力强，操作轻便灵活，多用于吸除物体表面的灰尘。缺点是不能吸水，难以彻底清除藏于地毯绒毛里面的灰尘	

续表

吸尘器	说明	图示
立式吸尘器	适用于长绒地毯。其优点是能彻底吸净地毯里的灰尘沙砾，使倒伏黏结的地毯绒毛梳开直立起来，对地毯有很好的清洁保养作用。缺点是比较笨重，操作不灵便	
干湿两用吸尘器	既配有储水桶，又配有集尘袋，既能吸水又能吸尘。其外形与筒式吸尘器相似	
肩背式吸尘器	一种轻型吸尘器，可背在身上或提在手上使用，既可接交流电源，又可配蓄电池使用，适用于楼梯吸尘和登高吸尘	

2．洗地毯机

洗地毯机是清洁保养地毯不可缺少的设备，其工作效率高、省时省力、节水节电。洗地毯机的种类很多，适合饭店使用的主要有干泡洗地毯机和喷吸式洗地毯机两种，如图 3—8 所示。

干泡洗地毯机对地毯的损伤很小，洗后不变形，适用于绝大多数地毯，尤其适合不太脏的地毯与纯羊毛地毯。洗后不影响地毯的使用，基本即洗即用。

服务提示

吸尘器的维护与保养

（1）若不是干湿两用吸尘器，绝对不可用来吸液体、黏性物和金属末。

（2）任何吸尘器都不可用来直接吸除地面上的烟头、碎玻璃片、针尖、图钉类尖利物品，以免损伤集尘袋或吸头、吸管。

（3）为避免堵塞吸管，吸尘器不可直接用来吸除大块的纸团、石块、棉花团等。

（4）使用过程中，若发现机体或附件上的螺钉有松动现象，应及时紧固。

（5）使用过程中，若发现漏电或电动机温度过高以及异常响声，应立即停机检查。

（6）吸尘器不可长时间连续使用，一次连续使用时间最长不可超过1小时。

（7）及时清理吸头上的毛发与绒毛。

（8）每次使用完毕，应先切断电源，然后清除集尘袋。吸尘器的集尘袋可定期用清水清洗，洗后要晾干。

（9）吸尘器的机身及附件应保持清洁，如有灰尘可用湿布擦拭，切忌用含有苯、汽油的溶液擦拭。

（10）根据吸尘器使用次数的多少，定期添加轴承润滑油。

喷吸式洗地毯机的洗涤力特别强，去污效果好，但对地毯的损伤比较大，而且洗过的地毯不能马上使用，需要较长时间晾干。

图3—8　干泡洗地毯机

图3—9　喷吸式洗地毯机

服务提示

洗地毯机的保养

（1）使用前认真检查电线和插头是否破损。

（2）使用中一旦有异常必须立即停止操作，切断电源检查。

（3）应由专业人员进行定期保养，一般人员不得擅自拆卸和维修。

（4）用后必须彻底清洁，不得将清洁剂溶液和污水留在机器内。

（5）严格按照要求摆放在规定的位置。通常，配件要拆下挂在钩子上或放在架子上，机器的底部要架空。

3．洗地机

洗地机又称擦地吸水机，集喷、擦、吸于一身，可将擦洗地面的工作一步完成，适用于硬质地面的清洁。如图 3—10 所示。

图 3—10 洗地机

4．高压喷水机

高压喷水机主要用于垃圾房、外墙、停车场、游泳池等处的冲洗。附有加热器的喷水机水温可高达沸点，更适用于清除有油污的场地。如图 3—11 所示。

5．打蜡机

大多数的打蜡机既能用于打蜡抛光，又能用于洗地。打蜡机配有不同用途的底盘垫，转速也可调整，洗地时调低转速，采用硬质底盘垫，打蜡抛光时调高转速，采用细软底盘垫。如图 3—12 所示。

图 3—11 高压喷水机

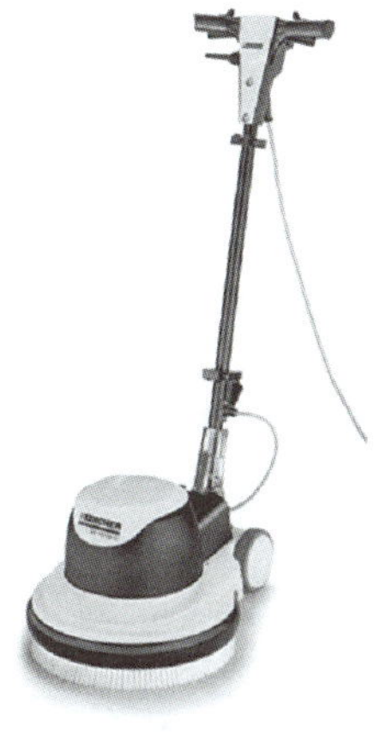

图 3—12 打蜡机

第二节 清洁剂

在清洁保养工作中，科学合理地使用清洁剂，不仅能提高清洁工作的效率，消除或降低脏物的附着力，防止物体因受热、受潮、受化学污染或摩擦而受到损坏，而且还能美化物品的外观，延长物品的使用寿命。

一、饭店常用清洁剂

1. 酸性清洁剂

酸性清洁剂的 pH 值为 1～7，通常为液体，少数呈粉状。酸具有一定的杀菌除臭功能，因此酸性清洁剂主要用于卫生间的清洁；酸还具有除锈、中和尿碱、水垢等顽固斑垢的功能，因此，一些强酸清洁剂可用于周期性的清洁计划。饭店中常用的酸性清洁剂见表 3—4。

表 3—4 酸性清洁剂的品种及用途

品种	用途	服务提示
醋酸、柠檬酸（pH=3）	金属除锈、中和碱性物质、清除材质上的轻度污迹和黏着物，防止洗涤过程中的渗色、褪色	因强酸有毒，有腐蚀性，且易对使用者肌肤造成损伤，所以应按比例用量，在使用前要稀释，使用后要彻底漂洗。酸性清洁剂不得用于地毯、木器和金属器皿的洗涤
盐酸稀释液	清除卫生洁具上的污垢斑迹，清除瓷砖面上残留的水垢等	
硫酸钠（pH=5）	能与尿碱发生中和反应，可用于卫生间便器的清洁，但不能常用且必须少量	
草酸（pH=2） 浓盐酸（pH=1）	用途与盐酸、硫酸钠相同，但清洁效果强于硫酸钠	
便器清洁剂（1≤pH≤5）	便器清洁剂呈酸性，但含合成抗酸剂，以增加安全系数，有特殊的洗涤除臭和杀菌功效，主要用于清洁卫生间便器、洗手盆等用具	
消毒剂（5<pH<9）	主要呈酸性，可作为卫生间的消毒剂，又可用于消毒杯具，但一定要用水漂净	

2．中性清洁剂

化学上把 pH=7 的物质称为中性物质，而在商业上则把 6≤pH<8 的清洁剂皆称为中性清洁剂。中性清洁剂有液状、粉状和膏状，其配方温和，不腐蚀、损伤任何物品，可起到清洗和保护被清洗物品的作用，适用于物品的清洁保养，如去除家具表面的污垢、油渍、化妆品，有防霉功效；其缺点是无法或很难去除积聚严重的污垢。饭店中常用的中性清洁剂见表 3—5。

表 3—5　　中性清洁剂的品种及用途

<table>
<tr><th colspan="2">品种</th><th>用途</th></tr>
<tr><td colspan="2">多功能清洁剂
pH 值（6≤pH≤8）</td><td>可去除油污，防止家具生霉，对物体表面损伤少，常用于家具的清洁保养</td></tr>
<tr><td rowspan="2">洗地毯剂</td><td>高泡</td><td>用于干洗地毯</td></tr>
<tr><td>低泡</td><td>一般用于湿洗地毯，用温水稀释后使用去污效果更好</td></tr>
</table>

3．碱性清洁剂

碱性清洁剂的 pH 值为 7～14，有液状、乳状、粉状及膏状，对油类和酸性污垢有很强的清洁效果。碱性清洁剂有很强的腐蚀性，使用前应稀释，使用后应用清水漂清，为了避免遭受伤害，使用者要戴防护手套。饭店中常用的碱性清洁剂包括玻璃清洁剂、家具蜡和起蜡水等。

（1）玻璃清洁剂（7≤pH≤10）

玻璃清洁剂包括桶装玻璃清洁剂和高压喷罐装玻璃清洁剂两类，如图 3—13 所示。

桶装玻璃清洁剂主要功能是除污斑，使用时需装在喷壶内对准脏迹喷一下，然后用干布擦拭；高压喷罐装玻璃清洁剂内含挥发性溶剂、芳香剂等，可去除油垢，用后会在玻璃表面留下透明保护膜，并留有芳香味，省时省力且效果好。

图 3—13　玻璃清洁剂

（2）家具蜡（8≤pH≤9）

家具蜡形态有乳状、喷雾状、膏状等几种，具有清洁和上光双重功能，有防静电、防霉、去油污的作用，使用后能在家具表面形成透明保护膜。使用方法是将适量家具蜡倒在干抹布或家具表面上，擦拭一遍，其作用是清洁家具；15 分钟后再用同样的方法擦拭一遍，其作用是上光。

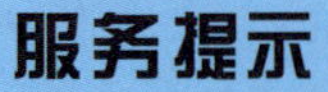

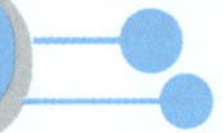

使用家具蜡的注意事项

（1）物体表面必须干净。
（2）适量使用。
（3）使用细软抹布擦拭。
（4）不得掺水使用。
（5）注意防火。
（6）用后应将容器封盖好，防止溶剂挥发。

（3）起蜡水（10<pH<14）

起蜡水碱性强，可将陈蜡及脏垢浮起而达到去蜡功效，适用于需要再次打蜡的大理石、木质地面。使用过起蜡水的地面应反复漂清后才能再次上蜡。

4. 上光剂

上光剂能在物体表面形成硬质防护表层，不仅能降低物体表面脏物的附着力，而且具有防止物体擦伤、美化物体之功效。饭店中常用的上光剂见表 3—6。

表 3—6 常用上光剂

品种	用途
省铜水	省铜水又称擦铜水，呈糊状，主要原理是氧化掉铜表面的铜锈而达到清洁光亮铜制品的效果。省铜水只能用于纯铜制品，不可用于镀铜制品
金属上光剂	金属上光剂具有除锈、去污、上光的作用，主要用于铜制品和金属制品，如水龙头、卷纸架、浴帘杆、毛巾架、锁把、扶手等。金属上光剂只限于金属制品使用
家具蜡	家具蜡既有清洁的功能，又有上光的功能，因此家具蜡也是一种上光剂
地面蜡	地面蜡有封蜡和面蜡之分。封蜡又称底蜡，用于地面打蜡时的第一层，内含填充物，可堵塞地面表层的细孔，起光滑作用。面蜡主要用于打磨上光，增加地面光洁度和反光强度，使地面更为美观。面蜡有水基和油基两种，水基面蜡一般用于大理石地面，油基面蜡一般用于木质地面

5．溶剂

溶剂适用于干洗和局部除渍，它能有效地清除怕水物品表面的油脂和蜡迹等。饭店常用的溶剂见表 3—7。

表 3—7　　溶剂的品种及用途

品种	用途	服务提示
地毯除渍剂	专门用于清除地毯上的特殊斑渍（如果汁色斑、油脂类脏斑、口香糖等），对怕水的羊毛地毯尤为合适	溶剂挥发性强，气味浓烈，易燃，有毒。因此，应在通风良好的环境中使用，要少量存放，隔绝火种。为防止损伤皮肤，在使用前应在手上涂抹防护膏
酒精	主要用于电话机的消毒	
牵尘剂（静电水）	浸泡尘拖，可用于大理石、木板地面的日常清洁和维护，除尘功效明显	
杀虫剂	对房间定时喷射喷罐状的高效灭虫剂后，密闭片刻，可杀死蚊子、苍蝇和蟑螂等飞虫和爬虫	

6．除臭剂

除臭剂具有杀菌、去异味、芳香空气的功能。饭店常用的除臭剂有空气清新剂、马桶除臭剂等。

二、清洁剂使用注意事项

使用清洁剂应遵循效能性、安全性和节约性的原则，在使用过程中应注意：

1．一般清洁剂皆为浓缩液，使用前必须严格按照使用说明进行稀释，配水比例适中。

2．不可选用粉状清洁剂。一是粉状清洁剂易对被清洁物表面产生一种摩擦作用，损伤物体的表层。二是粉状清洁剂在溶解过程中易于沉淀，往往难以达到最佳的清洁效果。

3．应根据被清洁物不同的化学性质、用途及卫生要求选择合适的清洁剂，达到饭店清洁保养的要求。

4．清洁剂在首次使用前应先在小范围内进行试用，效果良好的才可以在大范围内推广使用。

5．应做好清洁剂的分配控制工作，减少不必要的浪费。

6．高压罐装清洁剂、挥发溶剂清洁剂，以及强酸、强酸清洁剂在使用中都应注意安全问题。前者属于易燃易爆物品，后者对人体肌肤易造成伤害，服务员应在日常工作中掌握正确的使用方法，使用相应的防护工具，并注意防火。

7．任何清洁剂一次使用过多都会对被清洁物产生不同程度的副作用，甚至是损伤。因此，不能养成平日不清洁，一旦清洁用大量的清洁剂清洗的坏习惯。

思考与练习

1. 客房服务员使用抹布时，应注意哪些事项？
2. 客房服务员应如何正确维护和保养吸尘器？
3. 客房服务员应如何保养洗地毯机？
4. 饭店中常用的清洁剂有哪几类？各有什么功效？
5. 客房服务员使用清洁剂时，应注意哪些相关问题？

第四章 客房清扫工作

为客人提供清洁、舒适的客房是客房服务员的一项极其重要的工作。为了使这项工作做得又快又好，体现出饭店的服务规范和专业水平，客房服务员必须掌握卫生清扫和消毒的相关规定、方法和程序，了解客房清扫前要做的准备工作和卫生清扫质量的衡量标准。

学习目标

☆掌握客房清扫的相关规定和基本方法。
☆了解客房清扫的相关准备工作。
☆掌握走客房、空房、晚间开夜床的工作程序。
☆掌握中式铺床、晚间开床的技能。
☆掌握客房日常清扫中常见问题的处理方法。
☆掌握客房卫生间、茶水具的消毒要求与方法。
☆熟悉住客房大整理、小整理的要求。
☆熟悉客房清洁质量的标准及检查标准。
☆熟悉客房计划卫生项目及操作要求。
☆熟悉饭店公共区域的清洁保养内容及要求。
☆了解客房清洁质量的检查方法和控制方法。

第一节　客房清扫基础知识

客房服务员的卫生打扫工作不仅要又快又好，而且还不能影响客人的工作和休息。客房服务员不仅要给客人提供一个卫生舒适的环境，而且还要充分体现出对客人的尊重。因此，客房服务员必须要掌握客房清扫的相关规定和清扫方法。

一、客房清扫的相关规定

客人一旦租用了客房，该客房就应看作是客人的私人场所，任何服务员进入客人的房间都应遵守相应的规定。

1．合理安排客房打扫的时间

为了不打扰客人的工作与休息，例行的客房大清扫工作一般应安排在客人不在房间时进行。

问题讨论

- 发现客人整天在房内且不愿客房服务员整理房间时，怎么办?
- 整理房间时，客人还在房内，怎么办?
- 卫生整理过程中，客人外出回来了，怎么办?

2．养成进房前先思索的习惯

为了避免因打扫客房或频繁进出客人的房间而影响到客人的工作与休息，客房服务员应养成进房前先思索的习惯。如现在进房间打扫合适吗？会不会影响到客人的休息呢？这次进房间应做哪几件事呢？

3．进房前观察房门

进房前注意观察房门上是否挂有“请勿打扰”（DND）牌或房门墙边“请勿打扰”指示灯（见图4—1）是否亮着。若有，应根据具体情况，做好相应的处理。

图4—1　“请勿打扰”（DND）牌

（1）一般“DND”牌的处理

1）在清扫卫生或为客人服务时，如发现门把上挂有“DND”牌子或房门侧面的墙上亮有“DND”的指示灯时，不要敲门进房。

2）通常到当日12点以后（有些饭店是14点），用打电话或敲门的形式进行核实（与客人联系）。

3）对挂有“DND”牌或亮“DND”指示灯的房间要经常观察，既要为客人提供安静的休息环境，又不因客人外出时忘记摘下牌子或关掉指示灯而影响房间的清扫服务工作。

（2）特殊情况下“DND”牌的处理

1）若12点以后，客人未取消“DND”牌，应请示领班。

2）由领班或房务中心用电话与客人联系，征求客人意见。

3）如果客人接电话，首先向客人问好，并报明身份，询问客人是否可以进房打扫房间或需要什么帮助，最后应向客人表示歉意。

4）如果房内无人接听电话，可以按门铃或敲门，并报明身份，如客人开门，要主动表示歉意并说明来意。

5）如果打电话、按门铃或敲门后，房内均无反应，应向部门经理汇报，经部门经理同意后，用钥匙开启房门，以防发生意外。

服务提示

（1）中午12点前，不敲“DND”房的房门，但应记下房号及挂牌时间。
（2）工作车经过“DND”房门时，动作要轻，以免影响客人休息。
（3）如有事离开，针对“DND”房的情况须做好交接班记录。

4．养成进房前先敲门通报的习惯

任何服务员在任何时候进入任何一间客房均应敲门、通报并征得客人同意。客房服务员敲门进房的具体操作要求见表4—1。

5．尊重客人对客房设备的使用权

清扫客人住房时，服务员不得乱动客人的东西，不得使用客房内的电视、电话和卫生间，除非饭店有特殊的规定。

问题讨论

客人不在房内而房中电话响，客房服务员能接吗？为什么？

表 4—1　客房服务员敲门进房的具体操作要求

步骤	图示	操作要求	服务提示
（1）观察门外的情况	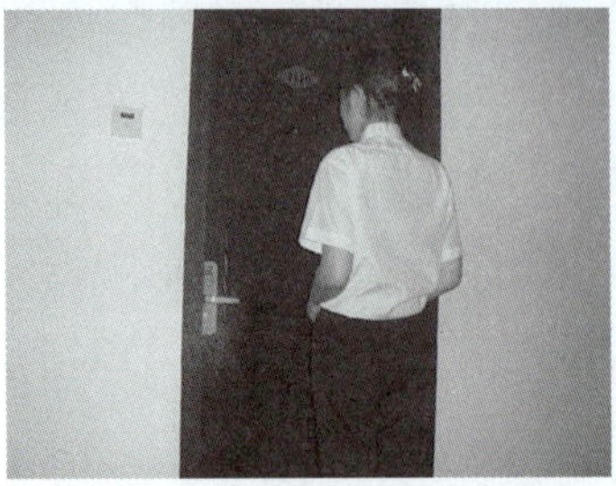	①有无“DND”标志 ②有无客人在房内的迹象，客人是否有可能允许进房	①门外有“DND”标志，不能进房 ②客人在房内会客、开会、睡觉时一般不能进房，除非客人要求服务
（2）敲门通报	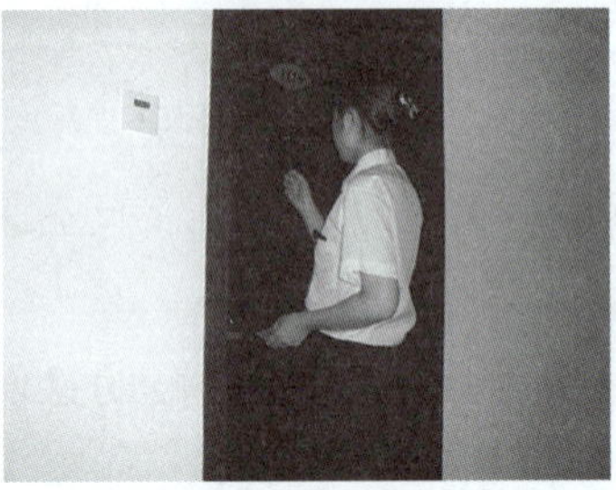	①站在门前适当位置 ②用左手或右手中指关节在房门上轻敲三下，并通报“HOUSEKEEPING”或“客房服务员”	①绝不允许用拳头或工具敲门，也不能用手掌拍门，更不能用脚踢门 ②敲门轻重适当，声响适度，节奏适中 ③语音语调优美，声音以房内客人能听见为准
（3）等候	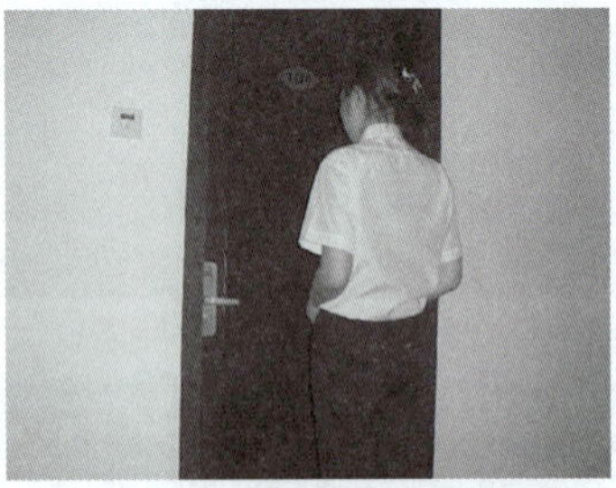	①站在门前的适当位置，眼观窥视镜 ②注意有无客人发问，若客人问“谁”，可回答：“服务员，可以进房吗？”	①等候的时间为3～5秒 ②切勿立即用钥匙开门，或连续敲门或按门铃
（4）第二次敲门通报		敲门和通报的方法与第一次相同，只是可适当加重一点，提高声响	注意事项与步骤2相同
（5）第二次等候	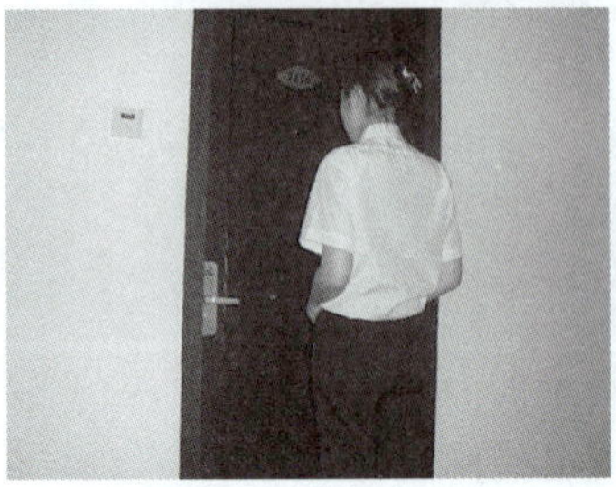	操作要求与步骤3相同	等候的时间为3～5秒

续表

步骤	图示	操作要求	服务提示
（6）开门	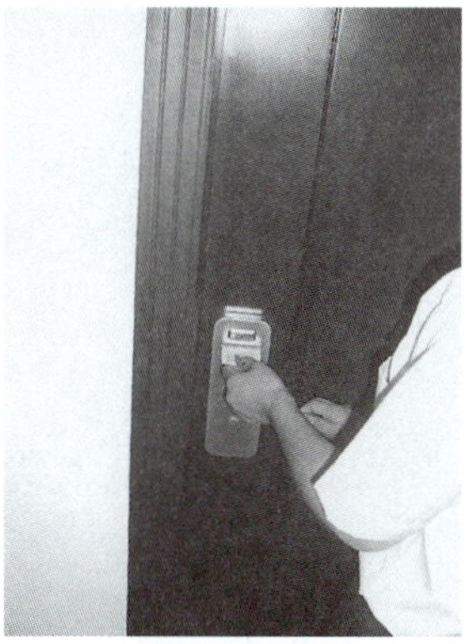	①手持磁卡，对准钥匙孔插至尽头，停留时间约1秒，然后拔出，门锁显示绿灯亮，方可向下转动门锁把手 ②将房门推开1/3	①切忌用力过猛 ②不要将房门全部推开
（7）再次敲门通报		①当房门打开1/3后，轻敲房门三下 ②通报自己的身份，并询问可否进房，如“你好，我是客房服务员，可以进来吗？”	①如果客人在睡觉，就不用敲门通报，也不能进房，而是将房门轻轻关上 ②发现已经打扰了客人，要说“对不起”，然后轻轻关上房门，不能进房 ③讲话声音要平稳、清楚
（8）进房		①将房门推开，用顶门器支好 ②将钥匙插入取电孔取电。	①推门不要用力过猛 ②仪态要自然大方

6．床上用品和毛巾不能作为擦洗的清洁用具

床上用品和毛巾不能作为擦洗的清洁用具，有三个方面的原因：一是这违背了员工的职业道德；二是这样做会缩短床上用品和毛巾的使用寿命；三是如果被客人发现，将严重影响饭店的声誉。

7．任何服务人员不得为他人打开客人的房间

为了保证客人的人身与财产的安全，保管客房工作钥匙的服务员不得随意为他人（包括饭店其他区域的员工）打开客人的房间。

二、客房清扫的基本方法

客房卫生清扫的质量要想做到又快又好，客房服务员除了要有强烈的责任心外，还应掌握相应的客房清扫方法。

1．从上到下

客房服务员在擦拭房间、卫生间的设备物品时，应按从上到下的顺序进行。

2．从里到外

客房服务员在进行地毯吸尘和擦拭卫生间的地面及清理里外结构的家具设备时，应按从里到外的顺序进行。

3．环形整理

客房服务员在擦拭房间的家具时，可以房门为起点，遵循从左到右或从右到左的顺序进行环形整理。

4．干湿分开

客房服务员在擦拭房间的玻璃板、镜子时，应按先湿后干的顺序进行；在擦拭不同的家具、物品时，抹布应干湿分开，区别使用。例如，客房中的金属、电器、靠墙边的木质家具、软面家具（布艺家具）就应用干抹布擦拭。

问题讨论

为什么靠墙边的木质家具应用干抹布擦拭？

5．先后有序

（1）整理住房时，先卧室后卫生间

这是因为住房的客人有可能回来甚至带来亲友或来访者。先整理好卧室，客人归来时便有了安身之处，卧室外观也整洁，不会影响住客接待访客。对服务员来说，这时留下来清扫卫生间也不会有干扰之嫌。

（2）整理走客房时，先卫生间后卧室

这是因为一方面客人已退房，无须担忧客人会在清扫的中途回房；另一方面也可以让弹簧床垫和毛毯等透透气，有利于设备的保养。

6．注意墙角

墙角往往是蜘蛛和污垢积存的地方，同时又是客人重视的地方，不加注意，容易忽视，因此应留意打扫。

案例分析

某五星级饭店接待了一位客人，此人只住一夜，到第二天清扫房间时，客房服务员查看其房间，显示“DND”标志。该饭店规定，中午12点（结账时间）后客房服务员可打电话与客人联系。因此，中午12点后客房服务员给房间打电话，却无人接听。客房服务员再次来到该房间门口，看到仍显示“DND”标志。敲门后，里面没有应答，却隐约听到里面有动静。再次敲门后，听到里面有断断续续的呻吟声。这时客房服务员问：“我是客房服务员，需要帮助吗？”房间里面开始有了杂乱的声响，可无论客房服务员再怎么敲门，客人都不来开门。确认了客人还在房间后，客房服务员又继续打电话，可是结果和第一次一样。无奈，服务员只好与客房部联系，简单汇报了该房间客人的情况。客房部当即决定先打开房门，主管来到楼层该房间门口，又轻轻敲门听了一会儿，认定客房服务员汇报情况属实，使用工作钥匙将房门打开，该房间的现场状况让主管和客房服务员大吃一惊，墙上、床上、地毯上都是血迹。客人在地上躺着，一只手握着另外一只手的手腕，再看客人的脸上、身上也都是血迹，脸色苍白，看得出他已流血过多，没什么力气了。卫生间里有砸坏的玻璃杯。主管立即与医务室联系，请医生马上过来救助，同时主管及时汇报给经理，采取其他措施。很快医务室的医生过来做了应急处理。初步诊断，客人可能是割脉自杀。经过医院的急救，该客人获救。

分析：

从此案例中，我们清楚地看到，客房服务员从一开始就按饭店的规定，不折不扣地执行了关于“DND”的服务规定，及时发现了客人自杀行为，挽救了客人的生命。

第二节　客房清扫准备

客房服务员做好卫生整理前的准备工作，包括客房服务员到岗前的准备工作与到岗后的准备工作，不仅可以保证清扫的质量，还能提高工作效率。下面以客房服务中心对客模式的客房部为例，介绍客房服务员卫生清扫前应做的准备工作。

一、到岗前准备工作

1．整理仪容仪表

在饭店的更衣室中，客房服务员应按饭店规定穿好制服、佩戴好工作牌、化好淡妆、整理好仪容仪表，将私人物品存放在自己的更衣柜里。

2．接受上级检查

服务员更衣后，到客房服务中心报到，接受领班或主管对仪容仪表的检查。其具体标准见表4—2。

表4—2　员工仪容仪表标准

仪容仪表类型	标准	
发型	男服务员	①美观大方、整齐干净，不能有头皮屑，不得染发 ②要求留分头，不得留板寸发型 ③头发不盖耳朵，刘海不过眉毛，后部不碰衣领，长短适中
	女服务员	①美观大方、整齐干净，不能有明显头皮屑，不得染发 ②不得留男式短发 ③长发必须盘起，刘海不过眉毛 ④若戴发卡、头花，应一律选用黑色
面部	男服务员	①面部洁净，刮净胡须、鬓角 ②鼻毛不外露
	女服务员	①面部洁净 ②应淡妆上岗：眉毛形状工整，脸色红润，涂红色口红
手部	①手部清洁，不能留指甲，特别是指甲内不能有污垢 ②不可涂染指甲油	
口腔	注意个人卫生，口腔无异味	
服饰	①服装要求干净、整洁，内衣不外露，不可有污渍、残破、异味、严重褪色、褶皱以及掉扣子 ②衣服穿着整齐，领带、领花端正	
工号牌	①工号牌佩戴的位置在左上胸衣袋上面 ②保持水平，不得歪斜或遮盖 ③工号牌无破损、字迹清晰	
鞋	①统一穿饭店的工作鞋 ②要求整洁、无破损 ③皮鞋应保持光亮	

续表

仪容仪表类型	标　准	
袜	男服务员	必须穿深色袜子
	女服务员	必须穿肉色袜子，无破洞或跳丝
饰物	除婚戒外，工作时间不得佩戴饰品	
精神面貌	①面带微笑 ②站姿端庄，精神饱满	

3．打卡签到

接受检查合格后，服务员即可签到，签到的方式有手工签到和机器签到两种。目前，大部分饭店均采用机器打卡签到。

4．接受任务

服务员签到后，接受领班或主管下达的工作指令。饭店分配任务的方式有书面和口头两种。给客房服务员下达工作任务主要采用书面形式，通常是给每位服务员一张工作单（见表4—3，“状况”栏内容含义见表4—5）。工作单由客房中心联络员提前填好，上面注明服务员的姓名、当班楼层、负责打扫的客房房号、已知的客房状况、特殊要求和当日的其他工作任务等。填好的工作单领班或主管检查后发给有关服务员。另外，许多饭店也通过召开班前会的方式给员工下达工作任务。

表4—3　　客房服务员工作单

早班□

楼层________　姓名________　日期____月____日　中班□

晚班□

房号	状况	居住	清扫时间		补充消耗品										备注	特殊任务 特殊要求
			入	出	肥皂	手纸	洗发液	沐浴液	润肤露	牙具	购物袋	咖啡	拖鞋			当日计划卫生
01	S															
02	L															
03	VD															
04	VC															
05	S															
06	S														VIP	
07	L															经理指令
08	OOO															

5．领取工作钥匙和呼叫机

接受任务后，离开客房服务中心前，服务员要向客房服务中心的联络员签领出工作钥匙和呼叫机。收发工作钥匙与呼叫机时，当事人必须在专用表格上填写相关内容并签名，见表 4—4。

表 4—4　　工作钥匙收发登记表

钥匙名称（号码）	领取时间				领用人签名	发放人签名	归还时间				归还人签名	接收人签名
	月	日	时	分			月	日	时	分		

对讲机使用制度

（1）使用对讲机时应严肃认真，通话须简明扼要，注重礼貌用语，不讲与业务工作无关的事，不可使用对讲机聊天。

（2）服务员上班时应打开对讲机电源开关，随时准备接收呼叫，下班时应立即关闭。

（3）对服务中心的呼叫，应立即回话，服从调度，不得故意不回答，违者应给予适当处罚。

（4）在服务过程中，如发生意外，应即刻向客房服务中心报告，请示处理。

（5）妥善保管对讲机，不得将对讲机互换或外借，损坏或丢失要追查原因，如因失职损坏或丢失对讲机，须按价赔偿。

6．进入楼层

客房服务员离开客房服务中心后，乘员工电梯或通过楼梯步行进入工作的楼层。

二、到岗后准备工作

1．核实客房状况

为了合理安排每间客房清扫整理的先后顺序，确定各间客房的清扫整理标准，服务员在清扫整理客房前，必须核实工作单上每间客房的状况，了解住客和总台的特殊要求。客房服务员需要掌握和识别的客房状态主要有下列几种，见表 4—5。

表 4—5　　客房状态的类型

客房名称	英文名称	简写	含义
住客房	Occupied/Check In	OCC	客人正在住用的房间
外宿房	Sleep out	S/O	该房已被出租，但住客昨夜未归的房间
请勿打扰房	Do not disturb	DND	该客房的客人因睡眠或其他原因而不愿被服务人员打扰
请即打扫房	Make up room	MUR	该客房的客人因会客或其他原因需要立即打扫
贵宾房	Very important person	VIP	该客房的客人是饭店的重要客人
长住房	Long staying	LS	长期由客人包租的房间，又称“长包房”
轻便行李房	Light Baggage	L/B	该客房的住客行李很少
无行李房	No Baggage	N/B	该客房的住客无行李
准备退房	Expected departure	E/D	该客房的客人应在当天中午 12 点前退房，但现在还未退房
加床房	Extra bed	E	该客房有加床
保留房	BLOCK		给重要客人、对客房有特殊要求的客人或大型会议团队客人提前预留下的房间
空房	Vacant	V	昨日暂时无人租用、卫生已经整理好的房间
未清扫房	Vacant dirty	VD	尚未经过打扫的空房
待售房	Vacant clean	VC	该客房已清扫完毕，可以重新出租，也称 OK 房
走客房	Check out	C/O	客人已结账离店，卫生还未整理的房间
维修房	Out of order	OOO	该客房的设施、设备发生故障，暂不能出租，需要维修的房间，也称失效房或待修房
续住房	Stayovet	S	客人当日不退房，又继续住宿 1 天以上
免费房	Complementary	Comp	客房处于出租状态，但客人不付租金
重锁房	Double Lock	D/L	由于某种原因客房被加了锁，客人及服务人员不能进入，需经饭店管理层的确认并得到授权后方可开启房门

2．确定客房清扫顺序和标准

客房服务员在了解和掌握了每间客房的状况以及总台和住客的要求后，应根据具体情况合理地安排清扫整理的顺序，确定每间客房的清扫整理标准。

（1）客房清扫整理顺序

服务员确定客房清扫整理顺序时，应重点考虑以下四个方面的因素：

服务提示

（1）为了预防客人逃账和发生意外，客房服务员要及时向总台报告 S/O、DND、L/B、N/B 房。

（2）为了保证出租客房的质量，客房服务员应及时报告 OOO 房。

1）能否满足住客的需要；

2）是否有利于客房的销售，提高客房的出租率；

3）是否方便工作、提高效率；

4）是否有利于客房设备用品的维护保养。

客房清扫整理的先后顺序没有绝对的标准，往往要根据具体情况临时制订、灵活调整。通常可参考下列安排。

（1）一般情况下应按照下列次序打扫：

VIP → MUR → OCC → LSG → C/O → V

（2）当客房销售紧凑时，次序可稍微变更：

VIP → MUR → C/O → OCC → LS → V

（2）确定客房清扫整理要求和标准

客房因其状况不同，清扫整理的内容、要求和标准也不一样。走客房、普通住客房和空房的清扫整理要求与标准将在第四章第三节讲述，其他常见客房的清扫要求见表 4—6。

表 4—6　常见客房清扫要求

客房类型	清扫要求
E/D	一般情况下，在客人退房之前不予以清扫整理，如果客人退房时间较晚或客人提出要求，则给予简单整理，一般不全面更换补充用品
S/O	通常只需检查核实，必要时，稍加整理即可
LS	按客人要求的时间和有关协议规定进行清扫整理
VIP	优先安排清扫整理，并按“VIP 接待通知单”的要求进行布置

续表

客房类型	清扫要求
DND	一般情况下，在客人没有取消“DND”牌之前不予清扫整理
OOO	如果已经维修好，就要及时进行清扫整理；如果没有维修好，一般不予清扫整理
其他	如预订客人很迟抵店，在主管同意下，服务员在白天整理房间时就可将这些房间开好夜床，并在工作单上做好记录

3. 准备工作车

工作车上的物品配备是否齐全、布置得是否合理，直接影响到服务员清扫整理的质量和效率。客房服务员准备工作车的方法和技巧见表4—7。

表4—7　准备工作车

步骤	图示	工作要点
（1）擦拭工作车	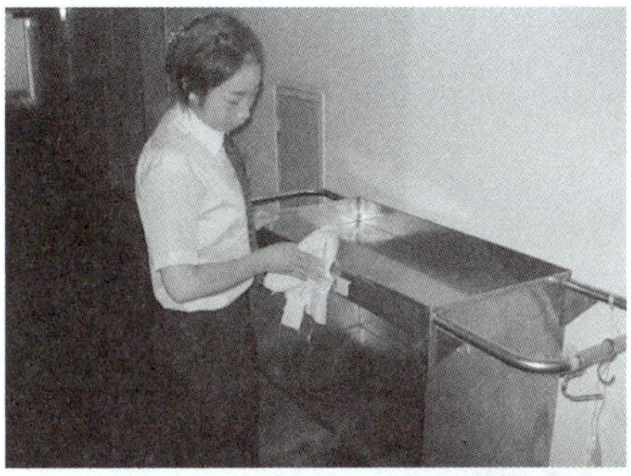	①用半湿的毛巾将工作车里外擦拭一遍 ②检查工作车是否有破损
（2）挂好干净的垃圾袋和布件袋	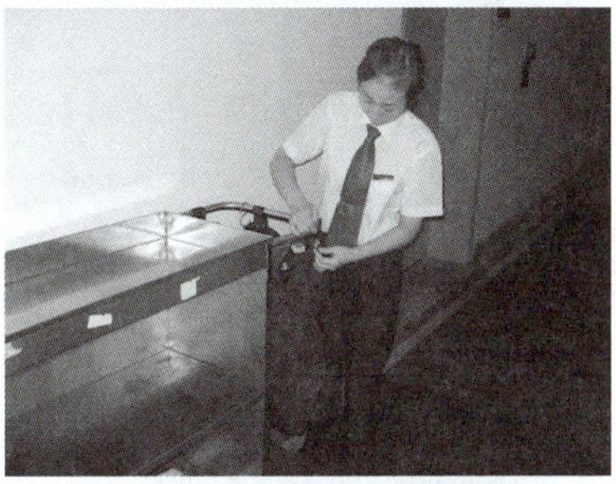	①对准车把上的挂钩 ②注意挂紧
（3）摆放客房用品		将客房用品分类整齐地摆放在工作车的顶层上

续表

步骤	图示	工作要点
（4）将干净的布件放在车架中	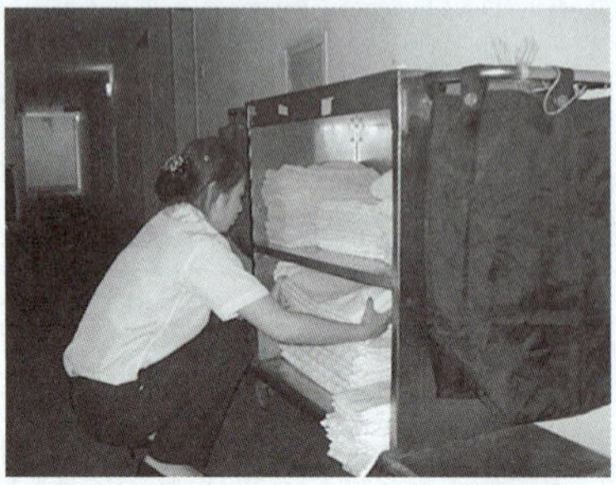	①床单放在工作车的最下格 ②小方巾、面巾、浴巾和地巾放在工作车的上层 ③重的放在下层，轻的放在上层，重心在下，保持工作车的平稳
（5）准备好清洁桶或清洁盆		①将清洁桶或清洁盆放在工作车最底层的外侧 ②清洁桶内放置准备好的工作手套，各种清洁剂、消毒剂、清香剂，及各类清洁工具如干湿抹布、抹地布、百洁布、海绵块、坐便器刷、浴缸刷、玻璃刮刀、水勺等
（6）工作车布置完成		①清洁整齐、美观大方 ②物品齐全、摆放有序 ③重心在下、行走平稳 ④布件袋、垃圾袋悬挂牢固

服务提示

打扫客房应如何准备和使用抹布呢?

打扫客房应准备干、湿抹布各两条，抹地布一条，以及百洁布、泡棉等。其中房间抹布和卫生间抹布要分开，清洁脸盆的抹布和清洁便器的抹布要分开，抹地布要同其他抹布区分开。为避免各类抹布混用，可用不同颜色来进行区分。抹布一定要保持干净，经常进行消毒。

4. 准备吸尘器

吸尘器是清扫客房不可缺少的清洁工具。它的准备工作主要包括下列内容：

(1) 检查吸尘器是否清洁。

(2) 检查电线及插头是否完好。

(3) 集尘袋是否清空或换过。

(4) 附件是否齐全完好。

(5) 电线是否绕好。

吸尘器配件的作用

吸尘器配上不同的部件（见图 4—2），可以完成不同的清洁工作。如配上地板刷可清洁地面，配上扁毛刷可清洁沙发面、床单、窗帘等，配上小吸嘴可清除小角落的尘埃和一些家庭器具内的尘垢。

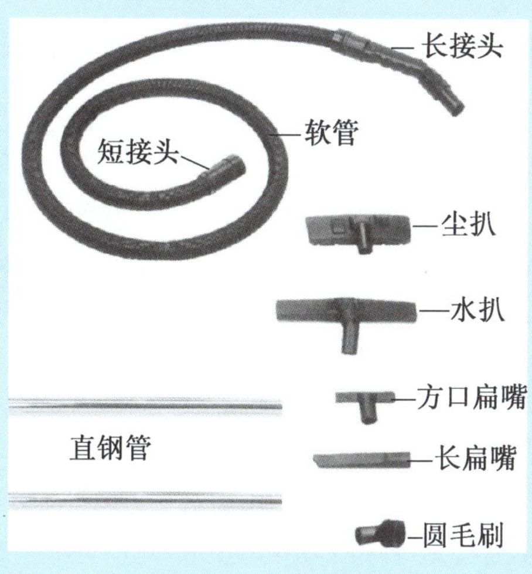

图 4—2　吸尘器配件

第三节 客房日常清扫

客房类型不同，其卫生状况及清扫的要求和标准也有所差异。本节对走客房、普通住客房和空房的日常清扫知识作一一介绍。

一、走客房清扫

1．走客房清扫基本要求

对客人刚结账退房的房间（走客房）进行清扫，一般称为“大清扫”，也称为“彻底清扫”，其要求如下：

（1）为保证客房的正常出租，客房服务员接到通知后，应尽快对客房进行彻底清扫。

（2）将房务工作车挡在客房门口，将准备好的吸尘器放在门口的一侧。

（3）进入房间后，应检查房内是否有客人的遗留物品、房内的设备用品有无损坏和丢失。如发现以上情况，应立即报告领班，并进行登记。

（4）撤换茶具，并进行严格的洗涤消毒。

（5）对卫生间的各个部位进行严格洗涤消毒。

2．走客房清扫工作流程

走客房清扫工作的流程分为客人离店通知、检查房内设施设备、清扫卧室、清扫卫生间和通知房务中心五个环节，如图 4—3 所示。

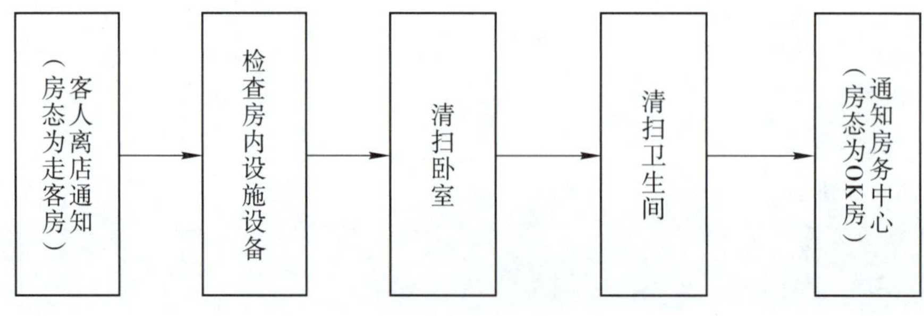

图 4—3 走客房清扫工作的流程示意

3．走客房卧室清洁程序

（1）观察房门外的情况

为避免因整理客房而影响了客人的休息、工作和生活，进房整理卫生之前，应观察房门锁是否正常、门上有无挂“DND”牌、门边的墙上有无亮“DND”指示灯。

（2）按程序进房

为了形成操作规范、体现对客人的尊重、让客人产生安全感，任何服务员任何时候进入任何一间客房都应自觉遵循本章第一节中的进房程序。

（3）停放好工作车

把工作车的开口一面朝向客房，堵在正在清扫的客房门口。这样服务员不仅方便操作，便于接受管理者的检查，同时也能避免客人造成误解，还有利于工作车上的物品和客人房内财物的安全。

（4）填写工作单

为加强对员工日常工作、客房用品和客房设备等使用情况的管理，客房服务员在进房整理房间前，应认真地在工作单上填写所要整理的房间的房号、房态及进房打扫的时间。

（5）拉帘开窗

为保持房内光线充足、空气流通，服务员应拉开客房纱帘、遮光帘和厚帘，同时打开窗户。拉窗帘时应注意：不得用力过猛，同时检查窗帘有无脱钩、损坏、是否清洁。

（6）关灯

为了保证服务员的操作安全、节约用电，在开始卫生整理前，服务员应关掉房内的灯。

（7）调节空调

若房内的窗户未打开，为保持房内的通风换气，服务员应将空调的风速调至最大档。若房内的窗户已打开，从节约用电的角度考虑，服务员应关掉空调。

（8）观察房内情况

以最快的速度环视房间一周，检查有无客人的遗留物品，设备设施、用品有无损坏或缺失。观察房内的情况时应注意：

1）遗留物品大多位于卫生间、衣柜、抽屉、窗台、沙发、床等处。

2）损坏的设备用品通常是电视机、电热水壶、水杯、地毯、沙发、床上用品。

3）缺少物品多是装饰品、棉织品等容易拿、容易带的物品。

（9）撤出房内用膳的餐具、餐车

将客房用餐未及时撤出的餐具集中放在餐盘或餐车上，将餐盘或餐车放在员工电梯口，通知客房送餐员前来收取，以示对餐饮部工作的支持。撤出房内用膳的餐具、餐车时应注意：

1）不可损坏餐具。

2）防止将食品饮料洒落在地毯上。

3）不要将餐具遗留在客房内，也不能误将房内用品拿走。

4）不得将餐具餐车放在客房的走道上。

（10）撤出客人用过的杯子和烟灰缸

将客人用过的杯子撤出放在工作车上，烟灰缸放入卫生间。撤出客人用过的杯子和烟灰缸时应注意：

1）撤出杯子前，应将客人杯子里剩余的茶叶倒入垃圾桶、多余的水倒入便器。

2）烟灰缸里的烟灰应弄湿后倒入垃圾桶，或用纸包好后扔入垃圾桶。

3）客人用过的杯子不可直接放在卫生间清洗，应集中在工作间清洗和消毒。

（11）收集垃圾

将收集的垃圾倒在工作车的垃圾桶里，并将垃圾桶放在卫生间洗抹干净，装上干净的垃圾袋后放回原位。收集垃圾时应注意：

1）可回收利用的物品要回收。

2）防止刀片、玻璃划伤手部。

3）留意垃圾桶内有无客人误投、误放的有用物品。

（12）撤床

撤床时检查褥垫等是否需要更换，将撤下的床单枕套放到工作车上的布件袋内，同时从工作车上取回相同规格、同等数量的床单枕套准备铺床。具体程序见表 4—8。

撤床时应注意：

1）客人用过的床铺一定要重新整理。

2）撤下的用品不得放在地上。

3）有特殊污迹和破损的用品要专门处理。

表 4—8　　撤床程序表（以中式床为例）

步骤	图示	操作要求
（1）拉床		站在离床尾 30 厘米处，两脚前后交叉一足距离，屈膝下蹲并重心前倾，用双手握紧床尾部，将床垫连同床架同时慢慢拉出，最后使床身离开床头板约 50 厘米
（2）卸下枕套		①卸下枕套，枕套口朝下，拎住枕套的两个角，轻轻抖动几下，以免枕套内有客人的遗留物品，同时检查枕下有无遗留物品、枕头有无污渍 ②将卸下的枕套放在床头柜上
（3）揭下毛毯或卸下被套	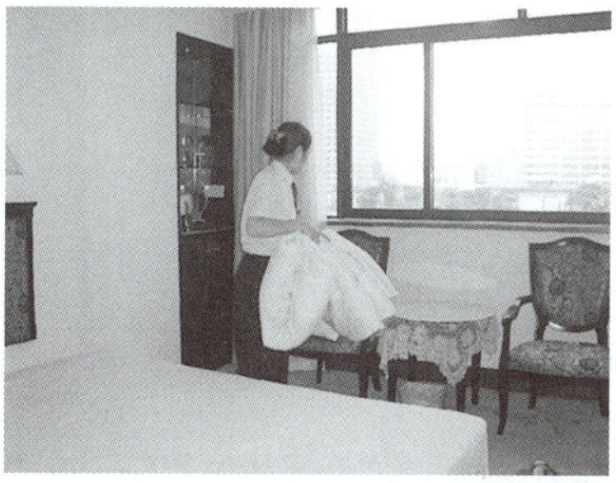	①把棉被折叠好放在扶手椅上，禁止猛拉棉被 ②将被套放在床头柜上
（4）揭下床单	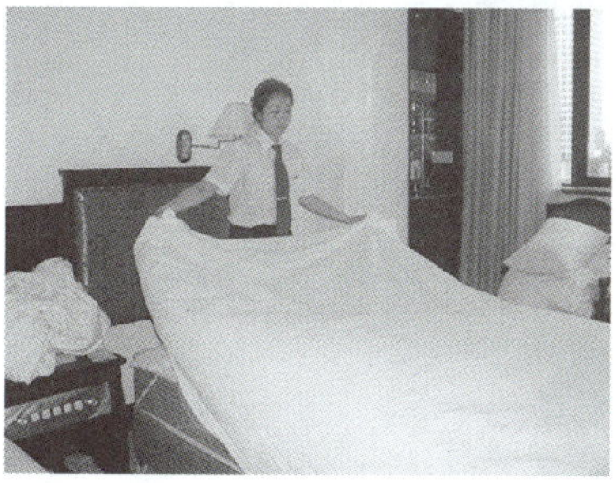	①将床单从床垫与床架的夹缝中逐一拉出，确认有无客人的遗留物品或有无污渍、破损，同时检查褥单是否清洁 ②将揭下的床单放在床头柜上
（5）收取用过的床单、被套、枕套	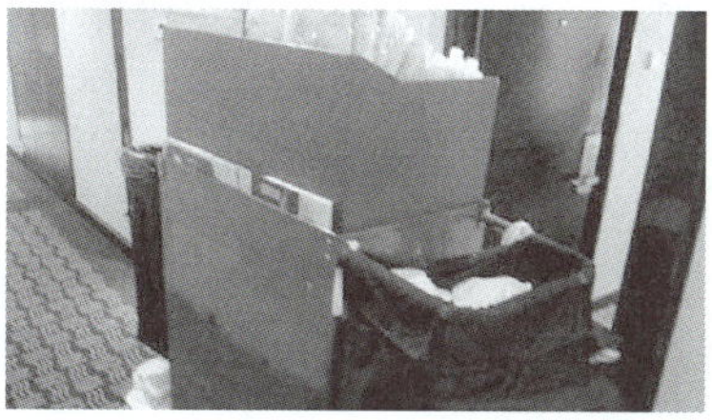	①清点换下的床单、枕套 ②将其放置在工作车的布件袋内

案例思考

床单中的睡衣

一天，布件房的师傅正在仔细清点客房部送来的客房撤换下来的棉织品，一个白色的东西从一团卷着的床单中掉了出来。布件员捡起一看，是一件睡衣。

布件员把这件睡衣交给了客房服务员小王。小王看到客人的睡衣有些着急，因为他根本不知道这件睡衣是从哪个房间撤出来的。白天客人都不在房间，即使客人在房间，小王也不可能拿着睡衣挨个房间去问客人。小王陷入了迷茫，拿着这件睡衣不知道该怎么办。

想一想：

（1）睡衣为什么会出现在布件房？

（2）小王此时正确的做法是什么？

（13）铺床

服务员应按铺床的程序和要求，保质保量地铺好床。以中式床为例，中式床的铺床程序见表 4—9。

表 4—9　中式床的铺床程序

步骤	图示	要求
（1）拉床		站在离床尾 30 厘米处，两脚前后交叉一足距离，屈膝下蹲并重心前倾，用双手握紧床尾部，将床垫连同床架稍抬高，慢慢拉出，最后使床身离开床头板约 50 厘米
（2）对正床垫		将床垫与床垫边角对齐，根据床垫床头尾所标明的月份字样，将床垫按期翻转，使其受力均匀

续表

步骤	图示	要求
（3）整理棉褥		用手把棉褥理顺拉平，发现污损棉褥要及时换
（4）铺床单	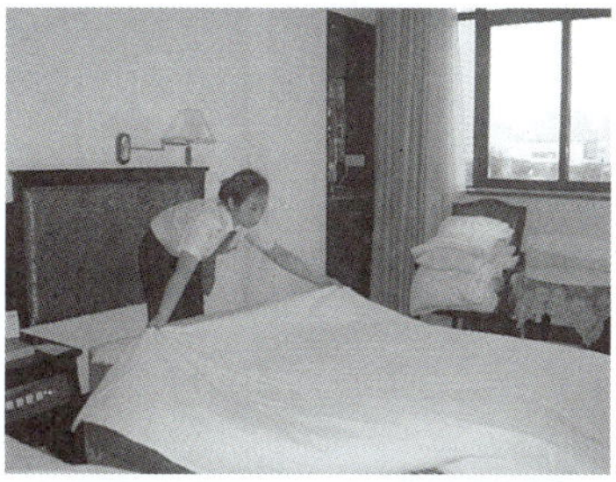 	①理单：站在床头正中位置，用左手抓住床单的一头，右手将床单的另一头打松在床面，并将其抛向床尾位置，再用右手提住床单头边缘顺势打开床单，注意床单的正面向上 ②甩单：用两手抓住床单的一边、手心向上，两手相距 80 ~ 100 厘米，然后将床单提起约 70 厘米处，身体稍向前倾，用腕力和臂力的结合，将床单用力甩下去 ③定位：当空气将床单尾部推开的瞬间，操作者顺势调整，使床单的中线与床垫的中线对齐，并将床单往床头方向下拉 35 厘米 ④包角：从床头开始依次塞边包角（一般为直角），要求四角一致、四边平整
（5）套被套	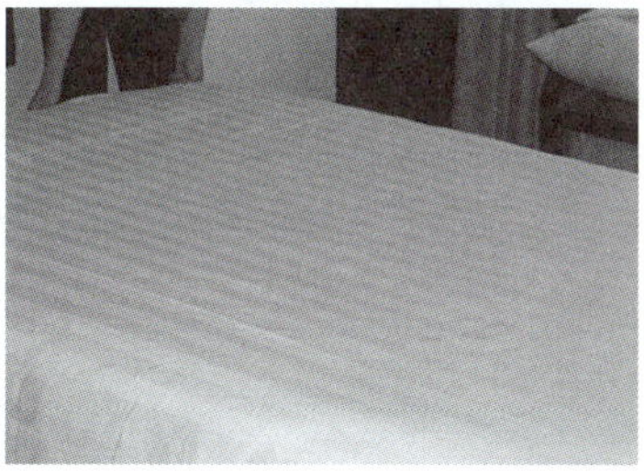	将棉被平铺在床面上，将被套反面朝外，然后左右手伸入被套内，先抓住被套的内角，然后同时抓住被套的两个角，慢慢提起棉被，让棉被顺势逆方向滑入被套内，并让棉被四角与被套四角相吻合。最后拉上拉链或系上被套开口处的绳子，将棉被整齐地平铺在床面，与床头平齐，并将被头平行反折 45 厘米
（6）套枕套	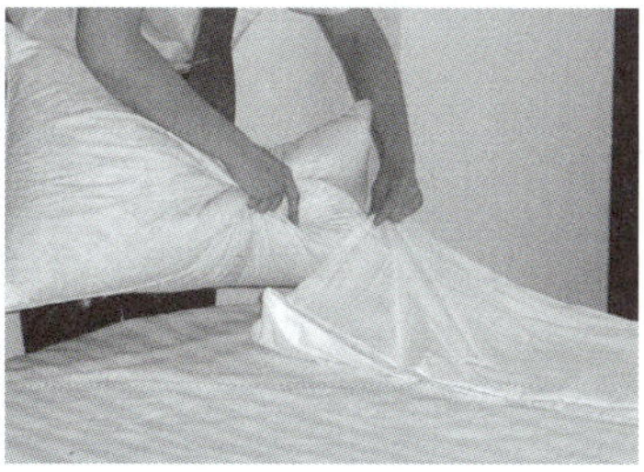	将枕芯放于床面上，将枕头对折，抓住枕头的 1/3 处，从枕套开口处送入，直到袋端，然后将枕芯两角推至两角端部。最后用两手提起枕套口轻轻抖动，装好后的枕芯要把枕套四角填充饱满

续表

步骤	图示	要求
（7）放置枕头		①将套好的枕头放置床的正中 ②单人床将枕套口反向于床头柜，两个枕头重叠摆设，与床头平行 ③双人床放枕头时，将四个枕头两个一组重叠，枕套口方向相对 ④房间有两张单人床时，将两床枕套口反向于床头柜，摆设枕头要求一致 ⑤枕头放好后要进行整形，轻推枕面，使四角饱满挺实，注意不要在枕面上留下手痕
（8）将床推回原位		将床缓缓推回原位，最后检查一遍，是否紧靠床头板，是否与床头柜平行，床面的造型是否美观

服务提示

中式铺床动作和时间

（1）第一次甩单：10 秒以内。
（2）第一次包角：30 秒以内。
（3）摊被套：20 秒以内。
（4）套棉被：35 秒以内。
（5）套枕套、放枕头：25 秒以内。
（6）总时间：3 分钟。

（14）抹尘

家具抹尘时，为避免遗漏，应按照顺时针或逆时针方向，从上到下，由里到外依次对家具等各处进行除尘除迹。同时检查房内设备的完好情况和物品的缺失情况，若有设备损坏，应在工作表单上做好记录，并及时向工程部报修。若发现物品有短缺现象，也应做好记录并查明原因。

抹尘时应注意：

1）抹布要折叠使用，以提高时效。

2）抹尘时，应手持两块抹布，原则上左干右湿。

3）抹尘时，应干湿分开，软面家具、电器、金属器件、靠墙的木质家具不能用湿抹布擦拭。因为用湿抹布进行软面家具除尘除迹，不但不能清除污迹，反而会将软面家具弄得更脏；用湿抹布擦拭电器容易触电或影响电器的使用寿命，擦拭金属器件会使金属器件失去光泽，擦拭靠墙的木质家具会弄脏、弄湿墙面。

（15）补充卧室内的客用品

为保证客房的规格，满足客人的需要，客房服务员应根据饭店规定的品种、数量及摆放要求补齐、补足、放好各种客用品。具体规格可参考第二章第三节中的客房卧室客用品的摆放标准。

补充卧室内的客用品时应注意：

1）物品不能有破损。

2）物品摆放要整齐美观、使用方便。

3）数量不能少也不能多。

（16）吸尘

先用专用吸头分别对各处进行吸尘，然后，按照从里到外的顺序进行地毯吸尘，边吸尘边移动，顺便整理家具，并将纱帘调整好。

吸尘时应注意：

1）吸尘后的地毯不能留下脚印和吸尘器的痕迹。

2）要特别注意地毯边缘、家具底下等处的吸尘。

3）拉拢纱帘时，遮光帘和厚帘无须拉拢，窗帘的皱褶要匀称美观。

（17）调节空调

为节约用电，应关闭空房的空调。

（18）自我检查

为确保客房的清扫整理符合标准，在离开房间之前，服务员应站在房门口仔细观察房内有无不妥之处，若发现问题应及时纠正。自我检查的重点是：

1）卫生是否符合要求。

2）家具设备及用品摆放是否符合要求。

3）是否留下清洁工具和用品。

4）房内空气是否清新。

（19）关灯关门

整理结束后，服务员取出钥匙，将房门关上。为保证客房的安全，房门关好后再试推一下，看是否锁好。

（20）填写工作单

服务员应认真地在工作表单上填写客用品的补充和更换情况、房内设备的完好情况、房内的特殊情况及完成打扫的时间。房内的特殊情况主要指房内有无遗留物品、有无物品损坏和短缺。

4. 走客房卫生间清洁程序

（1）进入卫生间

客房服务员带清洁桶和清洁工具进入卫生间。为保证卫生间光线充足和通风透气，首先应打开卫生间的灯和排气扇，为了不影响服务员的操作，可把清洁桶放在云台下面。

（2）便器冲水

为冲去便器内的污物，同时避免清洁剂直接接触干燥的釉面而对其造成损害，服务员应先放水冲便器，然后沿便器的出水口滴入按比例稀释的清洁剂。

（3）撤出客人用过的“四巾”

将客人用过的“四巾”放到工作车的布件袋内，未使用过的“四巾”应先撤出放在工作车上。

撤出客人用过的“四巾”时应注意：

1）撤出“四巾”前，应检查客人用过的布件内是否有夹带其他物品。

2）切勿将“四巾”放在卫生间地上和客房门口，以免引起客人的不悦。

（4）撤出垃圾杂物

用垃圾桶收集垃圾杂物，然后将垃圾杂物倒在工作车上的垃圾袋内，最后将垃圾桶洗抹干净，并套上垃圾袋。

收拾卫生间的垃圾杂物时应注意：

1）为降低客房成本，保护环境，对于可再利用的物品应回收。

2）注意有无客人的遗留物品。

3）为避免扔掉客人遗留的有价值的物品，应注意检查垃圾里是否夹杂着有用物品。

（5）清洗洗脸盆及云台

先用浴缸刷或海绵块或百洁布洗刷洗脸盆及云台，洗刷时可使用适量的清洁剂，洗刷后用清水冲洗干净，最后用干抹布抹干水迹，并将水龙头擦亮。

清洗洗脸盆及云台时应注意：

1）清理下水口及水塞处的毛发等污物。

2）要特别留意大理石台的边缘。

（6）擦拭镜面

用抹布将镜面擦拭干净，使其光洁明亮。对于较脏或有特别污迹的镜面，可使用玻璃清洁剂。擦拭镜面时应注意：

1）脸盆对面部位易有污迹，应特别留意。

2）应使用质地柔软的抹布擦拭镜面。

3）不要在镜面上留下抹布的绒毛。

清洁镜面的工作细则

表 4—10　清洁镜面的工作细则

工作步骤	操作规范
准备抹布和清洁剂	取两块干净的抹布以及玻璃清洁剂
将抹布对折两次	将抹布对折两次放在手上
将玻璃清洁剂喷在镜面上	左手用三个手指加拇指垂直握住清洁剂的喷壶，食指按住喷壶的顶部，喷壶的喷口应朝外，将玻璃清洁剂喷在镜面上
擦拭镜面	从上至下，从左往右均匀擦拭镜面
抹干镜面	用另一块干净的抹布从上至下、从左往右地擦干镜子，确保整面镜子已全部抹干
检查镜面	从镜子侧面检查镜子，看它是否干净，必要时可重复以上步骤

（7）清洗浴缸

清洗浴缸可分六个步骤进行：

第一步，先用温热水粗洗一遍，将浴缸内的污物清除。

第二步，将下水口塞好，放适量的温热水，再加进适量的清洁剂。

第三步，用浴缸刷或海绵块洗刷内壁、外壁、墙壁，浴帘、水龙头等处。

第四步，打开水塞，用温热水冲洗干净。

第五步，用干抹布抹干水迹，将金属器件擦亮。

第六步，将浴缸的下水口塞紧。

清洗浴缸应注意：

1）特别留意下水口的毛发及污物。

2）不能将清洁剂直接泼洒在浴缸表面。

3）清洗浴帘时，应特别注意浴帘的底部，同时检查浴帘挂钩有无脱落，挂衣绳是否完好。

4）应使用柔软的抹布擦拭金属器件，以免擦伤金属表面。

（8）清洗便器

先用便器刷洗刷内壁，然后放水冲便器，最后用专用抹布擦抹便器口沿、坐板、盖板、便器外壁、便器水箱。

清洗便器时应注意：

1）因“U”字形容易集聚污迹，久而久之容易形成顽迹难以清除，因此要特别留意出水孔及“U”字形部位。

2）注意马桶有无漏水现象。

（9）除尘除迹

分别用抹布擦拭卫生间的门、门把手、毛巾架、纸架、电话机等处。

除尘除迹时应注意：

1）干湿抹布的正确使用。

2）抹布的折叠使用。

3）要检查电话机及其他小电器能否正常使用。

（10）补充用品

为保证房间的规格，客房服务员应按规定的品种、数量、摆放要求补充卫生间的用品。

补充用品时应注意：

1）留意用品的包装是否破损。

2）物品摆放要整齐、美观、使用方便。

3）物品的品种不可多也不可少。

（11）洗抹地面

按从里到外的顺序，用专用抹布将地面洗抹干净，保证地面无毛发、无污迹、无水珠。然后将清洁工具和用品拿出卫生间，放回工作车上。

洗抹地面时应注意：

1）特别留意边角。

2）特别注意便器底座、下水口等处的清洁。

3）从里到外退着洗抹。

4）如果地面毛发较多，可用吸尘器吸除。

（12）自我检查

服务员离开卫生间以前，应认真细致地环视卫生间一周，检查有无疏漏之处，卫生间的物品是否齐全、是否符合要求、有无清洁用品或工具留下。

（13）关灯、关排气扇。

（14）将卫生间的门虚掩30°。

清洁后的卫生间应达到的卫生标准

（1）无发丝。
（2）无异味。
（3）无水珠。
（4）清洁光亮。
（5）物品摆列整齐。

二、普通住客房清扫

普通住客房日常的清扫工作主要由三部分组成：大整理、小整理和晚间开夜床。

1．大整理

普通住客房的大整理，大致与走客房的清扫程序相同，其不同的地方有以下几点。

（1）进房前，应特别留意房门上是否挂“DND”牌，或房门上有无亮“DND”指示灯。

（2）敲门进房时，若发现客人在房，应首先征求客人意见：“先生／小姐，现在打扫房间，可以吗？”客人同意后才可清扫，同时操作时动作要轻，速度要快，要有礼貌，清洁完毕向客人致歉。如客人不同意清扫，应记下房号和客人要求清扫的时间。

（3）收集垃圾时，除放在纸篓里的东西和饭店配置的客人已使用过的一次性消耗品及明显的果皮杂物外，客人的其他东西，如空旷泉水瓶、过期的杂志、吃了一半的水果等，均不可当作垃圾处理。

（4）整理床铺时，对于放在床上或搭在沙发上的衣服，如不整齐，可帮客人挂到衣柜内，睡衣、内衣也要挂好或叠好放在床上。女性客人住的房间需要小心，不要轻易动其衣物。

（5）擦壁柜时，只搞大面积卫生即可，尽量不打开擦内侧。擦写字台时，尽量不擦抽屉，以免客人回来看到产生误会。

（6）清扫时如遇客人的文件、物品、杂志等很乱，应稍加整理，但不要弄错位置，文件等不要翻看（有些饭店规定不允许动客人的物品）。

（7）擦拭行李时，一般不挪动客人的行李，只擦去浮尘即可。

（8）对客人的物品（尤其是贵重物品，如照相机、计算机、摄像机、重要文件等）不要随意摆弄。

（9）撤换卫生间的物品时，切不可把客人的物品夹带出来。

（10）卫生间女性用的化妆品可稍加整理，但尽量不要改变位置，即使化妆品用完了，也不要将空瓶或空盒扔掉。

（11）清洁云台时，要注意不要弄乱和弄坏客人的物品。

（12）住客的卫生间清洁完毕后，无须喷洒消毒剂。

（13）房间清扫完毕后应向客人表示谢意，然后礼貌地退出房间，轻轻将房门关好。

（14）客人若有特别的嗜好或特殊的要求，应记住，按客人的要求去做。

案例分析

石头哪儿去了？

707房间住进来一位台湾客人，第二天晚上，这位客人找到服务员说他丢了一块石头，早晨出去时放在客房的卫生间，晚上回来时就没有了。服务员听说是一块石头，认为没有什么大不了的，就对客人说："您先别着急，负责搞卫生的服务员已经下班了，等明天上班我去了解一下。"客人说："等明天可不行，这块石头可不是一般的石头，对于我来说非常重要。"

原来这位客人是一位台湾老兵的儿子，他的父亲在新中国成立前夕同国民党军队一起到了台湾，老人一直有"死在故土"的愿望，但是出于多方面的原因，老人去世后没能安葬在家乡。老人在生前留下遗愿，希望子女们在自己的坟上埋上一块故乡的石头，再浇上一桶黄河水。这位客人就是特地回到大陆，在故乡的山坡上取了一块石头，打了一桶黄河水，准备带回台湾，了却老人生前的心愿。

值班的服务员知道了事情的原委后，就向值班经理做了汇报，马上打电话找到白天负责清扫707房间卫生的服务员了解情况。清扫员回忆说："白天清扫卫生的时候，是看到卫生间的地上放着一块石头，石头上还沾着黄泥。当时想：这石头有什么用，脏兮兮的，而且是放在卫生间的垃圾桶旁边，认为是客人不要的。于是就和垃圾一起扔掉了。"

值班经理决定马上寻找。可是饭店的垃圾是不过夜的，白天倒的垃圾此时已经运到了垃圾场。值班经理带着清扫员和其他几名服务员赶到垃圾场，幸好垃圾场还没有进行处理。在垃圾场工作人员的引导下，几个人打着手电筒，在脏臭的垃圾堆中寻找，最后终于找到了。

虽然服务员的疏忽给客人带了麻烦，可是客人对饭店的处理态度和结果还是满意的。客人接过服务员找回的石头，幽默地说："幸亏你们没有把那桶黄河水倒掉，要不你们还得派人去趟黄河边。"客人说完笑了起来，听了客人的话，服务员心里的"石头"落地了，可却不是滋味。

分析：

这是一件本不应该发生的事，服务员在清扫客房卫生时看到了这块石头，认为石头很脏没用。但当时客人并没有退房，房间里的东西是客人的，服务员没有权力处理。而且，东西有用还是没用，不能由服务员来认定，就是"一文不值"，也是客人的。不同的东西对于不同的人，价值是不一样的。即使是客人退掉的客房，服务员也不能主观地判断那块石头是客人扔掉的还是遗忘的。

另外，一般的饭店对于处理此类事件是有明确规定的：放在垃圾桶里的东西应视为客人不要的，而没有放在垃圾桶里的任何东西，服务员都不能自作主张扔掉。

由此看来，服务员在工作时应严格执行饭店的各项规定，要明确服务员的位置和职能，事事以客人为中心。当客人发现石头不见了，找到值班服务员的时候，服务员都应在第一时间内联系相关人员，不应推脱。对服务员来讲，客人的事就是大事。

2．小整理

小整理是对住客房而言的，指在住客外出后，客房服务员对其房间进行简单的整理。其目的是使客人走进房间后有一种清新舒适的感觉，使客房始终处于干净整洁的状态。房间小整理是充分体现饭店优质服务的一个重要方面，各饭店应根据自己的经营方针和房价的高低等实际情况，决定是否需要为客人提供房间小整理的服务，一般至少对 VIP 房和高档次客房进行这项服务。

具体做法如下：

（1）拉开窗帘，整理客人午睡过的床铺。

（2）清理桌面、烟灰缸、垃圾桶内和地面的杂物，注意有无未熄灭的烟头。

（3）撤换客人用过的杯子。补充茶叶，增添冷热水和其他物品。

（4）简单整理卫生间，并更换客人用过的毛巾。

（5）调整室内温度。

3．晚间开夜床

晚间开夜床服务，是客房小整理的一种，该项服务一般在晚上六点左右或客人外出就晚餐时进行，目的是为了给客人营造一种晚上就寝前的气氛，其工作内容一般包括整理房间、开夜床、整理卫生间三部分。

客房晚间开夜床的工作程序及具体要求如下：

（1）观察门外情况

为避免因夜床服务而影响客人的休息、工作和生活，进房整理卫生之前，应观察门锁是否正常、门上有无挂“DND”牌、门边的墙上有无亮“DND”指示灯。

（2）按程序进房

按程序进房，服务员在敲门两次后，应通报“客房服务员，晚间开夜床”，如客人在房内，则应征询客人是否需要开夜床，若客人不需要，则应做好记录。

（3）开灯

服务员进房后，应打开客房内所有的灯，一是使房内的光线更加充足，二是检查灯具是否正常。

服务提示

服务员如果发现灯泡不亮，需要及时更换，其操作程序见表4—11。

表4—11　更换灯泡操作程序

操作程序	操作细则
（1）检查并更换灯泡	做房和查房时应检查室内灯具。如有灯泡损坏，需及时更换
（2）修理	①卫生间灯、进门顶灯等无法更换时，应及时填写维修单 ②将无法更换灯泡的房号标注在白班工作单上 ③将派工单送交工程部，由工程部更换
（3）擦拭灯泡	①更换完灯泡后，关闭电源 ②用抹布擦拭新换上的灯泡，确保上面无手印和尘土

（4）拉窗帘

为了保护客人的夜生活及避免第二天的阳光过早地射入房内影响客人的睡眠，服务员应轻轻地拉拢窗帘和遮光帘，窗帘的皱褶要匀称美观。

（5）开床

1）将被子从床头一侧掀起，折成30°或45°角，并将边叠齐压好。

2）将枕头整理好摆正。

3）如果有客人的睡衣，应叠好置于枕头上。

4）按规定在床头或枕头上放上晚安卡、早餐券及饭店馈赠的小礼品，如巧克力、鲜花等。

5）如果有浴衣，则应叠好放在床尾一角。

开床要点

（1）标准间，住一位女士时，开临近卫生间的那张床。如图 4—4 所示。

（2）标准间，住一位男士时，通常只开靠近窗户的那张床。如图 4—5 所示。

图 4—4　标准间住一位女士开床

图 4—5　标准间住一位男士开床

（3）标准间住两位同性客人时，则同方向开，开床的方向朝向窗户。如图 4—6 所示。

（4）标准间住两位异性客人时，则两张床都从床头柜一侧开。如图 4—7 所示。

图 4—6　标准间住两位同性客人开床

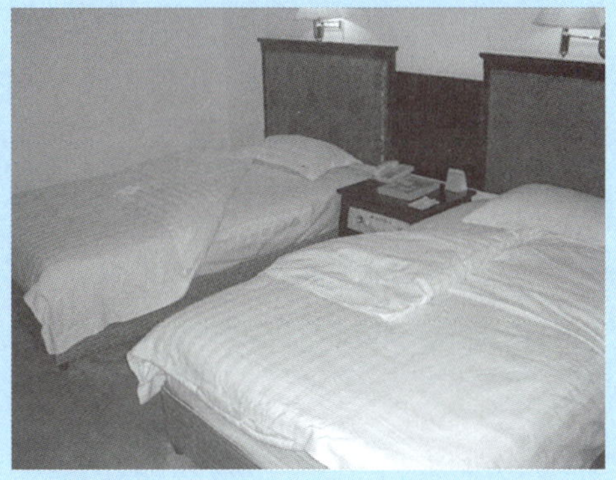

图 4—7　标准间住两位异性客人开床

（5）大床间，只住一位客人时，从放电话的床头柜一侧开床；住两位客人时，可仅开一侧或两边都开。如图 4—8 所示。

图 4—8　大床间开床

（6）客人床上如放着很多用品时，可以不开床，但必须留有纸条，说明原因，并告知客人，若客人需要，可致电房务中心。

（7）如果饭店馈赠的礼品有饮料或酒水，则应用托盘将饮料、酒水和杯子等放在床头柜上。

（8）标准间住一位客人时不能同时开两张床，客人若住一天以上，应固定开一张床。

（6）摆放拖鞋

为便于客人使用，服务员应将一次性拖鞋置于沙发前或床前。如图 4—9 所示。

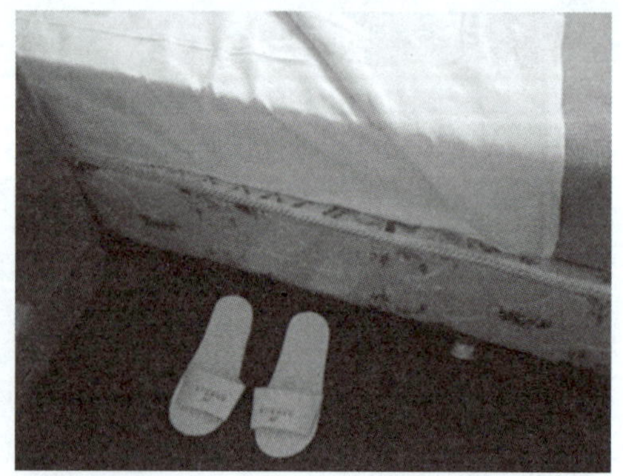

图 4—9　摆放拖鞋

问题讨论

一次性拖鞋的两种放置位置，你觉得哪一种更好？为什么？

(7) 清除垃圾

将房内各处的垃圾清出并放到工作车上的垃圾袋中。但应注意，只有客人放入垃圾桶的物品才可作为垃圾处理。

(8) 更换杯子和烟灰缸

撤出客人用过的杯子和烟灰缸，按应有的数量重新放置干净的杯子和烟灰缸。如果杯中有客人新泡的茶水或盛有饮料、酒等，则不能撤走和更换。

(9) 除尘除迹

将房内各处台面、桌面污迹清除干净。

(10) 添加冷热用水

为保证客人有足够的冷热用水，可为客人烧一壶热水，给客人备用。

(11) 整理卫生间

1) 清洗客人用过的便器、浴缸、洗脸盆及云台。

2) 将用过的毛巾整理好并放置好或换上干净的（是整理“四巾”还是更换“四巾”，根据饭店的档次而定）。

3) 将卫生间其他用品整理好，将卫生间的客用品补充齐全，尤其是卫生卷纸。

4) 将卫生间的浴帘往浴缸的淋浴喷头处拉约3/4，浴帘底端放在浴缸内。

5) 将地面抹干净，并将地巾铺在浴缸前的地面上，浴巾的店徽朝向卫生间的门口。如图4—10所示。

图4—10 放置地巾

(12) 开音响、电视

打开客房内的背景音乐，同时将电视的床头开关打开。

(13) 调节空调、关灯

按规定将空调调至适宜的温度和湿度，同时，为了营造晚上就寝前温馨的气氛，除了夜灯（或床头灯）和廊灯外，关掉其余的灯。但若客人在房内，则不必关灯。

(14) 自我检查

站在房门口环视一周，检查有无不妥之处，是否干净、整洁、恬静。

(15) 关门

轻轻将房门关上。如果客人在房内，应向客人祝晚安，并向后退两步，转身走至客房面前，面对客房，轻轻将门关上。

（16）填写工作表单

认真地在工作表单上填写客用品的补充和更换情况、房内设备的完好情况、房内的特殊情况及完成夜床的时间。

问题讨论

- 晚上开夜床时发现房门挂“请勿打扰”牌或上双重锁，怎么办？
- 晚上开夜床时发现床上放着许多客人的物品，怎么办？

服务提示

几种特殊住客房的清扫要求

1. 贵宾房大整理

（1）贵宾房的大整理工作及贵宾服务工作要专人负责，一般应由中级以上客房服务员来完成（包括中级服务员）。

（2）铺床时应选择用新的或较新的床单、枕套，并使用床裙，以显示其不同于普通客房。根据饭店规定的品种数量补充全新的卫生间用品。

（3）应按饭店规定的标准布置贵宾房。一般放置鲜花、水果（包括果盘、刀叉、餐巾、洗手盅）、点心、总经理名片、礼品等。

（4）在一般日常清洁的基础上，还要把平时不易做到或不易做彻底的清洁项目全部做一遍。

（5）贵宾房间的清洁整理在时间安排上要特别注意，原则是及时、方便。通常要求一旦客人外出，就应及时进行清洁和整理，不打扰客人，保证客房始终处于清洁、整齐、美观的状态。

2. 残疾人客房清扫

残疾人客房的清扫程序与其他客房基本相同，但应特别注意以下几点内容。

（1）服务员应根据客人的身体状况、住店生活不便的表现及特别要求等，有针对性地整理客房。

（2）根据客人情况准备好客人所需的物品，如客人是盲人，则应准备好触摸式客用品等。

（3）清洁整理客房时，若客人在房内，服务员应尽量避免给客人设置障碍，每做完一项整理工作，要及时把家具物品复位，及时整理并摆放好各种清洁工具，不能随处乱放。尤其是吸尘器，应整理好电线并摆放在客房门外，吸管、电线等不能拖在地上，以免绊倒客人。

（4）服务人员应尊重客人，不能模仿他们的动作，更不能讥笑或讽刺他们。

（5）为残疾客人整理房间时，动作要轻，速度要快，整理完毕后，应马上离开客房，不要影响客人休息。

3.“蜜月客房”清扫

（1）按要求布置蜜月客房。如在房内各处布置好鲜花（多用玫瑰花、百合花），送上水果、红枣、花生、桂圆、莲子以及其他用品，以营造喜庆的气氛。

（2）严格按照进房的程序进房。

（3）新婚客人在房内时，服务员应向客人问好并送上祝福。

（4）清扫客房时，若客人有特别要求，服务人员应按客人的要求去做，并且动作要轻，速度要快，清扫完毕后立即离开客房，不要打扰客人。

（5）应尽量趁客人外出时清扫房间。

4. 无烟客房清扫

如果有客人在无烟客房吸烟，则无烟客房需经过下列的处理：

（1）清洗窗户和纱窗。

（2）取下窗帘、纱帘进行水洗，将遮光帘干洗。

（3）更新所有纺织品。

（4）更新床垫或将床垫用特制的塑料套封闭。

（5）洗涤枕芯、毛毯、褥垫、床罩。

（6）更新棉被、浴帘。

（7）更换供暖、空调及通风系统的过滤器。

（8）重新粉刷墙壁。

（9）清洁浴室排气管。

（10）使用清洁机清洗木制家具。

（11）彻底清洁有垫套和装饰物的家具。

（12）搬出所有的家具，彻底清洗地毯。

（13）更新所有的客用品。

三、空房清扫

为了保证空房随时能住进新客人，空房每天也必须进行整理，具体做法如下：

1. 每天进房一次，开窗或开空调，通风换气，查看有无异味情况。

2. 根据季节和室内温度情况，调节室温（冬季 20～23℃、夏季 23～26℃）。

3. 用干抹布擦拭各种设备、家具的表面浮尘。

4. 连续空置的客房，为保证地毯的清洁，应每隔 2～3 天吸尘一次。

5. 为保持水质的洁净，每天将脸盆、浴缸、便器的冷热水龙头分别放水 1～2 分钟。

6. 卫生间的毛巾因冬季干燥，时间久了会失去其弹性和柔软度，如不符合要求，须在客人入住前换成新毛巾。

四、客房日常清扫中常见问题处理

1．如果两间房同时挂“请即打扫”牌，而此时只有一位服务员时，怎么办？

（1）客房服务员应首先弄清两间房客人是否都在房内。

（2）如都不在，按顺序及时整理。

（3）如都在，询问客人意见，哪一间更急，哪一间先整理，同时要谢谢客人的理解与配合。

（4）如一间房客人在，一间不在，客人在的房间先整理。

（5）如果两间房客人都需要马上整理，及时通知领班调整人手。

2．当新客已到，而房间尚未清理好时，怎么办？

（1）向客人表示歉意。

（2）礼貌地向客人作解释。

（3）向客人表示立即将房间整理好。

（4）帮助客人先将行李放在房内，然后请客人到大堂稍作休息。

（5）房间整理好后，立刻通知客人。

3．客人中午回店后发现房间未整理，强烈表示不满，怎么办？

（1）向客人道歉，同时做适当的解释。

（2）征求客人意见是否可以马上整理房间。

（3）做好记录，以提醒第二天提早整理该房。

4．整理卫生的过程中，不小心弄坏客人的东西时，怎么办？

（1）应向上级反映，主动向客人赔礼道歉，承认自己的过失。

（2）如损坏的物品比较贵重，部门经理还应亲自向客人赔礼道歉并征求客人的意见。

（3）客人如要求赔偿，应酌情赔偿。

案例思考

案例 1： 客房服务员小马在清扫 671 房间时，一不小心将工艺品碰到地上摔碎了。知道自己闯了祸，小马非常害怕，马上向领班做了汇报。

等客人回到房间后，领班将服务员在清扫房间时不小心打碎了工艺品的事告诉了客人。在向客人道歉后，征求客人的意见，询问客人在哪里可以买到。客人见领班能主动来说明情况并且态度诚恳，就对领班说：“这件工艺品北京没有地方可以买到，那是我到广西旅游时买的。平时你们的服务很不错，另外打碎东西后你们能主动来道歉，服务员又不是有意的，所以就算了吧。只是以后要吸取教训，多加注意。有些东西可以赔偿，但有些类似纪念性的东西是无法赔偿的。”

案例2： 服务员小王在清扫623房间时，不小心把放在窗台上的花盆碰掉一块瓷。小王见客人没在房间，又没有其他人看到，就找来胶水把碰掉的那块瓷给粘上了，认为只要自己不说就不会有人知道。

过了两天，623房间的客人找到领班，说有人把他的花盆打坏了，他自己没碰过，而且除了服务员，没有任何人到过他的房间。领班找到小王了解情况，小王看事情瞒不过去了，就把打坏花盆自己又悄悄用胶水把花盆粘上的事说了出来。客人说：“其实你们把我的花盆打坏了也没关系，可是你得跟我说一声。我这个花盆就是外面花卉市场买的，也没有花多少钱。但是你们必须得赔我。我每天出去办事，房子交给你们，我怎么能放心呢。”

想一想：

1. 小马与小王在损坏了客人物品后，她们的做法有何不同？
2. 在这两个案例中，你吸取了哪些经验与教训？

5. 发现房间有大量现金或贵重物品时怎么办？

（1）如为住房，应及时报告服务中心，听从指令，尽可能避免多次进房。

（2）如果是走客房或者空房，应及时通知当值主管到场处理。

服务提示

不论在任何房间任何位置发现大量现金或贵重物品，出于自我保护，服务员均不得在没有管理人员在场的情况下接触这些物品，包括移动或清点。

6. 发现客人损坏房内设备时，怎么办？

（1）礼貌地了解客人损坏设备的原因，保留好现场。

（2）将此情况报大堂副理。

（3）由大堂副理与客人进行协商索赔事宜。

（4）客人同意赔偿后，客房服务员开出账单让客人签字认可。

7. 客人向你反映房间设备无法使用时，怎么办？

（1）首先应立即到房中实地检查。

服务提示

服务员应对自己管辖范围内的设备、设施情况了如指掌，才能够避免错报。

（2）如是客人不会使用，应主动向客人介绍使用方法。

（3）如是设备故障问题，应向客人道歉。

（4）征得客人同意后，马上通知维修人员进房维修。

（5）维修完毕，还应询问客人对修理结果是否满意。

8．如果客人反映床单不干净，需要更换，怎么办？

（1）向客人道歉。

（2）入房查看。

（3）不管床单是否干净，均应及时更换。

（4）将此情况向领班报告。

9．整理房间时发现客房物品丢失缺少，怎么办？

（1）立即报告领班。

（2）检查是否已按标准配备齐全。

（3）了解客人是否有同行住在饭店（因客人有可能将物品放在其同行客人房内）。

（4）遇到客人的同行，应礼貌地向其询问。

（5）如确实是客人方面原因而造成的客房物品丢失缺少，则应报告大堂副理，由大堂副理出面向客人提出索赔。

（6）索赔后及时补充物品。

（7）做好记录。

10．整理住客房间时发现面巾少了两条，而这两条面巾就在客人的行李箱里，怎么办？

（1）首先不要补这两条面巾。

（2）将此情况报告给大堂副理。

（3）由大堂副理与客人交涉，服务员不能私自从客人行李箱中将这两条面巾拿出。

11．客房服务员在清扫房间时，发现哪些问题要立即报告？

（1）客人损坏设施、设备和用具。

(2) 客人的遗留物品。
(3) 走客房房内留有行李。
(4) 客人生病。
(5) 房内有异常情况。
(6) 房间内发现害虫和鼠类。
(7) 客人携带违禁物品。
(8) 发现 S/O、DND、L/B、N/B、OOO。
(9) 空房有人住过。
(10) 损坏了客人的物品。
(11) 住客人数、性别等与入住记录不符。
(12) "请勿打扰" 房超过 14:00 时。

第四节　客房消毒工作

客房的消毒工作是客房清洁卫生的重要内容之一，它是预防各种疾病流行、保证客人身体健康的重要措施。每名客房服务员都应加强责任心，明确客房各区域、各类客房用品设备的消毒要求与方法。

一、客房房间的消毒要求与方法

1. 消毒要求

(1) 房间应定期地进行预防性消毒，保持房间的卫生，预防传染病的传播。
(2) 对于患有传染性疾病客人住过的房间，应请防疫部门进行彻底消毒。
(3) 传染病人用过的床单、毛巾、餐具，要撤出并单独进行严格消毒。

2. 消毒方法

客房房间区域不同、设备用品不同，采用的消毒方法也不同。用于客房房间消毒的常用方法见表 4—12。

表 4—12　　客房房间消毒方法

消毒对象	消毒方法	说明
床垫、床罩、被褥	室外日光消毒	阳光中的紫外线可以杀死一些病菌
床上棉织品	浸泡消毒	常用3‰的漂白粉溶液
家具、设备	擦拭消毒	常用10% 浓度的石炭酸水溶液或2% 浓度的来苏水溶液
房间空气	①室内采光 ②通风 ③紫外线消毒	①冬季有3小时日照、夏季有2小时日照即可杀死空气中大部分致病的微生物 ②通风可以防止细菌和螨虫的滋生 ③一般安装30瓦紫外线灯管一支，灯距地面2.5米左右，每次照射2小时，可使空气中微生物减少50%～75%，甚至90% 以上
房间死角	喷洒消毒	常用浓度为1%～5% 的漂白粉澄清液

知识链接

空气卫生质量标准

（1）一氧化碳含量每立方米不得超过10毫克。

（2）二氧化碳含量每立方米不得超过0.07%。

（3）细菌总数每立方米不得超过2 000个。

（4）可吸入性微粒每立方米不得超过0.15毫克。

（5）氧气含量应不低于21%。

二、客房卫生间的消毒要求与方法

1. 消毒要求

卫生间的设备、用具极易被病菌污染，客房服务员日常应做好消毒工作。卫生间消毒的具体要求为：

（1）每天彻底清扫，经常保持整洁。

（2）每换一位客人就必须进行严格消毒。

（3）每周对地面喷洒杀虫剂一次，尤其注意对地漏处的喷洒。

（4）洗脸盆、浴缸、拖鞋的消毒标准为每平方厘米的细菌总数不得超过500个。

（5）卫生间不得检查出大肠杆菌群。

2．消毒方法

为了保证卫生间的清洁卫生，饭店常采用表4—13的消毒方法对卫生间进行消毒。

表4—13　　　　卫生间常用消毒方法

消毒对象	消毒方法	说明
洗脸盆、浴缸、便器	擦拭消毒	服务员在打扫卫生后用2%～3%的来苏水或84消毒液进行消毒，消毒完毕后，要封闭门窗2小时，然后进行通风
四巾	浸泡消毒	用3‰的漂白粉溶液进行消毒
地面、地漏	喷洒消毒	用浓度为1%～5%漂白粉澄清液对卫生间进行消毒
空气	紫外线消毒	一般安装30瓦灯管一支，灯管距地面2.5米左右，每次照射2小时，可使空气中微生物减少50%～75%，甚至90%以上

服务提示

使用喷洒消毒法的注意事项

（1）禁止将漂白粉溶液与酸性清洁剂同时使用，以免发生氯气中毒。

（2）喷洒消毒以采用快干型的消毒剂为好。

三、茶水具、酒具的消毒要求与方法

1．消毒要求

（1）客房用过的茶水具、酒具，每天必须统一撤换，统一送到洗涤间进行严格洗涤消毒。

（2）如发生传染病，必须请专业人员进行消毒，防止疾病的传播。

（3）楼层应设有茶水具、酒具的专用消毒间，内设有杯具专用消毒桶、杯具专用消毒柜、杯具保洁柜，配备消毒物品。

（4）餐、茶、酒具消毒标准为每平方厘米的细菌总数不得超过5个。

2. **消毒方法**（见表 4—14）

表 4—14　　茶水具、酒具常用消毒方法

消毒方法		操作要求	服务提示
物理消毒	煮沸消毒	将洗刷干净的茶水具、酒具放入100℃的沸水中煮 15 ~ 30 分钟即可	此方法适用于瓷器，不适用于玻璃器皿
	蒸汽消毒	将洗刷干净的茶水具和酒具放到蒸汽箱中，蒸 15 分钟即可	①此方法适用于各种茶水具、酒具、餐具的消毒 ②物品应摆放整齐，分类进行
	干烤	将洗刷干净的茶水具、酒具放入消毒柜中，然后将温度调至 120℃，干烤 30 分钟即可	多采用红外线照射灭菌，目前客房楼层消毒间常用的消毒柜多数属于此类
化学消毒	浸泡消毒	将洗刷干净的茶水具、酒具分批放入消毒液中浸泡 5 分钟，然后用清水冲洗干净并擦干即可	①必须将化学消毒剂严格按比例调制，才能发挥作用 ②如需要消毒的物品多，药物耗量较大，连续浸泡 1 小时后，就应更换新溶液

知识链接

表 4—15　　常用化学消毒剂溶液

溶液名称	配制浓度	服务提示
氯亚明	3‰	①配好的溶液只能使用一天 ②对金属器皿有褪色和腐蚀作用
漂白粉	3‰	①搅拌均匀后才可使用 ②对金属器皿有褪色和腐蚀作用 ③适用于杯具、棉织品等物品的消毒
高锰酸钾	1 : 2 000	①当高锰酸钾溶液由紫红色变为黄褐色时，应更换新溶液 ②浸泡时间不可少于 5 分钟 ③适用于茶水具的消毒
84 消毒液	2‰ ~ 5‰	①原液易腐蚀棉织品、金属，易伤皮肤。如有接触，应用清水冲洗 ②避光、避热、室温 25℃以下可贮存 10 个月以上 ③适用于餐具、茶水具、酒具、家具等的消毒

3. 消毒程序（见表 4—16）

表 4—16　　茶水具、酒具消毒程序

环节	程　序
清洗	第一步，将客人用过的茶水具、酒具撤出
	第二步，清理茶水具内的剩余茶水，并分类收集到洗杯盆里，冲净杯子
	第三步，戴上手套，用百洁布蘸适量洗洁精擦洗杯具内外
	第四步，用自来水冲净茶水具、酒具上残留的洗洁精泡沫，冲洗次数不少于两次
消毒	第五步，将清洗干净的茶水具、酒具放入备好的消毒液桶里浸泡 5 ~ 10 分钟
	第六步，将拿出的茶水具、酒具放入清水池内冲洗两遍
	第七步，将冲洗干净的茶水具、酒具按顺序放入红外线电子消毒柜，消毒时间为 30 分钟

四、客房工作人员的消毒要求与方法

客房工作人员是客房消毒工作的执行者，同时，如果其操作不规范或自身患有传染病，同样也是病菌的传播者。因此，客房服务员在客房工作中，应加强责任心，严格要求自己，努力做到：

1. 严格实行上下班换工作服制度，让工作服起到“隔离层”的作用。
2. 工作人员应做到“五勤”（即勤理发、勤洗澡、勤换衣服、勤洗手、勤剪指甲），做好个人卫生。
3. 清洁卫生间时，应戴好胶皮手套。
4. 每天下班前用洗手液清洁双手，并用消毒剂对双手进行消毒。
5. 每年进行一次身体检查，防止疾病传染。

知识链接

按《公共场所卫生管理条例》的规定，有碍于公共场所卫生的疾病是指伤寒、病毒性肺炎、活动性肺结核、化脓性或渗出性皮肤病以及其他有碍于公共卫生的疾病。这些疾病在治愈前不得从事直接为顾客服务的工作。

卫生检查时要求三证齐全、有效，《公共场所卫生许可证》有效期两年、《从业人员个人健康证》有效期一年、《从业人员卫生知识培训合格证》有效期两年。

第五节　客房计划卫生

客房计划卫生是指在做好日常清洁工作的基础上，拟订一个周期性的清洁计划，采取定期循环的方式，对房间内一些平时不需每天清洁而必须定期进行清洁保养的家具设备或清扫不彻底的地方进行全面的清洁，如家具打蜡、电话消毒、空调出风口的清洁等，以保证客房家具、设备的清洁保养质量和良好的运转状态。

一、客房计划卫生分类

客房计划卫生通常有三种组织方式：

1．要求客房卫生服务员每天大扫除一间客房

例如：要求客房卫生服务员在其所负责的 14 间客房中，每天彻底大扫除 1 间客房，14 天即可对她所负责的所有客房作一次计划卫生。

2．规定每天对客房的某一部位或区域进行彻底的大扫除

除日常的清扫整理工作外，可规定客房卫生服务员每天对客房的某一部位进行彻底清洁。这样，经过若干天对不同部位区域的彻底清扫，也可以完成房间的全部大扫除。

3．季节性大扫除或年度大扫除

即集中在营业淡季对所有客房分楼层进行全面大扫除，一个楼层通常要进行一个星期，必要时，可请前厅部对该楼层实行封闭，并与工程部联系，请维修人员同时对设备进行定期的检查和维修保养。

在实际工作中，以上三种计划卫生的组织方式可综合使用。

二、客房主要计划卫生项目及其操作要求

各饭店的客房计划卫生项目不尽相同，常见的主要有以下几种，见表4—17。

表 4—17　　客房主要计划卫生项目及其操作要求

消毒项目	操作步骤	注意要点
电话消毒	①擦拭听筒及话筒：擦听筒时要特别留意其油垢的处理。不可直接用清洁剂擦听筒及话筒，以避免潮湿而导致杂音的产生。话筒应定期用酒精消毒 ②擦拭电话机座：先向机座喷清洁剂，再用干抹布擦净即可 ③擦拭电话线：在干抹布上喷少许清洁剂后用干抹布抽拉电话线，去除其表面的污垢 ④擦拭电话键盘：用干抹布套住笔尖，轻轻地清掉沟缝中的积尘。键盘表面则先喷清洁剂，再用干抹布擦净即可	①工具不能过湿，以免电话不通 ②不要误拨电话
垃圾桶内外清洁	①垃圾桶内用水冲洗，较脏的地方用牙刷和清洁剂刷洗，然后擦干 ②木质垃圾桶用湿布擦，比较脏的部位进行刷洗，然后擦干	①刷洗时如用到浴缸，需小心轻放，并擦干浴缸 ②垃圾桶内外均需彻底晾干，以免发霉
墙脚线清洁	在日常墙脚线卫生清洁的基础上，擦净床后、办公桌后、床头柜后、行李柜后、电视柜后的墙脚	避免弄湿墙纸，以防墙纸变色
卫生间墙砖清洁	①用清洁剂、牙刷把墙砖缝隙刷干净 ②用清洁剂、百洁布擦净墙砖表面，过水后用抹布擦干	①不要漏掉云台下、便器后、布件架上、门框顶部的墙砖 ②在整理卫生间前清洁墙砖，空房要把物品先移开
便器、水箱内外清洁	①用百洁布把水箱底沉淀物扫去，倒入 1/2 瓶盖草酸浸泡 15 分钟，再用百洁布擦水箱内壁，把水放掉 ②用百洁布蘸草酸将便器内壁擦干净，冲水 ③用百洁布蘸清洁水将便器座、便器脚、水箱外围擦干净，过水，擦干	①移开水箱盖时，小心轻放 ②水箱浸泡可在搞其他卫生前进行
地漏灌洗消毒	①用清洁剂、牙刷刷干净地漏盖 ②对准地漏冲开水，用抹布擦干积水 ③向地漏喷洒杀虫剂	①一定要用开水烫，才能消除异味 ②如客人在房内，喷杀虫剂要适量
吹风机（软管）清洁	①吹风机的机座用抹布擦干净 ②将风量调小，用干布卷在手指上伸到出风口内擦拭 ③将吹风机管拉开，用清洁剂、牙刷刷洗，用湿布擦去污迹	吹风机管需小心清洁，避免拉断

续表

消毒项目	操作步骤	注意要点
床底地毯吸尘	①将床拉出，把床头地毯吸干净 ②将床左右移动，把床底吸干净	注意床头的卫生清洁
空调进出口百叶及过滤网清洁	①用湿布擦净进风口百叶内外，用温水刷洗过滤网双面，甩去水珠晾干；用抹布将过滤铝网擦干净，然后安装好 ②用旋具将出风口百叶拆下刷洗干净，擦干后安装好	①拆、装要小心，以免松脱砸到客人 ②如使用浴缸清洗，要小心轻放并把浴缸擦干 ③出风口百叶要一片片摆正，以利于通风
电视机、锁孔、窥视镜清洁	①用玻璃水擦净电视机荧光屏，用半湿抹布擦净电视机外壳，用干牙刷刷净缝隙，用棉花棒擦净小孔处 ②窥视镜用半湿布卷起来伸进去转圈擦，然后用棉花棒伸进去把镜片擦干净 ③用吸尘器对准锁孔吸去灰尘，再用半湿布伸进去擦	①电视机擦后要检查插头有无松脱 ②擦窥视镜时要扶稳房门，以防夹伤手
灯头、灯泡、灯罩、窗帘、窗纱吸尘	①将灯泡转出用干布擦净，将灯罩固定圈转出用湿布擦净，灯头螺旋部位用牙刷及抹布擦干净 ②灯罩用专用吸头吸尘或用手刷刷去灰尘，灯罩内塑料层用湿布擦 ③窗帘、窗纱拉合后用专用吸头从上到下吸尘	①擦灯头、灯泡时当心触电 ②窗帘、窗纱吸尘后要把挂钩整理好
天花板扫蛛丝、灰尘，墙纸清洁	①将天花板灰尘、蛛丝用鸡毛掸扫干净 ②墙纸整体用鸡毛掸扫去浮尘，脏的地方用牙刷、清洁剂擦净	如果房间有食物、饮料，要先将食物和饮料盖好再做此专项
家具上蜡保养	①将家具上浮尘或各种污迹擦净 ②将家具蜡倒在细软的专用抹布上，在家具表面轻轻地抹蜡 ③用干净的细软绒布反复揩擦，使之发光	应挑选晴朗干燥的天气进行此专项
不锈钢器、铜器保养	①先用干抹布去除不锈钢、铜器上的浮尘，用牙膏去除各种污迹、手印 ②再用省铜水倒在专用细软抹布上，轻轻抹在铜器表面 ③用干净的细软绒布反复揩擦，使之光亮	①应挑选晴朗干燥的天气进行此专项 ②省铜水只能用于纯铜制品，镀铜制品不能使用 ③卫生间的金属部件出现锈斑，如果是轻微的，可以用牙膏擦拭

续表

消毒项目	操作步骤	注意要点
冰箱内外清洁	①将饮料取出，把冰箱抱出柜子 ②用湿抹布擦净冰箱内部、顶部、侧面及电线，有污迹的地方用牙刷和清洁水去除 ③用干抹布擦净冰箱后面电机部位 ④用湿抹布擦净冰箱柜内部 ⑤清洗滴水盘、制冰格、酒起，检查除味剂 ⑥把冰箱抱回柜子，将饮料罐口和罐底擦干净，逐一摆回原位	搬动冰箱时倾斜度不能过大，插头拔出后要重新插好，以免影响使用
抽风机外壳清洁	尽量将抽风机外壳拆下来，用牙刷、清洁剂刷去油污，用抹布擦干后再挂回去	取、挂抽风机外壳时要擦干双手，不要站在便器盖上或浴缸边缘
去除喷淋头水垢	用牙刷、清洁剂将喷淋头缝隙的水垢刷干净，过水并擦干	在洗浴缸前做此专项，空房则注意擦干浴缸
清洗浴缸塞	将浴缸塞拔出，彻底清除毛发，用牙刷、清洁剂将浴缸塞及浴缸刷干净，过水，复原，然后擦干浴缸	浴缸塞取出及放回时应小心操作，放对位置，以免影响使用
刷洗防滑垫	①将防滑垫弄湿，用清洁剂和牙刷将正反面，特别是小吸盘和有纹路的地方刷干净 ②将刷干净的防滑垫过水并擦干	防滑垫刷洗完毕后注意通风透气
房间除虫	①用杀虫剂喷口对准蚊虫，在距离蚊虫20厘米处进行局部喷杀 ②待蚊虫死后将其清理干净，并将所喷药剂用干净抹布擦拭干净	①灭虫时，不能将杀虫剂喷射在植物和纺织品上 ②将杀虫剂存放在指定地点，不得与其他用品混放。应按危险品管理方法严格管理杀虫剂

第六节　公共区域清洁保养

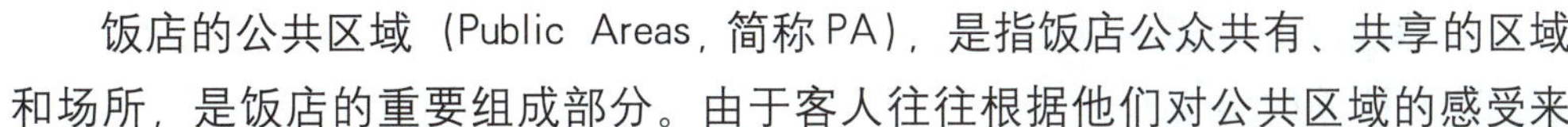

饭店的公共区域（Public Areas，简称PA），是指饭店公众共有、共享的区域和场所，是饭店的重要组成部分。由于客人往往根据他们对公共区域的感受来

评判饭店的管理水平和服务质量，因此公共区域的环境和卫生质量直接代表或影响着整个饭店的水准。

为了做好公共区域的清洁保养工作，饭店客房部下面一般设有公共区域清洁班组，专门负责除厨房以外的所有公共区域的清洁保养。

一、公共区域清洁保养业务范围

公共区域清洁保养的业务范围是根据饭店的规模、档次和其他实际情况而定的，一般包括：

1. 饭店大厅、门前、花园、客用电梯及饭店周边的清洁卫生。
2. 饭店餐厅、咖啡厅、宴会厅及舞厅等场所的清洁保养工作。
3. 饭店所有公共洗手间的清洁卫生。
4. 行政办公区域、员工通道、员工更衣室等员工使用区域的清洁卫生。
5. 饭店所有下水道、排水排污等管道系统和垃圾房的清疏整理工作。
6. 饭店卫生防疫工作，定期喷洒药物，杜绝“四害”。
7. 饭店的绿化布置和苗木的保养繁殖工作。

可见，公共区域服务员既为客人服务又为饭店员工服务，可以说是饭店整个大家庭的“保洁卫士”。

二、公共区域清洁保养特点

与客房楼层的清洁卫生工作相比，由于公共区域在饭店中所处的位置和所使用的对象不同，饭店公共区域的清洁保养具有其自身的特点。

1．对饭店声誉影响大

公共区域清扫的范围涉及饭店的每一个角落。饭店的公共区域是人流交汇、活动频繁的场所，既有住客，也有访客，还有就餐购物或参观的过往客人，他们往往在此驻足，并会对公共区域的卫生加以评论，作为衡量饭店档次的参考。因此，饭店必须高度重视公共区域的清洁保养工作，增强饭店对公众的吸引力。

2．清洁保养的质量不易控制

公共区域的清洁工作烦琐，工作时间不固定，人员分散，客人活动频繁，情况多变，因此，其清洁卫生质量不易控制。而且有些工作是难以计划和预见的，活动安排、天气变化等多种情况都可能给卫生清洁带来不便及增加额外的清洁任务。

3．清洁保养的技术含量较高

公共区域的清洁保养工作中，所需使用的设备、工具、用品以及所清洁保养的设施设备和材料等种类繁多，服务员必须掌握比较全面的专业知识和熟练的操作技能才能胜任此项工作。因此，与其他清洁保养工作相比，它具有专业性强、技术含量高的特点。

根据公共区域清洁保养的特点，服务员在清洁时应注意以下几点：

（1）公共区域的清洁保养工作不能影响其他部门正常的营业运转，只能在公共区域最不繁忙的时间进行。

（2）为了不影响公共区域的使用，公共区域工作人员所使用的清洁剂必须是快干式的。

（3）公共区域工作人员在清扫时，要尊重客人，讲究礼貌，不准有任何不礼貌的待客行为。

三、公共区域清洁保养准备

1．安排好清洁保养时间

公共区域是客人、服务员活动频繁的地方，如果公共区域清洁时间安排不当，不仅达不到保洁效果，还会影响客人的正常活动。一般的日常清洁可以安排在客人活动的间隙，但彻底的清洁保养就需要安排在营业结束后或基本没有客人活动的时间进行，如大堂地面清洁维护就安排在夜晚。

2．领取工作钥匙和工作表单

按照饭店的工作要求，公共区域卫生清扫员应在开始清洁工作前到领班处签到，接受领班的工作安排，并领取自己负责区域的工作钥匙和工作表单。

3．准备好清洁剂和清洁器具

公共区域卫生清扫员应根据清洁内容和要求，正确选择清洁工具和清洁剂，如高处作业，准备梯子；清洁地面，准备好吸尘器、洗地毯机、打蜡机、拖把、尘推等；清洁玻璃，准备好玻璃刮、抹布等，并选择合适的清洁剂，按要求配好比例。

四、公共区域清洁保养内容

1．饭店入口清洁

通常，饭店大门前有广场、停车场、车道等，车辆和人员来往频繁，需要不断的清洁。为了防止或减少客人将尘土带到室内，饭店一般在大门口处铺脚垫。另外，大门口处还放置了伞架，配备伞套，防止客人将雨水带进室内，减轻室内清洁量。饭店入口的清洁保养内容包括：

（1）饭店大门口的广场、停车场、车道等，白天应有计划地清洁，夜间进行冲洗（北方地区的饭店冬季最好不要冲洗，防止地面结冰）。

（2）门口的脚垫、伞架、指示标牌，大门玻璃门的门面、拉手、门框，白天要去除浮灰、指印和污迹，夜间要全面清洁使其光洁明亮。大门的金属拉手须用金属上光剂（省铜剂、不锈钢清洁剂等）擦拭，木质扶手需用清洁蜡除污上光。

2. 大堂清洁

大堂是饭店的门面，装潢设施华丽，配件饰物众多，其清洁保养工作主要在清晨或深夜进行，白天进行维护和保持。大堂的清洁保养工作内容包括：

（1）大堂地面

1）每天晚上对大堂地面进行彻底的清扫或抛光，并按计划定期进行打蜡。打蜡时应注意分区进行。为防止客人滑倒，打蜡区域应设有指示牌。

2）白天用油拖把循环迂回地拖擦地面，使地面保持光亮。在拖擦地面时，应注意下列有关事项：

● 按一定的路线拖擦地面以避免遗漏。

● 每拖擦到一个方向的尽头时，应将附着在尘拖上的灰尘抖干净后再继续拖擦。

● 重点拖擦客人进出频繁的门口、梯口等，并适时增加拖擦次数，确保整个地面的清洁。

● 在拖擦过程中若遇有纸屑杂物，应将其堆在角落集中，然后用清扫工具将其收集起来妥当处理。

● 操作过程中，为不影响客人，应适当避开客人或客人聚集区，待客人散开后，再进行补拖。

（2）电梯、自动扶梯

大堂扶梯、电梯的清洁保养多在夜间进行，白天只作简单清洁维护。电梯、自动扶梯的内外、上下、四周均应无灰尘、无指印、无污迹，其清洁保养的内容详见表 4—18。

自动扶梯在运行时，可以擦拭玻璃护挡、清除杂物；停止运行后，主要是清除油污和台阶护板上的尘土污迹等。

表 4—18　　电梯清洁保养细则

操作步骤	操 作 细 则
准备工作	准备玻璃清洁剂、金属抛光剂、干净抹布、家具蜡、百洁布等
清洁电梯轿厢内壁	①用湿抹布彻底擦净内壁上的浮灰 ②用百洁布蘸清洁剂擦拭内壁上的斑迹，并用抹布擦净 ③均匀喷洒家具蜡，待蜡干后再用干抹布擦拭直至光亮
清洁金属面板、门	用抹布擦净灰尘、斑迹，均匀喷洒金属抛光剂，并用干抹布立即擦拭直至光亮
清洁玻璃镜面	①将玻璃清洁剂喷到玻璃镜面上，再用干净抹布彻底擦净 ②检查镜面，如有黏附污迹，应用玻璃刮刀轻轻刮除
清洁地面	①用抹布擦去地面上的灰尘和斑迹 ②每天对地面进行喷磨抛光或更换星期地毯，并对更换下来的星期地毯进行清洗
检查灯箱	检查灯箱，更换烧坏的灯泡
清洁灯罩	①擦净灯罩内的灰尘，均匀地喷上金属抛光剂 ②用干抹布擦拭直至光亮
收尾工作	检查是否有遗漏的地方，整理清洁工具，将其放回储存室

（3）大堂休息区

1）沙发、座椅。随时清除沙发、座椅上面的灰尘杂物、去除污迹，并做好复位工作，保持整洁整齐。沙发的清洁细则见表 4—19。

表 4—19　　沙发清洁细则

操作步骤	操 作 细 则
准备工作	准备抽洗机、电子打泡箱、吸尘器、洁液管、手刷、水桶、干泡剂和除油剂等
吸尘除渍	①用吸尘器彻底吸尘 ②选用不同的去污剂，用手刷清除沙发上严重的污迹
干泡清洗	主要适用于真皮沙发 ①在电子打泡箱内装入干泡剂，在抽洗机水箱内装满清水 ②连接电子打泡箱和抽洗机的喉管吸头、手刷并接通电源 ③启动电子打泡箱开关，手拿毛刷，待泡沫从喉管内排出后刷洗沙发，重点刷洗扶手、坐垫、沙发靠背等部位 ④启动抽洗机开关，手拿吸头紧贴沙发，一边喷水一边吸水，反复抽洗 3～4 次，把水分全部吸干 ⑤最后用吹干机将沙发吹干

续表

操作步骤	操 作 细 则
抽洗沙发	主要适用于布艺沙发 ①配置 1∶20 的清洁剂，倒入抽洗机清水箱内 ②将洁液管接于抽洗机上，接通抽洗机电源 ③按喷雾开关，对沙发进行预喷 ④ 5～10 分钟后，拿着手提喷头贴住沙发表面，打开喷雾开关，从前向后清洗沙发，依序将沙发彻底清洗干净 ⑤沙发充分干透后，可用吸尘器再次彻底吸尘
收尾工作	整理清洁工具并将其放回储备室

2）茶几、茶台。随时清理茶几、茶台上的纸屑杂物，保证茶几、茶台无灰尘、无污迹、无杂物，摆放物品整齐。客人正在使用烟灰缸时，以不频繁打扰客人为原则，适时更换烟灰缸，清洁烟灰缸时要注意是否有未熄灭的烟头。更换烟灰缸的具体方法如图 4—11 所示。

第一步

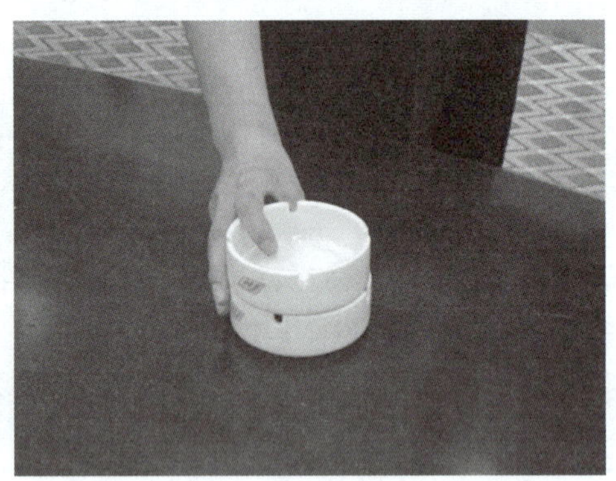

第二步

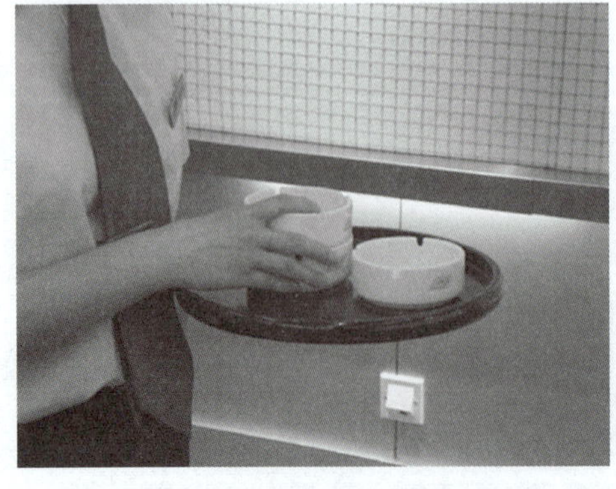

第三步

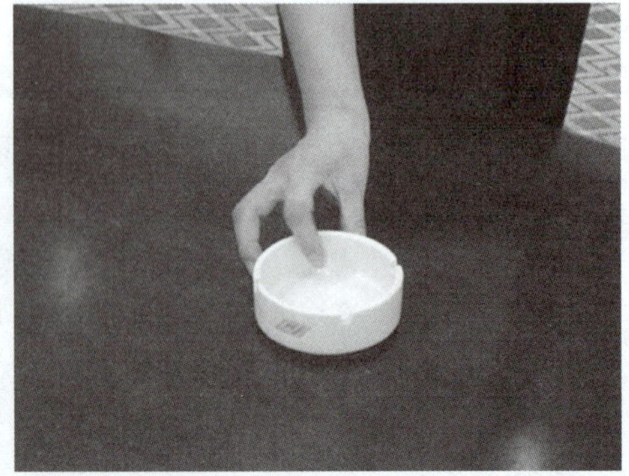

第四步

图 4—11　更换烟灰缸的方法

（4）公用电话间

经常清洁公用电话间，保证电话间无灰尘、无污迹、无垃圾杂物。将电话机整理复位，并经常消毒。及时清倒电话间里的垃圾桶和烟灰缸。

（5）植物花草

定时浇水施肥、喷药，及时清除枯叶、枯萎的花朵、花草中的烟蒂杂物，及时擦拭花盆、盆套上的泥土、灰尘和污迹。

（6）水池

及时清除水池内的杂物，定期洗刷。

（7）告示牌、画牌

经常擦拭告示牌、画牌的玻璃面和金属框架，整理复位，摆放整齐，保证无灰尘、无污迹。

（8）烟灰桶

饭店大堂的烟灰桶（兼做垃圾桶），其上部铺有一层防止烟蒂燃烧的白色大理石细粒，如图 4—12 所示。

图 4—12　烟灰桶

烟灰桶的清洁保养细则详见表 4—20。

表 4—20　烟灰桶的清洁保养细则

操作步骤	操作细则
准备工作	准备好抹布、清洁剂等工具
清洗烟灰桶	擦净烟灰桶的表面和内里，保持外观整洁
清洁垃圾	①随时捡出烟灰桶内的烟头 ②每天晚上增添大理石细粒，并整理弄平大理石细粒
清洗石粒	①定期更换所有大理石细粒 ②定期将大理石细粒浸入水中进行翻洗 ③将石粒放入清洁桶中，加入清洁剂或漂白水反复搓洗 ④将洗好的石粒晒干，晒干后及时放于指定地点备用

3．客用洗手间清洁

清洁洗手间应先准备好清洁液、清扫工具和客用品，如便器刷、玻璃清洁剂、洁厕剂、消毒水、干湿抹布、拖把及除臭剂等。清洁后的洗手间应干净、无异味、光鲜亮丽、备品（如擦手纸、卫生纸、洗手液等）供应充足。客用洗手间的清洁保养状况是饭店对外的一张名片，饭店应给予重视。其清洁保养工作包括下列几项内容：

(1) 按程序擦净面盆、水龙头、台面、镜面，并擦亮所有金属镀件。

(2) 将卫生间的香水、香皂、小方巾、鲜花等摆放整齐，并及时补充更换。

(3) 拖净地面，擦拭门、窗、隔挡及瓷砖墙面。

(4) 配备好卷筒纸、卫生袋、香皂、衣刷等用品。

(5) 检查皂液器、自动烘手器等设备的完好状况。

(6) 消毒洗手间，使之干净无异味。

(7) 定期洗刷地面及地面打蜡、清除水箱水垢、洗刷墙壁等。

饭店洗手间门后面都附贴一张“公共清洁维护记录表”，服务员在完成客用洗手间的清洁整理时，必须在表上填写记录，同时房务部主管例行巡察时，根据检查状况签名以示督导。

在饭店公共卫生间，服务员除了提供清洁服务外，还应提供对客服务，如为客人开关水龙头、递接小毛巾，主动开门送客等服务，详见表 4—21。

表 4—21　公共洗手间站岗跟踪服务细则

操作步骤	操作细则
欢迎客人	待客人距离洗手间 5 米时，服务人员须微笑着向客人打招呼，并指引客人至洗手间门口
开门	打开洗手间的门
洗手服务	帮客人打开水龙头，注意水不要开得太大，以免水溅到客人的身上，待客人洗完手后关掉水龙头，并递上纸手帕
拉开门	服务员站在门口外等候客人并送客
整理	及时补充纸手帕，并清理洗手间

4．餐厅、酒吧和宴会厅清洁

在对餐厅、酒吧和宴会厅进行清洁保养时，为了不影响客人的活动或不给客人留下不好的印象，清洁保养工作尽量安排在营业结束后或非营业高峰时间进行，所使用的工具要清洁美观，化学清洁剂应无刺激性气味等。其清洁保养工作包括以下几项：

(1) 清除餐桌、工作台等处的食物、酒水饮料等的残留物和污迹。

(2) 沙发、座椅除尘除迹。

(3) 地面除尘除迹,定期清洗、打蜡。

(4) 墙面除尘除迹。

(5) 灯具及装饰物除尘除迹。

(6) 金属器件除锈上光。

(7) 门、窗、风口处除尘除迹。

(8) 木质家具及装饰物打蜡保养。

(9) 植物花草清洁与养护。

(10) 除虫灭害。

5. 多功能厅清洁

多功能厅是饭店举办大型宴会、会议及其他大型活动的场所,应根据活动安排来做好清洁保养工作。其清洁保养工作包括以下几项:

(1) 活动前,对地面进行清洁保养,并协助有关部门布置场地。

(2) 活动中,客房部合理调配人力,保持场地清洁。

(3) 活动后,客房部协助有关部门恢复场地,并做必要的清洁保养工作。

(4) 定期对多功能厅进行全面彻底的清洁保养,如清洗地毯、清洁天花板及吊灯、墙面除尘除迹等。

6. 康乐场所清洁

饭店的康乐场所较多,各个康乐场所的营业时间、设施设备的配置及活动内容各有不同。因此,安排这些场所的清洁保养工作时必须考虑具体情况,并与相关部门协调配合,既要保证清洁保养的质量,又不能影响正常经营。

7. 后台区域清洁

饭店后台区域的清洁保养工作做得好坏,直接反映了饭店的管理水平,同时也能影响饭店员工的士气。后台的清洁保养工作应根据各个场所的功能用途、使用频率而定。

(1) 走道

服务员的走道通常是混凝土或砖石地面,日常的清洁保养内容主要包括:

1) 每天清除地面的垃圾杂物及污迹,但要注意防滑。

2) 定期洗刷地面,清除墙面的污迹。

(2) 服务员更衣室

服务员更衣室通常安排专人照看,其清洁保养工作的内容主要包括:

1) 保持地面清洁。

2) 清除垃圾杂物。

3) 收拾衣架并送布件房。

4) 整理长凳。

5）清洁浴室卫生间。

6）补充卫生用品。

7）家具设备的除尘除迹。

（3）办公室

办公室的清洁保养工作一般在上班前或下班后进行，中间方便的时候整理一次，清倒垃圾。

服务提示

对办公室进行清洁保养时要特别小心，防止文件丢失。有些办公室由于保密和安全的原因，清洁保养有特别安排。

8．虫害预防

虫害不仅会对饭店的设施设备及物品造成直接的损坏，而且还会污染环境、传播疾病、酿成事故。因此，除虫灭害是饭店一项不容忽视的重要任务。对虫害的预防应做好以下几项工作：

（1）切实搞好日常清洁卫生工作和计划卫生工作，消灭害虫滋生的条件。

（2）高度重视，专人负责。

（3）请专业人员杀灭害虫，消除害虫滋生的条件。

第七节　客房清洁质量控制

客房管理区域大、工作人员分散、时间性强，其卫生质量具有不易控制的特点。为保证客房卫生达到高质量、高标准的要求，客房管理人员应制定相应的标准、采取有效的措施、深入现场、加强督导检查，以保证客房的清洁质量。

一、客房清洁质量标准

客房清洁质量总的要求是：眼看到的地方无污迹，手摸到的地方无灰尘，房间优雅安静无噪声，卫生间空气清新无异味。客房的清洁质量标准，包括视觉标准和生化标准两方面。

1．视觉标准

视觉标准，即客人和员工凭视觉或嗅觉等感受到的标准。视觉标准因人而异，但许多饭店站在客人的角度，将客房清洁质量的视觉标准规定为“十无”和“六净”。

（1）十无

四壁无灰尘、蜘蛛网；地面无杂物、纸屑、果皮；床单、被套、枕套无污迹和破损；卫生清洁无异味；金属把手无污渍；家具无污渍；灯具无灰尘、破损；茶具、其他用具无污痕；楼面整洁，无“六害”（老鼠、蚊子、苍蝇、蟑螂、臭虫、蚂蚁）；房间卫生无死角。

（2）六净

四壁净、地面净、家具净、床上净、卫生洁具净、物品净。

2．生化标准

生化标准，即防止生物、化学及放射性物质污染的标准。生化标准往往由专业卫生防疫人员来定期或临时抽样测试与检验。客房清洁质量的生化标准包括：

（1）细菌标准

茶水具每平方厘米的细菌总数不得超过 5 个，脸盆、浴缸、拖鞋每平方厘米的细菌总数不得超过 500 个。卫生间不得查出大肠杆菌群。

（2）空气质量标准

一氧化碳含量每立方米不得超过 10 mg；二氧化碳含量每立方米不得超过 0.07%；细菌总数每立方米不得超过 2 000 个；可吸入灰尘每立方米不得超过 0.15 mg。氧气含量应不低于 21%。

（3）气候质量标准

夏天室内适宜温度为 22～24℃，相对湿度为 50%，适宜风速为 0.1～0.15 m/s。冬天室内适宜温度为 20～22℃，相对湿度为 40%，适宜风速不得大于 0.25 m/s。其他季节，室内适宜温度为 23～25℃，相对湿度为 45%，适宜风速为 0.15～0.2 m/s。

（4）采光照明质量标准

客房室内照明度为 50～100 lx，楼梯、楼道照明度不得低于 25 lx。

(5) 环境噪声允许值

客房室内噪声最高不得超过 40 dB，走廊噪声不超过 45 dB。

二、客房清洁质量检查标准

客房清洁质量的检查标准详见表 4—22。

表 4—22　　客房清洁质量检查标准

检查项目	检查标准
客房房门	①房门口灯光照明是否正常 ②门铃声是否清楚，“请勿打扰”指示灯的功能和亮度是否正常 ③门锁转动是否灵活，能否反锁，指示灯显示是否正常，锁孔是否清洁 ④开门时是否有噪声，门板有无变形，门框是否清洁完好，隔音胶带有无松弛现象 ⑤闭门器、门吸、门底封条是否正常 ⑥房号牌是否褪色、有无铜锈、有无水痕 ⑦窥视镜、防盗链是否完好 ⑧“请勿打扰”及“请即打扫”牌是否齐全 ⑨“安全通道指示图”是否清楚，所显示房间位置是否正确
衣柜	①衣柜门是否有积尘 ②衣柜灯是否正常 ③柜内壁纸有无污渍或脱胶现象 ④备用毛毯折叠是否规范 ⑤衣架种类、数量是否齐全 ⑥睡衣有无破损、是否干净 ⑦保险箱是否保持开启状态，动作是否正常，有无遗留物品 ⑧保险箱钥匙、衣刷等是否齐全，摆放是否规范
酒吧	①茶水具是否光亮、无积尘、无残缺 ②酒水架是否干净，洋酒有无挥发现象，摆放是否规范 ③电热壶是否把手朝右、外壳光亮 ④茶叶、酒水单、吸管、纸巾等是否齐全，摆放是否规范
行李柜、写字台、电视柜	①行李柜、写字台、电视柜是否无破损、无污渍 ②柜门、抽屉开关是否活动自如，把手是否牢固 ③杂志、文具等物品是否齐全，布置是否规范
茶几、沙发	①茶几面、沙发布面是否无破损、无污渍 ②沙发夹缝有无杂物 ③茶几上水果、餐具摆放是否符合规范，水果质量是否完好
床	①床铺是否美观 ②床上用品是否齐全 ③床上有无毛发 ④床脚 / 轮是否灵活稳固 ⑤床底有无杂物或遗留物品

续表

检查项目	检 查 标 准
床头柜	①床头柜控制板操作是否正常 ②音响的音质是否正常 ③钟表时间是否准确，走客房有无取消闹钟功能 ④夜灯是否正常 ⑤环保卡、请勿吸烟提示卡、便笺纸夹放置是否规范 ⑥床头柜四周有无杂物或遗留物品 ⑦电话号码本有无随意涂画或欠缺现象
冰箱	①冰箱内外是否干净，运转是否正常，温控是否调节合适 ②饮料摆放是否规范，是否在保质期内 ③饮料的数量、品种是否齐全
空调	①进出风口是否有噪声，是否藏有灰尘 ②空气是否清新
电视机	①电视机（遥控器）操作是否正常 ②电视机图像、音质及大小是否正常 ③是否调在固定频道上，长住房有无按客人习惯设置 ④开关是否处于关闭状态而非待机状态
灯具	①灯泡有无积尘 ②瓦数是否规范 ③灯罩是否清洁 ④接缝处是否朝内
电话机	①电话机是否清洁无异味，摆放是否规范 ②讯号灯有无故障，走客房有无取消留言灯 ③电话线是否收拾整齐 ④铃声音量是否调在中档
电源插座	①有无松动现象 ②能否正常使用 ③各种电器是否插在规定位置
天花板	①有无裂缝、起水泡或发霉现象 ②墙角有无灰尘及蜘蛛网 ③消防器材是否正常
墙壁	①墙纸和墙脚线是否有灰尘，有无发霉、破裂现象 ②壁画及镜子位置是否端正，表面是否清洁
地毯	①地毯是否干净、平整、无破损 ②边角位有无铁钉外露 ③是否无烟痕、压痕和脚印
垃圾桶	①垃圾桶是否套上塑料袋 ②垃圾是否倒尽 ③桶内外是否清洁

续表

检查项目	检 查 标 准
卫生间房门	①门锁转动是否灵活，是否能够反锁 ②开门时是否有噪声，门的表层有无破损及弯曲现象 ③门框及百叶是否有积尘 ④门后挂钩及防撞是否松脱
云台	①台面是否整洁 ②洗脸盆内是否干净，排水是否正常 ③水龙头是否光亮，出水是否正常 ④皂碟是否有残存皂迹 ⑤绿色植物有无枯黄现象
浴缸	①是否干净，有无水珠、毛发，排水道是否畅通 ②边角的玻璃胶有无发霉现象 ③浴帘杆、浴缸扶手是否牢固 ④防滑垫是否干净 ⑤水龙头及淋浴喷头出水是否均匀，喷淋头高度调整是否合适，方向是否朝内避免直接喷射 ⑥晾衣绳是否伸缩自如 ⑦所有金属部件是否光亮 ⑧浴帘是否擦干，有无发黄、发霉现象
淋浴间	①淋浴间门开关是否自如 ②玻璃是否光亮 ③墙面砖及地板是否干净，排水是否畅通 ④淋浴喷头出水是否正常
便器	①便器坐板及盖子是否清洁，掀合是否灵活 ②便器内、外壁有无污迹 ③水箱按钮是否过紧或过松，排水是否正常，有无噪声
镜子	①有无破裂或水银发花现象 ②镜框玻璃胶有无发霉现象 ③镜面是否干净 ④化妆镜移动是否自如无噪声
照明	日光灯及筒灯是否正常
电话分机	是否清洁卫生，音量是否适中
抽风机	①风口及外壳是否清洁 ②运转是否正常无噪声
电吹风	①运转是否正常 ②调风量是否正常 ③风筒外壳及软管是否干净

续表

检查项目	检 查 标 准
卫生间用品	①数量、种类是否齐全 ②是否按规范摆放 ③漱口杯是否光亮无缺口
卫生间天花板	①是否平整无污渍 ②有无脱胶、脱漆现象
卫生间墙壁	①墙面砖是否光亮、无污渍、无毛发 ②砖缝水泥有无脱落、发黑 ③砖面有无裂缝现象 ④挂画是否端正、无积尘
卫生间地面	①有无毛发及污迹，有无磨损、破裂、腐蚀现象 ②下水道是否清洁、通畅、无异味

三、客房清洁质量检查方法

对客房清洁质量的检查实行逐级检查制度。客房的逐级检查制度主要是指对客房的清洁卫生质量检查实行服务员自查、领班全面检查和管理人员抽查的检查制度。

1．服务员自查

服务员自查是指服务员在整理每间客房的过程中和结束后，应对客房的设备完好情况、物品的布置、清洁卫生状况做自我检查。

为了保证服务员的自我检查落到实处，帮助每位服务员养成自查的良好习惯，饭店应在客房的卫生清扫程序中明确规定自查的内容与要求。

服务员养成自查的习惯，不仅能加强服务员的工作责任心和服务意识，提高客房清扫整理工作的合格率，而且能减轻领班查房的工作量。

2．领班全面检查

领班全面检查是指领班对所负责区域内的每间客房进行全面检查，并保证质量合格。领班查房是服务员自查之后的第一道关，也往往是最后一道关，经过领班检查合格后的 OK 房可经总台向客人出租。因此，领班的责任重大，需由训练有素的员工来担任。为加强领班的监督职能，防止检查流于形式，一般情况下，楼层领班应专职负责楼层客房的检查和协调工作。

领班实行全面检查具有拾遗补阙、帮助指导、督促检查和控制调节的作用。

通常，领班应对其所负责的全部房间进行普查，并填写“楼层客房每日检查表”。但有的饭店领班负责的工作区域较大，工作量较大，这种情况下领班每天至少应检查90%以上的房间。日班领班每天一般要检查80～100间客房，而夜班领班的工作量一般为日班领班的两倍，其检查的重点是对其负责区域的每一间空房、夜间清洁完毕的走客房以及维修房进行检查，同时抽查夜床服务情况，负责对楼面公共卫生、安全情况以及夜班服务员工作状况进行检查。

领班查房时如发现问题，要及时记录并加以解决：对不合格的项目，应开出做房返工单，令服务员返工，直至达到质量标准；对于业务不熟练的服务员，领班查房时要给予帮助和指导；对于服务员在工作中违反规程、消极怠工等现象应给予及时的制止和纠正。

服务提示

表4—23　日班领班查房类型

日班领班必查的房间类型	日班领班抽查的房间类型
①已列入预订出租的房间 ②整理完毕的走客房 ③空房 ④ VIP房 ⑤维修房 ⑥外宿房	①住客房 ②对优秀员工所负责清扫的房间，以示鞭策和鼓励

3．管理人员抽查

管理人员抽查是指主管抽查和经理抽查。

客房主管是客房清洁卫生任务的主要指挥者。加强服务现场的督导和检查，是客房主管的主要职责之一，也是对领班工作的一种监督和考查。楼层主管抽查客房数量一般为领班查房数量的15%～20%，重点检查VIP房、长住房、OK房、住客房、维修房和计划卫生的大清洁。主管在查房的同时，还应对客房楼层公共区域的清洁及员工的劳动纪律、礼貌礼节、服务规范进行检查，确保所管理区域的正常运转。

客房部经理每天应拿出1/2以上的时间巡视楼面和抽查一定数量的客房，特别注意对VIP客房的检查。其检查房间的重点是房间清洁整理的整体效果、服务员的整体水平，以及是否体现了自己的管理意图。同时，客房部经理还应定期协同饭店其他有关部门经理如房务总监和工程部经理等对客房内的设备进行检查。

饭店总经理也要定期或不定期的亲自抽查客房，或派大堂副理或值班经理代表自己进行抽查，以控制客房的服务质量。

四、客房清洁质量控制方法

1．实行表格化管理

饭店根据其等级、规模以及管理者的管理风格，设计使用各种不同类型的表格。客房控制清洁质量相关的表格有如下几种。

（1）客房服务员工作单（见表 4—3）

1）使用方法

①客房服务员每人领一份工作报表。

②表上写有待清洁整理的房号、客房状况及要求完成的其他工作内容，包括计划卫生项目和重点及优先清洁整理的房号。

③客房服务员在工作中要随身携带工作表，一般置于工作车上指定的地方，每清理完一间客房都应按表格要求填写相关内容，准确登记进出房的时间、布件更换的数量及客用品的补充情况。

④领班或主管在巡查时，应随时了解工作表上反映的情况，以便及时处理和检查。

⑤下班时，客房服务员将填好的工作表与钥匙一起上交领班。

⑥工作表单经过领班或主管的检查、审核、整理后，呈送客房服务中心存档。

2）作用

①用于领班给客房清洁员分派工作任务。

②及时添补用品，控制物品消耗，保证客人需要。

③如实反映客房状态。

④作为处理意外情况的凭据。

（2）房务报表（见表 4—24）

表 4—24　　客房服务员房务报表

楼层__________　日期__________　时间__________　AM PM　姓名__________

房号	住客房	空房	外宿房	住客数	行李数	不能进房	维修房	备注
01								
02								
03								
…								

1）使用方法

①每天早班客房服务员上班后及傍晚做夜床时各查一次客房状况。

②除“请勿打扰房”之外，如果每房必查，则需由客房服务员一一填写，然后由领班将其管辖区域楼层的报表交到客房服务中心。

③若只查空房、维修房及走客房，则由领班填写。

④设立楼层服务台，上班实行三班倒的饭店由专职台班人员填写。

⑤每份报表一式两份，一份送前台，另一份存档。设立客房服务中心的饭店，由客房服务中心汇总各楼层情况并填写。

2）作用。核实客房状况，通报最新房态信息。

（3）客房周期清洁表或计划卫生表（见表 4—25）

表 4—25　　客房周期清洁表（计划卫生表）

楼层　　日期安排

项目 / 姓名、房号 / 日期	地毯	墙面	卫生间	家具	窗户	小酒吧	备注

客房周期清洁表或计划卫生表的作用，在于使平时不易清理彻底的项目和需定期保养的设备家具都能在固定时限内完成，同时也为工作安排和检查督促提供依据。

（4）领班查房表（见表 4—26）

表 4—26　　领班查房表

AM　　清扫员__________　__________

日期__________ PM　　__________　__________

领班__________　　__________　__________

楼层	房号	状况	床位	时间	检查记录	楼层	房号	状况	床位	时间	检查记录	借用物品	房号
	01						01					加床	
	02						02					婴儿床	
	03						03					枕头	

续表

楼层	房号	状况	床位	时间	检查记录	楼层	房号	状况	床位	时间	检查记录	借用物品	房号
	04						04					毛毯	
	05						05					电吹风	
	06						06					插座	
	07						07					椅子	
	08						08						
	09						09					贵宾	
	11						11					病客	
	12						12					特殊客人	
	13						13					特殊服务	
	14						14					长住客	

1）使用方法

①在客房服务中心领到领班查房表后，领班应首先了解本区段客房的状况并在表上作相应的标记。

②根据服务员的工作进度确定检查顺序并及时检查，随查随记。

③确保每间必查房被查到，并尽快申报 OK 房。

④下班时将全部项目填写完毕，交客房服务中心或办公室，保存期通常为一年。

2）作用

①可以作为工作凭证，防止忙中出错。

②饭店考核服务员的依据。

(5）客房返工单（见表 4—27）

表 4—27　　客房返工单

房号__________　日期__________　姓名__________

请完成下列工作

完成后请交还，谢谢！

1）使用方法

①此表为空白式返工单，具体列项可视客房情况设计，也可临时填写。

②将检查不合格的较大的漏项列出或圈出，交服务员补漏。

③小的漏项，领班可及时补漏，但若重复出现，应返工并追究原因。

④完成后，服务员将此单交还领班。

⑤领班凭此单进行复查。

⑥保留返工单，备查。

2）作用

①指示服务员该补做的项目。

②业务评估的依据。

（6）客房维修意见表（见表4—28）

表4—28　客房维修意见表

（饭店名称）

维修意见

ROOM MAINTENANCE

亲爱的来宾：

欢迎您入住本店。为了给您提供更为舒适、满意的居住条件，烦请就我们维修工作中所忽略之处提出宝贵的意见，并祝您居住愉快！

Dear Guest:

Welcome to our hotel. In order to offer you a better atmosphere, please leave us your valuable advice in the reparing progress. Wish you a happy stay.

房号（Room NO.）____________　日期（Date）____________

____

____

____

多谢拨冗相助，并请将此单交往前台，以便尽快得以解决。

Please leave at Front Desk for prompt action.Thank you for your time.

1）使用方法

①此表一式两份，最好采用无碳复写纸。

②客人填写后可交总台或留房中，也可直接交给客房中心。

③接表后立即查实。

④一份送工程部，一份留在客房部，其他程序与维修单相同。

2）作用

①让客人有机会发表意见，可弥补饭店工作的不足。

②让客人感到饭店对其住房状况的重视。

（7）维修单（见表 4—29）

表 4—29 ××饭店工程维修单

NO.0001498 年 月 日

<table>
<tr><td>申请单位</td><td></td><td>申请时间</td><td></td></tr>
<tr><td>申请人</td><td></td><td>填单时间</td><td></td></tr>
<tr><td>报修项目</td><td colspan="3"></td></tr>
<tr><td>负责派工人</td><td></td><td>派工时间</td><td></td></tr>
<tr><td>维修工</td><td></td><td>出修时间</td><td></td></tr>
<tr><td>维修内容</td><td colspan="3">维修区域：______________________
____
维修项目描述：______________________
____
维修完成情况：______________________
____
______________________</td></tr>
<tr><td>领料人</td><td></td><td>发料人</td><td></td></tr>
<tr><td>材料名称</td><td></td><td>数量</td><td></td></tr>
<tr><td>单价</td><td></td><td>金额</td><td></td></tr>
<tr><td>材料名称</td><td></td><td>数量</td><td></td></tr>
<tr><td>单价</td><td></td><td>金额</td><td></td></tr>
<tr><td>材料名称</td><td></td><td>数量</td><td></td></tr>
<tr><td>单价</td><td></td><td>金额</td><td></td></tr>
<tr><td>总计金额</td><td colspan="3"></td></tr>
<tr><td>维修开始</td><td colspan="2">日期________时间________经手人________</td><td rowspan="3">备注</td></tr>
<tr><td>维修完工</td><td colspan="2">日期________时间________经手人________</td></tr>
<tr><td>验收合格</td><td colspan="2">日期________时间________经手人________</td></tr>
</table>

1）使用方法

①本单一式三份：两份送工程部，一份留底。有的饭店一式四份，即再送一份给质检部，以便协调和督促。

②紧急情况可先电告工程维修部再补单，但需在单上注明联系人与时间。

③客房中心每天汇总客房维修单，并每周送一份给工程部，每月制作一份维修报表呈总经理。

④如果维修项目迟迟不见回音，客房部经理则应与工程部经理定期协调，以求得解释并采取相应的协调措施。

2）作用。通知工程部维修项目及备查。

（8）综合查房表（见表 4—30）

表 4—30 综合查房表

房号__________

部位 \ 状况		完好	清洁	更换	油漆	维修	遗失	备注
客房	门里面							
	门外面							
	门把手							
	门锁							
	门开关							
	门框							
	门窥视镜							
	门安全链							
	门位置							
	门房价卡							
	门疏散图示							
	电灯开关							
	门碰（定门器）							
	空调器外部							
	空调器里面							
	空调开关							
	空调器滤网							
	壁柜外面							
	壁柜里面							
	壁柜底面							
	壁柜横杆							
	壁柜衣架数量							
	行李架							
	活动行李架							
	床头柜及抽屉							

续表

部位 \ 状况		完好	清洁	更换	油漆	维修	遗失	备注
客房	铺床规范							
	床罩							
	毛毯							
	枕头							
	床垫衬							
	床垫							
	床垫布							
	床架							
	床头板							
	电话机留言灯							
	电话机除臭剂							
	电话机键盘标识图							
	电话线							
	电话机听筒轮线							
	电话机功能							
	总开关							
	扶手椅架							
	扶手椅饰布							
	台灯							
	画框							
	窗帘位置							
	窗帘外观							
	窗帘拉线和轨道							
	窗框							
	窗台							
	电视机							
	电视机 / 收音机							
	电视机架（柜）							
	写字台和抽屉							
	镜子							
	靠背椅饰布							

续表

部位	状况	完好	清洁	更换	油漆	维修	遗失	备注
客房	靠背椅框架							
	废纸篓							
	梳妆台和抽屉							
	地毯（特别是床下）							
	踢脚线							
	天花板							
	灯瓦数							
	灯位置							
	灯清洁							
	灯罩							
	灯接触							
	家具位置正确							
	电线隐蔽							
	霉湿							
	气味							
	连通间锁定							
卫生间	门外部							
	门内部							
	门框架							
	门碰							
	门挂钩							
	门疏散图示							
	垃圾桶							
	电源插座							
	镜子							
	搁架							
	电灯							
	梳妆台							
	洗脸池							
	塞子清洁							
	塞子有效							

续表

部位 \ 状况		完好	清洁	更换	油漆	维修	遗失	备注
卫生间	龙头清洁							
	龙头出水							
	毛巾架							
	面巾纸盒							
	手纸架							
	挂钩							
	便器冲水							
	便器座沿							
	便器座基							
	便器厕盆							
	风孔							
	浴帘							
	浴帘杆							
	浴帘钩							
	晾衣绳							
	浴缸清洁							
	浴缸状况							
	浴缸防滑							
	浴缸龙头							
	浴缸拉手							
	浴缸塞子							
	浴缸淋浴器							
	浴缸毛巾架							
	浴缸墙壁							
	浴缸地面							
	浴缸天花板							

日期＿＿＿＿＿　检查者＿＿＿＿＿

作用：供客房部经理作“白手套”式检查，以及会同工程部经理作定期全面检查。

2．发挥客人的监督作用

客房卫生质量的好坏，最终取决于客人的满意程度。所以，搞好客房清洁卫生管理工作，要发挥客人的监督作用，满足客人的需求，重视客人的意见和反映，有针对性地改进工作。

（1）客房设置“宾客意见表”

客房部在客房放置“宾客意见表”，以征询客人对客房卫生、客房服务以及整个饭店的主要服务项目的意见和评判。意见表的设计应简单易填，要统一编号，及时汇总，以此作为考核服务员工作好坏的依据。

（2）拜访客人

客房部经理定期或不定期地拜访住客，及时发现客房服务中存在的问题，了解客人的需求，便于进一步制订和修改有关清洁保养的标准和计划。

（3）邀请第三者检查

饭店可聘请店外专家、同行、住店客人，通过明查或暗访的形式，检查客房的清洁卫生质量乃至整个饭店的服务质量。这种检查看问题比较专业、客观，能发现一些饭店自己不易觉察的问题，有利于找到问题的症结。

3．严格考核

对客房楼层的服务员及其工作进行严格的考核，是客房清洁保养质量管理的又一重要措施。考核的方法是量化考核，即考核结果要量化，并将考核的结果与工资奖金的分配挂钩，奖优罚劣。考核要公开、公平、公正，考核的结果要及时公布，定期汇总，落实兑现。负责考核的人员要大公无私、高度负责。

五、客房清洁质量操作标准

1．进房次数

进房次数是指服务员对客房的清扫整理次数，是客房服务规格高低的一个重要标志。因客房进房次数与客房成本成正比，与客人被打扰的机率也成正比，因此各饭店会根据本饭店的档次、住客的习惯和需求、成本费用标准确定进房次数。就我国目前情况而言，一般应以二进房制为主，即全面清扫整理和做夜床。对 VIP 客人和住豪华房间的客人，可实行跟进制。

2．布置规格

布置规格是对客房设备用品的布置要求。饭店应用图文的形式对客房内的家具设备，用品的品种、数量和规格，以及摆放的位置和形式做出统一的规定。布置规格应讲求美观、实用、简洁，方便操作，方便客人使用。

3．工作定额

工作定额是指一名经过培训合格的客房服务员，每天应打扫的房间数量或打扫某一类客房时所需要的时间。工作定额太高，会影响到卫生清扫的质量；工作定额太低，又不能充分发挥员工的工作能力，易让员工形成惰性。合理的工作定额，应综合考虑影响客房工作定额的因素。

（1）卫生班服务员工作性质

有的饭店的客房卫生工作由专职服务人员来承担，有的饭店卫生班的服务人员还要兼做其他的工作。给后者制订工作定额时，就应考虑其他工作所占用的时间。

（2）质量标准

工作定额与质量标准成反比。

（3）客房分布

客房的分布情况对定额标准也是有一定影响的。从节约时间、提高功效的角度考虑，最好不要让员工跨楼层清扫客房。因此，饭店在对楼层进行设计时，就要考虑到这一问题。并且在日常运行中，在人员安排和任务分配时尽可能使服务员清扫整理的客房相对集中，最好不要跨楼层。

（4）客人素质

住客的来源与类别、身份地位、生活习惯都会影响客房的清洁卫生状况及清扫整理工作的难易，从而影响清扫整理的时间和速度。

（5）服务员素质

服务员有无接受过良好的培训、是否爱岗敬业、有否掌握熟练的操作技能等直接影响其工作效率和工作质量。

（6）劳动工具配备

劳动工具是否齐全、精良，在很大程度上影响着员工的工作效率。

思考与练习

1. 客房服务员在打扫卫生时应遵循哪些规定？
2. 简述走客房的清扫程序。
3. 如何做好住客房的大整理？
4. 晚间开床时应注意哪些问题？
5. 茶水具、酒具的消毒要求与方法有哪些？
6. 什么叫计划卫生？常见的计划卫生专项有哪些？
7. 什么叫公共区域？如何做好大堂的清洁保养工作？
8. 客房卫生质量的检查标准是什么？

第五章 对客服务工作

客人住店期间，不仅要求客房清洁、舒适，还要求饭店提供相应的服务。因此，针对各类客人的特点和需要，面对面地为客人提供服务，满足客人提出的合情合理的要求，是客房服务的主要内容之一。

学习目标

☆熟悉客人的类型及服务建议。

☆了解对客服务的模式。

☆掌握对客服务项目的服务程序与注意事项。

☆掌握 VIP 客人的接待服务。

☆了解客人投诉的原因，熟悉处理客人投诉的流程和方法。

☆掌握对客服务中其他常见问题的处理。

☆了解个性化服务的表现形式。

第一节　客人类型及服务建议

饭店的客人来自世界各地和社会各个阶层，不同的个性、身份地位、文化修养、兴趣爱好、生活习惯、风俗习惯、社会背景、宗教信仰等，使得他们对饭店的服务要求各不相同。为了更好地向他们提供针对性服务，饭店客房服务员应在详细了解各类客人的生活特点及对服务的特殊需求的基础上，研究相应的服务方法。

饭店的客人按照不同的标准，可划分为不同类型的客人。常见的客人分类方法有如下几种。

一、按个性特点划分客人

1．普通型客人

普通型客人具有通情达理、宽容随和等特点，服务员应按标准程序向其提供服务。

2．社交型客人

社交型客人具有见多识广、老于世故、善于辞令、爱挑剔等特点。服务员应注意与其保持相应的交往尺度，掌握谈话的技巧，向其提供耐心、细致、周到的服务。

3．温柔型客人

温柔型客人具有个性温和、举止文雅、乐于助人、对客房的装饰布置及卫生要求较高等特点。服务员应勤打扫客房，让其客房时刻保持整洁、美观。提供服务时，服务员应态度和蔼，并注意说话的语音语调。

4．开放型客人

开放型客人具有性格豪放、形于言表等特点。服务员应随时满足客人的合理需求，但要有较强的自我保护意识；与客人交谈时，要多听，但不应随便答应客人的要求；如果遇到不能处理的问题，应及时向上级汇报。

5．自大型客人

自大型客人具有高傲、目中无人、以自我为中心等特点。服务员为其提供服务时，应快速准确、有礼有节、不卑不亢、灵活应对；遇见客人对服务不满时，不应做过多的解释，而应迅速采取弥补措施。

6．固执型客人

固执型客人具有固执己见、做事欠考虑等特点。服务员为其提供服务时，应做好引导性工作，以免与客人发生争执；遇见客人对服务不满时，应事先说明原因，并向客人提供解决问题的建议。

7．散漫型客人

散漫型客人具有自由散漫、遇事犹豫、难下决心、容易忘事等特点。服务员应向其多提供细致、耐心的服务。

8．急躁型客人

急躁型客人具有性情急躁、行动迅速、粗心大意等特点。服务员为其提供服务时，应快捷准确；与其交谈时，要简明扼要、紧扣主题。

9．轻浮型客人

轻浮型客人具有喜欢接触异性、夸夸其谈、做事欠考虑、缺乏诚意等特点。服务员应保证满足此类客人的合理要求，但要有较强的自我保护意识，发现异常情况及时向上级汇报。

10．排他型客人

排他型客人具有少言寡语、不易沟通、固执、有主见等特点。服务员为其提供服务时，应尽量避免与客人闲谈，及时满足客人需求，并关注客人与周围人的关系。

11．寡言型客人

寡言型客人具有少言寡语、性格孤僻、观察细致、有主见等特点。服务员为其提供服务时，应认真听取客人意见，按其需求高质量地完成服务工作；随时征求客人的意见，及时与其沟通。

12．健谈型客人

健谈型客人具有见人就熟、逢人就聊等特点。服务员为其提供服务时，不应主动提出话题；耐心听取客人的服务需求，尊重客人，并及时采取行动；当客人的话语过多时，以适当的形式和方法暗示客人。

13．健忘型客人

健忘型的客人具有记忆力差、易忘事、反应迟钝、表述能力较差等特点。服务员为其清扫客房时，不要移动客人的物品；对其提出的要求一定要按时完成并做好记录；平时注意多提醒客人设施的服务时间和地点。

14．浪费型客人

浪费型的客人具有讲排场、爱面子、善于交际、好自我表现等特点。服务员为其提供服务时，注意维护客人的面子，向其推荐较高档的客房，为其安排有工作经验的员工，向其提供快捷、周到、细致的服务。

二、按旅游动机划分客人

1．观光旅游型客人

（1）特点

1）以游览为主要目的，对自然风光、名胜古迹最感兴趣。

2）最大的需求是住好、吃好、玩好。

3）喜欢购买旅游纪念品。

4）喜欢照相。

5）多为团队客人，集体活动较多。

（2）服务建议

1）时刻准备回答客人问讯，提供购物、饮食、游览等信息。

2）提供周到叫醒服务、客用保险箱服务、天气预报服务、熨烫服务和冲洗照片服务等。

3）应根据其进出店时间，注意做好早晚服务工作。

2．商务旅游型客人

（1）特点

1）对饭店的商务设施、健身娱乐设施和服务要求较高，喜欢利用业余时间进行各项健身活动。

2）喜欢高档的单间客房，同时希望房间的布置具有个性化。

3）消费水平较高，希望饭店能提供快速、高效、个性化的服务。

4）常常要早出晚归。

5）房内的文件较多，且要求严格保密。

6）客人对当地工艺品、土特产、文物复制品、饮食、名胜古迹较感兴趣。

（2）服务建议

1）客房商务设备齐全，房间内配备一定种类的杂志、报纸。

2）客房应保持安静，能够有效保护客人隐私。

3）饭店能及时为客人提供个性化服务，如熨烫服务、委托代办服务、送餐服务、迷你吧酒水服务、贴身管家服务等。

4）时刻准备回答客人问讯，提供购物、饮食、游览等信息。

3．疗养旅游型客人

（1）特点

1）具有旅游、看病或疗养、休假等多重外出目的。

2）对自然风光、保健食品感兴趣。

3）喜欢安静，活动有规律，住店时间较长。

4）一般希望起居方便，能够得到热情周到的照顾。

（2）服务建议

1）主动询问他们的需求，随时提供满意的服务。

2）保证客房清洁、舒适、安静。

4．休闲度假型客人

（1）特点

1）一般住店时间相对较长，消费水平较高。

2）比较喜欢房间布置得有家居氛围。

3）服务要求比较多，洗衣、客房送餐、小酒吧、委托代办、托婴服务等均会出现。

4）喜欢丰富多彩的娱乐项目，喜欢同服务员打交道。

5）需要一个轻松自由的休闲环境。

（2）服务建议

1）尽量满足客人的各项正当需求。

2）服务员的服务要热情随和，灵活多变。

3）多给他们提供娱乐、购物等信息。

4）保安工作内紧外松、保证给客人提供一个轻松自由的休闲环境。

5．蜜月旅游型客人

（1）特点

1）希望房间干净、卫生、僻静，不受干扰。

2）喜欢拍照。

3）对当地的风味食品及旅游纪念品感兴趣。

（2）服务建议

1）尽量为他们安排“蜜月房”，房间要宽敞明亮、清洁卫生、舒适方便。必要时，按照客人的要求和风俗习惯布置好“洞房”。

2）房间布置要气氛热烈、美观、大方。

3）向新婚客人赠送礼品。

4）时刻准备回答客人问讯，提供购物、饮食、游览等信息。

5）客房服务员要热情有礼，能发自内心地向客人表示祝贺。

6．会议旅游型客人

（1）特点

1）人数较多，活动集中，住店时间较长，有较强的规律性。

2）会议设施使用率高。

3）客房服务任务重，要求严格。

4）多属公司高级职员、高级知识分子或政府官员，客人身份地位较高，有专长。

5）会议间隙或晚上有娱乐的需求。

（2）服务建议

1）分房要根据主办单位要求，尽量集中在同一楼层或按照组别安排房间。

2）会议期间，要分派有关人员和客房班组专门负责，妥善安排好会议室或会场出租。

3）要根据人数和需要，安排好茶水，放好桌椅，布置好主席台，做好通讯和扩音机设备工作，清扫整理好会议室。

4）两次会议间隙，要做好清扫工作，保持会议室整洁整齐。

5）客房布置打扫要及时，保证茶水供应和房间整洁，室内信封、信纸、圆珠笔或铅笔要保证供应，便于客人会议期间使用。

6）会议客人有午睡的习惯，客房服务员要做好午睡后客房小整理工作。

7）客人用过的会议文件和抄件要严格保密，不得随便乱翻乱动。如果客人在会议室或客房签订合同，服务员要事先布置好场所，主动增添桌椅。

8）主动向他们提供娱乐活动的信息。

9）多向他们介绍当地的名胜古迹、旅游纪念品（包括工艺美术品、文物复制品）和其他高档商品。

10）客人离店查房要迅速。妥善处理客人的遗留物品。

11）准确掌握参加会议的客人的信息。

会议结束，客人几乎在同一时间回到房间，此时，服务要求较多。因此，设客房服务中心的饭店最好能提供短时的楼面值台服务，对回到楼层的客人以示欢迎，同时回答客人的问询，并应客人的要求，为客人提供各项服务。

7．奖励旅游型客人

（1）特点

1）客人层次较高，对饭店的设备、设施和服务都有较高的要求。

2）客人住宿时间较长，综合消费高。

（2）服务建议

1）较高的服务素质，向客人提供体贴、细致的个性化服务。

2）较强的语言沟通能力，外语水平较高。

三、按年龄划分客人

1．青年旅游型客人

（1）特点

1）客人活泼、热情、精力充沛，容易接受新事物。

2）消费能力有限，对饮食和住宿条件要求不高。

3）以参观游览为主要目的。

（2）服务建议

1）客房服务的速度要快。

2）要能及时正确地回答他们的各种问题。

2．中老年旅游型客人

（1）特点

1）动作迟缓，行动不便。

2）消费水平高，要求舒适、安静。

3）对服务要求高，爱挑剔，希望饭店的服务热情、周到、亲切。

4）客人有闲暇时间和金钱，喜欢旅游和购物。

（2）服务建议

1）客房应宽敞，明亮、安静。

2）服务要耐心、细致、周到，能随时满足客人的需求。

3）时刻准备回答客人问讯，提供购物、饮食、游览等信息。

第二节　对客服务模式

目前，我国饭店客房所采用的对客服务模式有楼层服务台、客房服务中心、贴身管家式服务和自助式服务，接下来对其一一进行介绍。

一、楼层服务台

楼层服务台是指饭店在客房区域各楼层设立的服务台，又称楼面服务台。它是我国客房传统的对客模式，目前已经越来越多的饭店淘汰了这种对客服务模式。

1．楼层服务台功能

（1）服务中心

楼层服务台是为本楼层的客人提供服务的基地，其主要的服务内容有：

1）迎送客人。楼层服务台负责迎接每一位入住本楼层的新客人，向他们介绍客房的设施设备及饭店的服务项目；负责欢送本楼层的每一位离店客人，并协助客人提拿行李。

2）提供各项接待服务。应客人的要求，为客人提供各项接待服务，如茶水服务、访客服务等。

3）处理客人的各项委托代办服务。受理并认真处理客人住店期间的各项委托代办事项，如洗衣服务、叫醒服务、客房用餐服务、物品代修服务等。

（2）联络中心

楼层服务台是客房部与饭店其他部门的联络中心，它要经常与饭店的其他部门发生联系。

1）与总台的联络。一般情况下，客人办理入住与离店手续，楼层服务台与总服务台之间应互通情况；楼层服务台与总服务台之间每天至少要进行三次房态核对，以保证客房的正常出售；此外，客人住宿进房、住宿条件、住宿人数等的变动以及行李的进出、会客等情况，楼层服务台均应与总台及时取得联系。

2）与工程部的联络。当客房设施发生损坏或出现故障时，楼层服务台负责向工程部报修，使“OOO”房尽快恢复正常。

3）与洗衣房的联络。送洗衣房洗涤的客房布件和客人的衣服，都必须在洗衣房与楼层服务台之间做好交接记录。

4）与餐饮部的联络。客人需要在客房用餐时，有时会直接向楼层服务台提出，此时，楼层服务台应及时通知餐饮部，协助做好客房送餐工作。

（3）安全中心

在楼层设立楼层服务台，有助于消除安全隐患。楼层服务台可妥善保管客房钥匙；便于客房服务员随时掌握客人的动态，记住客人的姓名、特征和房号；可做好访客的接待和登记工作；便于密切关注楼层动静，及时发现走廊可疑人物和火灾隐患等。

2．设置楼层服务台的优点

（1）亲切感

这是楼层服务台最为突出的优点，也是最能体现、最能代表“中国特色”的对客模式。楼层服务台为客房服务员提供了更多地与客人直接面对面接触的机会，有利于服务员与客人进行情感交流，容易使客人产生“宾至如归”感。

（2）服务更加方便、热情和周到

作为为本楼层客人提供服务的基地，楼层服务台能够随时解决客人的各种不便，能处理客人提出的各种随机性服务要求。客人有什么疑难问题需要帮助，一出门就能找到服务员，极大地方便了住客。

（3）能够有效地保障楼层安全

楼面服务台一般位于电梯出入口的位置，能综观整个楼层的情况。服务台24小时有人值班，可以随时观察楼层动静，因此，在一定程度上保障了楼层及客人的安全。

3．设置楼层服务台的缺点

（1）劳动力成本高

楼层服务台一天24小时安排值班，人力花费较多，劳动力成本高。在劳动力成本日益昂贵的今天，这成为许多饭店淘汰这种对客模式的主要原因。

（2）管理点分散，服务质量较难控制

楼层服务台分布在各个楼面，势必会加大管理者的管理幅度。若服务员的素质参差不齐，就很难控制饭店整体的对客服务质量。

（3）让部分客人有受监视的感觉

西方客人不习惯于楼层服务台的对客模式，感觉受到了监视，认为是对客人隐私权的侵犯。正是由于此原因，欧美等国家的大部分饭店都不设置楼层服务台，而是采用客房服务中心的对客模式。

二、客房服务中心

客房服务中心是一种从国外引进的对客模式，客房服务中心配备值班员，负责客房对客服务工作的联络协调。客人需要服务时，可用客房内的内线电话通知客房服务中心，值班员进行详细记录，并通过对讲机迅速将客人的需求通知楼层服务员，服务员则根据有关要求和标准完成对客服务工作。客房服务中心大多24小时运行。

1．客房服务中心功能

（1）信息处理

初步处理有关客房部工作的信息，保证有关问题能及时得以解决或分拣、传递。

（2）对客服务

客房服务中心统一收取客人所需的服务信息，并通过对讲机等现代化手段，向楼层服务员发出服务指令。即使客房服务中心不能直接为客人提供有关服务，也可以通过调节手段来达到这一目标。

（3）员工出勤控制

所有客房部的员工上、下班都必须到客房服务中心签到。这既方便了考核和工作安排，又有利于加强员工的团队意识。

（4）钥匙管理

客房服务中心统一签发、签收和保管客房部用于清洁整理客房的工作钥匙。

（5）失物处理

客房服务中心统一负责客房部的失物保管与认领工作。

（6）档案保管

客房服务中心保存着客房部所有的档案资料，并必须作及时补充和更新整理，这样有利于客房部保持有关档案资料的完整性和连续性。

（7）投诉处理

接受客人的投诉，并及时进行处理和汇报。

（8）保持与其他部门的联络

客房服务中心是客房部与其他部门的联络中心，负责与业务相关部门如前厅部、餐饮部、工程部的业务联络。

2．设置客房服务中心的优点

（1）营造自由、宽松的入住环境

从对客的服务角度来看，这是客房服务中心最为突出的优点，它减少了对客人过多的干扰。

（2）让客人享受到“特别的爱给特别的你”的服务

客人提出的要求由专门的服务人员上门服务，能让客人感受到更多的个人照顾，符合当今饭店服务行业“需要时服务就出现，不需要时就给客人多一些私人空间”的趋势。

（3）降低客房的劳动力成本

客房服务中心的对客模式大大减少了服务人员编制，降低了劳动力成本。

（4）有利于统一调度和控制

客房服务中心的对客模式加强了对客服务工作的统一指挥，提高了工作效率，强化了服务人员的时效观念，加强了客房部对物质、人员的统一控制，保证了服务质量。

3. 设置客房服务中心的缺点

(1) 缺乏亲切感

由于楼层不设专职的服务员，给客人的亲切感较弱，弱化了服务的直接性。

(2) 随机性服务较弱

客房服务中心对于客人出现的一些急需性的服务，无法及时提供。

(3) 易使部分客人产生不耐烦感

当客人的服务要求较多时，需要不停地拨打服务中心的电话，客人必定会产生不耐烦的情绪。

(4) 削弱了客人的安全感

楼层不设服务台，对于楼层的一些安全隐患无法及时发现和处理，在某种程度上会削弱客人的安全感。

4. 客房服务中心设立的条件

客房服务中心的设立，必须具备一定的设施设备和人力条件，才能真正发挥其效能。

(1) 饭店要有较完备的现代化安全设施。客人住的楼层要与其他区域严格分开，员工通道要与客用通道分开。

(2) 有较全的服务项目，且大部分已在客房内设立，使客人能自己动手，满足起居的生活需要。

(3) 建立一个独立的 BP 机呼叫系统，加强信息传递，及时通知有关服务人员满足客人提出的各种合理要求。

在条件具备的情况下，建立客房服务中心后对重要客人及行政楼层实行专职对客服务相结合的服务模式，是提高客房管理和服务水平的重要举措。

三、贴身管家式服务

贴身管家式服务被称为当今世界上最为周到的对客服务模式。所谓"贴身管家服务"(Butler Service) 是指更专业和私人化的一站式饭店服务，它是集饭店前厅、客房和餐饮等部门的服务于一人的服务模式。贴身管家为住客提供一切他所需要的服务。一般饭店是"我们提供这样的服务"，而贴身管家提供的是"你所需要的服务"，是"量体裁衣"式的个性化服务，他对客来、住、离三个环节提供全方位和全过程的贴身跟踪服务。一个贴身管家只对其固定客户提供服务，他对他的固定客户非常了解，往往收集了大量的客史档案，能提供针对性很强的服务，能想客人之所想、急客人之所急，为客人提供的也正是客人想要的服务。

1．贴身管家的服务对象

贴身管家一般只为重量级的客人服务，如大腕级的明星、商界名流、上市公司总裁、政界要人等。这些人身份特殊、工作繁忙，他们住进饭店后，管家充当总调度，根据客人的要求对其进行个性化服务。

2．贴身管家的素质要求

（1）具有丰富的基层服务工作经验；熟悉饭店各前台部门工作流程及工作标准；熟悉餐饮部各个部门的菜肴，以及酒水搭配知识。

（2）具有较强的服务意识，具有大局意识，工作责任心强。

（3）具有较强的沟通、协调及应变能力，能够妥善处理与客人之间发生的各类问题，与各部门保持良好的沟通、协调。

（4）了解饭店的各类服务项目、本地区的风土人情、旅游景点、土特产；具有一定的商务知识，能够简单处理客人相关的商务材料。

（5）形象气质佳，具有良好的语言沟通能力。

（6）有较强的抗压能力，上级责难不能顶嘴，客人要横不能强辩。

3．贴身管家的岗位职责

（1）负责检查客人的历史信息，了解抵离店时间，在客人抵店前安排赠品，做好客人抵达的迎候工作。

（2）负责客人抵达前的查房工作，客人抵店前做好客房的检查工作，准备客人的房间赠品，引导客人至客房并适时介绍客房设施和特色服务。提供欢迎茶（咖啡、果汁），为客人提供行李开箱或装箱服务。

（3）与前台部门密切配合，安排客人房间的清洁、整理、夜床服务及餐前准备工作的检查和用餐服务，确保客人的需求在第一时间得到满足。

（4）负责客房餐饮的点餐、用餐服务，免费水果、当日报纸的配备，收到和送还客衣服务，安排客人的叫醒、用餐、用车等服务。

（5）对客人住店期间的意见进行征询，了解客人的消费需求，并及时与相关部门协调沟通予以落实，确保客人的需求得以适时解决和安排。

（6）及时准确地了解饭店产品、当地旅游和商务信息等资料，适时向客人推荐饭店服务产品。

（7）致力于提高个人的业务知识、技能和服务质量，与其他部门保持良好的沟通、协调关系，24小时为客人提供高质量的专业服务。

（8）为客人提供会务及商务秘书服务，根据客人的需要及时有效地提供其他相关服务。

（9）整理、收集客人住店期间的消费信息及生活习惯等相关资料，做好客史档案的记录和存档工作。

（10）客人离店前为客人安排行李、出租车服务，欢送客人离店。

（11）严格遵守国家相关的法律法规、行业规范及饭店的安全管理程序与制度。

4．贴身管家的优点和缺点

（1）优点

由于贴身管家对客人提供的是全程跟踪服务，所以此举消除了客人因服务各个环节不断更换服务员而形成的陌生感，使客人备感亲切和舒适，且服务的针对性和隐私性都很强。

（2）缺点

只有综合素质高、业务技能强、应变能力好的优秀员工才能胜任贴身管家岗位。所以，贴身管家服务模式不宜在饭店全面采用，只能作为其他服务模式的必要补充。

案例分析

管家服务不等于保姆服务

某四星级饭店有一部分客房是公寓式客房。春节前，该饭店在报纸和广播中打出了“管家式服务”的广告。原来，这家饭店为在春节黄金周吸引更多旅游度假的客人，同时也希望提升饭店的知名度和管理服务层次，于是推出了此项服务。

但是对于饭店推出的所谓“管家式服务”，有一些从事饭店管理多年的专业人士却持有不同的观点，并对此种做法很担忧。第一，本饭店不属于商务饭店，根本没有高层次的商务客人，甚至一般的商务客人都没有。第二，推出管家式服务不是几天内就能完成的简单事情，而是涉及人员、物品、详细的程序、协调沟通等一系列内容。第三，管家的选派及综合知识和服务技能的全面培训是一个复杂的过程，绝不是仅仅把清扫客房的服务员始终安排在客人身边或者是把饭菜送到客房内。

那么在实际当中，这家饭店推出的“管家式服务”到底是什么样呢？

客人入住前，就有一名客房服务员在公寓门外站立等候，当客人到来时，这名服务员的作用却微乎其微，因为这时饭店的各级管理人员全部在现场等候客人。客人入住后，无论客人是在看电视，还是在聊天喝茶、打牌等，都会有一名服务员站在旁边；也无论客人年龄大小、身体状况如何，只要客人起身，服务员就会上前搀扶；客人想用餐了，服务员就会建议客人在房间内用餐。服务也算是“无微不至”了，但这种“高层次”的服务没过多久客人就受不了了。因为服务员除了在客人旁边“伺候”和往房间送餐，其他的就不会什么了。客人因为身边始终有一名服务员而感觉交流不方便，而这种始终守在客人身边的服务其实是将客人的私人空间占领了。

一段时间以后，该饭店的“管家式服务”没有人再提起了。

分析：

饭店的管家，也叫作“私人管家”。私人管家既是保姆，也是服务员，又是秘书，是饭店专门设置的为客人提供特殊服务的助理，专职料理客人的饮食起居，为客人排忧解难。客人进店，管家为客人办理住宿登记，领客人进房，端茶送巾，介绍情况，更重要的是客人住宿期间的外出交通、人事联络、商务活动、生活琐事均由管家一手操办，直到送客人离店。私人管家要懂外语、会调酒、烹饪、熨衣、电脑、打字，熟悉饭店的整套运作，还要具备公关能力、协调能力等。高级的管家还需要上知天文，下知地理。

而案例中饭店的管理人员和服务员对“管家式服务”的理解：一是专人不离身的服务；二是在客房内用餐。其实这不是管家式服务，而是为入住的客人配备了一个保姆，而且是一个不称职的保姆。

这个失败的案例值得饭店管理者深思。为了提高自己饭店的服务水平和知名度，很多饭店引入管家式服务，关键应是引进服务理念——管家服务不等于保姆服务。

四、自助式服务

自助式服务是指客人在总服务台完成入住登记手续后，总服务台接待人员给客人房间钥匙和住宿须知的同时，还会配发给客人一套一次性客用品和床上用品。客人到房间后自己铺床、装被套和枕套，从入住到次日退房，如无吩咐，客人几乎看不到服务员的身影。现代背包族钟情的青年旅馆多采用此服务模式。此种服务方式饭店方重在提供住宿硬件条件而弱化服务，服务则多靠客人自己动手。

自助式服务模式的优点：一是非常节约经营成本，低成本运营可让利于客人，经济实惠是其卖点；二是客人自己动手服务自己，对清洁卫生质量更为放心。但其缺点：一是过度弱化服务；二是安全性较差。

第三节 客人住店期间的服务工作

客房是客人的“家外之家”。为了让客人住得舒适，在客人住店期间，客房服务员应向客人提供各项他们所需的服务。这些服务有的是对每一位客人都必须提供的日常服务，有的是对个别客人提供的针对性服务。

一、洗衣服务

完整的洗衣服务是由客房楼层和洗衣房共同完成的。客房楼层服务员要掌握洗衣服务的工作流程及常见问题的处理。

1．洗衣服务基本流程

（1）收取客衣

客人送洗客衣的常见方式有三种：一是客人直接告知楼层客房服务员需要洗衣服务；二是客人将需洗的衣服装入洗衣袋内，连同洗衣单一并交客房服务员；三是客人将需洗的衣服装入洗衣袋内，放在房间的床上或较明显的地方。

（2）认真核对

在登记客衣时，要按照客人填写的洗衣单上的各种衣物认真分类、清点、核实，做到衣服的名称、件数准确。如有误差，可在洗衣单上注明，并向客人讲清楚，征求客人意见。

（3）认真检查

清点客衣时，要检查衣服是否有损坏，纽扣有无松动或脱落，有无污渍、褪色或布质不易洗涤等问题，以免洗后与客人发生不必要的纠纷，尤其是女宾的高级时装更应注意。

如果存在以上问题，应当面向客人声明，征求意见。客人不在房间，属于一般的衣服可在洗衣单上标明情况，客人回房后再向客人说明。如是高档的衣服，必须征求客人意见后再洗涤。

检查客衣口袋内是否有钱和物，应特别检查外衣的内口袋，检查出来的钱和物要及时送交给客人。客人不在房间，要交给领班，由专人负责保管，并写明钱和物的数量、名称及房号。交还客人时，应向客人讲明情况，并请客人当面核实签收。

服务提示

服务员在收取客衣时的注意事项

（1）放在床上、沙发上的衣服，如果没有客人的吩咐，不可取走洗涤。即服务员只可收取被客人装入洗衣袋的衣服。

（2）收取客衣时，要检查客人是否有填写洗衣单，且项目填写是否齐全。

（3）收取客衣时，要核对洗衣单上填写的房号与房间的实际房号是否相符。

（4）收取客衣时，要系紧洗衣袋的袋口。

（5）收取的客衣要及时送交服务台或客房服务中心登记。

（6）为避免丢失，收取的客衣不可放在工作车上。

（7）收取的客衣不要放在服务台周围进行清点和登记。

（8）注意不要将客衣弄上污渍。

（9）客人送烫的高级时装，要用衣架挂好。

（10）收取客衣时不可影响客人的休息。

（4）认真登记

进行客人洗衣信息登记时的注意要点见表 5—1。

表 5—1　客人洗衣信息登记的注意要点

注意要点	说　明
房号写准确	①登记时要看清客人洗衣单上的房号 ②客人送出客衣时，要问明客人的房号，并及时与洗衣单上的房号核对 ③填写洗衣单时，房号的数字要写清楚，不要连写和草写 ④客人填写的洗衣单，如果房号不清，切勿猜测，可先与洗衣袋上的房号核对
件数写准确	①如果透明度较差的厚布件洗衣袋，客衣取出后，应检查袋内是否留有小件衣物 ②房间如不备洗衣袋，收取客衣时应把客衣包好，以免把客衣丢失在通道或房间内 ③登记、清点客衣时要逐份进行，不要把几份客衣同时交叉登记、清点，以免混乱 ④登记时要注明“只”“双”“件”数量 ⑤客衣如附带其他小件用品，要在洗衣单上注明颜色、形状、数量 ⑥发现不成双配套、短缺的小物品，客房服务员不要私自处理

续表

注意要点	说　明
客人的要求写准确	客人的特殊要求，如快洗、某件衣服水温不要太高或过低等，均要认真登记，并加以口头提示，此外在衣袋口可绑上红布条加以识别
单据处理规范	①由客房服务员填写的洗衣单要保留存根，通知单随客衣一起包好，送交洗衣房 ②每份洗衣单应写明总件数，经手人要签名 ③洗衣房来收取或送交客衣时，要在交货单上签名

（5）认真做好客衣的接收和分送工作

客衣洗好后，要进行接收和分送的工作，相关注意要点见表 5—2。

表 5—2　　客衣接收和分送工作的注意要点

工作性质	注 意 要 点
洗好客衣的接收工作	①要清点当日洗衣房送交洗好的客衣的总份数、件数是否准确 ②检查账单上的房号是否是本楼层的 ③客房服务员在签收时，要注意洗衣单上的数量与客衣总份数是否一致 ④发现客衣短缺、损坏，当面向洗衣房人员提出，商定处理方案 ⑤洗好的客衣包装不合要求，要向洗衣房人员提出，予以改装 ⑥烫好的客衣要挂在衣架上，不要折叠摆放 ⑦检查衣服的各种装饰是否齐全
洗好客衣的分送工作	①看清、认准房号，必要时要进行核对；房号不清的客衣不要随意送入房间 ②客人不在房间又没有特殊交代时，不可将客衣送入房间；客人在房间或是客人回到房间后，要及时将客衣送还给客人 ③房间挂有“DND”牌，可暂时不送 ④送交客衣时不要将挂件遗忘 ⑤不同房间的客衣要分别送交 ⑥挂较长的客衣（如女裙）时不要拖地面。客衣送入客房时，应整齐地挂在衣柜内。若数量很多，则应整齐地排放于床尾 ⑦送交客衣时要向客人讲明件数、金额，并请客人当面点清。如有丢失或有损坏，要如实向客人讲明，并将处理意见转告客人，通常赔偿金额最多不会超过该件洗涤费的 10 倍。如客人不同意饭店提出的方案，及时与洗衣房联系 ⑧每送完一次客衣要及时做好底单的处理

（6）认真做好洗衣费的回收工作

1）公费招待的客衣账单应等单位签字后转财务处。

2）自费散客付现金的要当面点清。

3）自费散客也应在账单上签字后转财务处。

4）付现金的要在账单上加盖“现金收讫”印章，签字转账的账单勿盖此章。

5）签字账单应按房号、接待单位、代表团名称，由服务台人员负责分开保管。

6）当日客衣的账单，要当面结算和转交。

2. 洗衣服务过程中常见问题处理

洗衣服务过程中遇到常见问题的处理方法，见表5—3。

表5—3 洗衣服务过程中常见问题的处理方法

问题	处理方法
客人反映客衣送错	①了解客衣的数量、颜色和特征 ②与原有洗衣单进行核对 ③如果是整份搞错，应考虑是否写错房号或送错房间，然后检查当天送入其他客房的衣服 ④如果是单件弄错，应先看楼层其他房间客人有无反映送错衣服 ⑤如果实在找不到，应报大堂副理处理
将客人衣服洗坏	①向客人道歉 ②征求客人的意见 ③如客人提出赔偿，应报告大堂副理，由大堂副理跟客人协商赔偿事宜
客人提前离店但客衣还未洗好	①不管是何原因都应向客人道歉 ②然后将客衣清洗情况向客人说明 ③如来得及，应马上将客衣清洗好送到客人房间 ④如来不及，也应将客衣包装好送到客人房间，同时视情况给客人减免洗衣费
客人需要特快洗衣	①首先了解客人需要在什么时间内完成 ②如在正常的特快洗衣时间内，应立即通知洗衣房进行洗涤 ③如果要求在很短的时间内完成，应先与洗衣房联系，然后再决定洗涤

案例分析

客衣风波

某日，十二楼台班小王按照往常赶在中午之前收好客人需要送洗的衣服，并一一核实检查，以便洗涤组的员工统一拿到洗衣房及时清洗。

下午五时洗涤组送回客衣并当面核实办好交接手续。按照惯例，客衣应由白班服务员送到客人房间里，如有特殊原因未送的客衣由晚班服务员送进客人房间。晚上8810的张先生发现自己白天送洗的几套西装还没送回，十分着急，因为他要赶着参加一个舞会，随即拨通了客房服务中心询问原因，随后客房服务中心联系上了当晚值班服务员小赵并了解情况。小赵得知情况后来到张先生房间，查看了规定的客衣搁放处，的确没有，小赵这时意识到肯定是白班误送了，连忙表示歉意并安抚情绪急躁的客人，随后按照交接班本的记录一一核实送过客衣的房间。就在此时，客房服务中心接到了8801房间（8801房间在8810房间对面）林先生的电话。原来林先生发现房间里多了一袋衣服，便向客房服务中心了解情况。这时客房服务中心再次联系正在查找衣服的小赵，让其到林先生房间查看。小赵暗喜，拿到衣服谢过之后，直奔8810房间，张先生辨认确系其本人衣服，张先生长舒了一口气，幸好还能赶上舞会。小赵再次表示歉意并做好解释工作。事后，误送客衣的那位白班服务员被扣当月奖金，以示警告。

分析：

● 客房部是一个事情很琐碎繁多的部门，这就要求员工在为客人服务时必须认真、仔细，有足够的耐心，要树立服务无小事的意识，才能减少失误。否则，可能因为某个员工的粗心给同事带来不必要的工作量，同时，还有可能损害到其他客人的利益，甚至使饭店不能正常运转，给饭店带来不可估量的损失，尤其是名誉上的损失。上述案例中，就是因为白班服务员的疏忽，才让客人产生焦虑的情绪，才增加了小赵的工作量，同时打扰了其他客人的正常休息，给饭店带来了负面影响。

● 通常，送错客人衣服有以下几种情况：漏送、多送、少送、错送。针对不同的失误有不同的处理方法。如果客人发现是整袋衣服没有送回，这时候应该考虑是不是落在其他住客房了，尤其是重点查看已经送过客衣的房间。如果客人发现送回的整袋衣服不是自己的，这时应该考虑是不是由于看错了房间号码，把两位客人的衣服交换了，一般情况下，应该有另外一位客人反映同样的情况，这样更容易找到。如果客人发现整袋衣服里有几件不是自己的，这种情况就比较复杂，通常考虑是洗衣房一开始就弄错了，而且在台班交接的时候没有一一核实，这时通知洗衣房主管，同时上报本部门主管，在找不到的情况下，与客人商量赔偿事宜。总之，在处理类似事情时，要注意做好善后工作，消除负面影响，维护饭店的声誉。

● 饭店应该从建立、健全和严格落实饭店制度方面入手，杜绝此类事件的发生。上述案例中白班误送客衣的服务员受到相应的处罚，这就既体现了饭店的个人责任制，也体现了奖惩分明的个人激励机制。

二、客房小酒吧服务

为了方便住客在客房饮用酒、饮料和食用小食品，较高档的饭店都在客房内设有小酒吧，按规定的品种及数量配备适量的酒水、饮料及佐酒小食品，提供配套的酒杯、水杯、开瓶器、调酒棒、纸巾等用具用品。为了方便管理，小酒吧上会放置饮料账单，饮料账单上列有所供应的饮料食品的品种、额定存量、价格及小酒吧的管理说明。

1．客房小酒吧服务程序（见图 5—1）

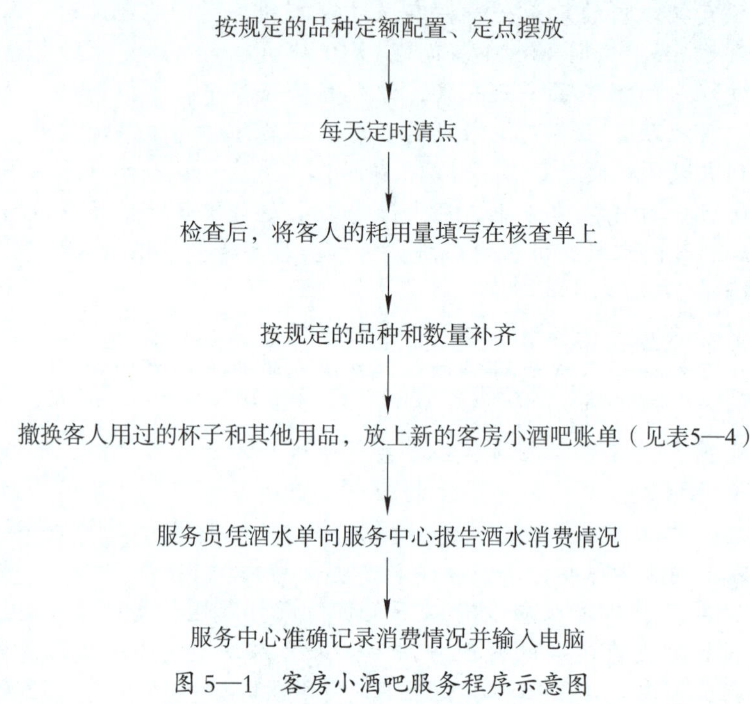

图 5—1　客房小酒吧服务程序示意图

表 5—4　　客房小酒吧账单

MINI-BAR CHARGE VOUCHER

第一联：客房中心

亲爱的贵宾：

希望您能尽情享用房内小酒吧的饮品。

客房部服务员将每日核对您所饮用的饮品数量，并把清单送到会计部转入您的账目内。如您需要其他特别饮品服务，请拨内线电话 2167。

为了能准确地计算您的账目，请您在结账离店时，将此单带到收款处。谢谢！

Dear Guest:

Please feel free to enjoy the facility of your Mini-bar provided for your convenience.Your room attendant will collect this voucher daily from your Mini-bar, take it down to the Front office Cashier for billing to your account. If you require any additional service, please call Room Service on Ext. 2167.

房号　　　　　　　日期

Room No.　　　　　Date

品类 Items	点存 Inventory	耗量 Consumed	单价 Unit Price	小计 Sub. Total
人头马　Remy Vsop	1		40.00	
人头马特级　Club de Remy Matin	1		45.00	
君度　Cointreau	1		44.00	

续表

品类 Items	点存 Inventory	耗量 Consumed	单价 Unit Price	小计 Sub. Total
威雀苏格兰威士忌　Famous Grouse Scotch	1		45.00	
健尼路金酒　Greenall Gin	1		40.00	
芬兰伏特加　Finlandia Vodks	1		35.00	
占边美国威士忌　Jim Beam	1		36.00	
加利亚诺利乔酒　Galliano	1		30.00	
青岛啤酒　Qingdao Beer	2		8.00	
可口可乐　Coke	2		8.00	
矿泉水　Mineral Water	2		6.00	
粒粒橙　Orange Juice	2		8.00	
椰子汁　Coconut Juice	2		8.00	
果茶　Fruit Tea	2		6.00	
健力宝　Lemon（Jian Li Ba'）	2		8.00	
八宝粥　Eight-Treasure porridge	2		8.00	
合计 TOTAL				
10% 服务费 10%SERVICE CHARGE				
总计 GRAND TOTAL				

第二联　结账中心

2. 客房小酒吧服务注意事项

（1）离店客人的房间应及时检查，住店客人的房间则每天定时检查三次（分别是上午清扫客房时、午后整理房间时、晚上整理房间时）。

（2）检查发现客人使用过小酒吧，应核对客人填写的账单与耗用的酒水、食品品种数量是否相等，如客人填写有误，应注明检查时间，待客人回房时主动向客人说明更正。

（3）为防止有人偷梁换柱，要特别留意瓶盖封口和罐装饮料的底部。

（4）检查时，若发现酒水、饮料、食品有破损，应报为客人使用的酒水并及时更换。

（5）账单一式三联，第一联和第二联交结账处，其中一联作为记账凭证，另一联在结账时交给客人，第三联作为客房部申领酒水和统计用。

（6）领取和补充小酒吧的酒水和食品时，要检查酒水的质量和饮料的保质期限。

（7）客房小酒吧的漏账率不超过 3%。

3．客房小酒吧服务过程中常见问题的处理

客房小酒吧服务过程中遇到常见问题的处理方法，见表 5—5。

表 5—5　　客房小酒吧服务过程中常见问题的处理方法

问题	处理方法
客人需要增加客房酒吧饮料数量	①按客人要求增加饮料数量 ②开出增加数量的小酒吧饮料消耗单，请客人在单上签名 ③注意饮料消耗，及时给予补充 ④第二天按客房配备标准补充所消耗的饮料数量
客人将冰箱内一听饮料饮用后，自己又购回一听同品种但包装不同的饮料放在冰箱内	①客房服务员开出该听饮料的消耗单送收银处 ②补入一听新饮料 ③将客人饮料取出，放在显眼位置，留言说明这种做法是违反饭店规定的，并告之消耗的饮料费用已入账 ④如客人有询问，注意做好解释

三、茶水服务

在客房中，通常大部分客人的茶水服务都通过客房内配置茶叶与电热水壶由客人自助完成。但当客人接待 VIP 客人，或客人的访客较多，或客人有特殊要求时，仍需要客房服务员提供茶水服务。茶水服务的程序如下：

1．尽快做好准备

客人要求送茶时，客房服务员首先要问清楚需要几杯茶，需要哪种茶，并记住房号，然后在最短的时间内做好准备，泡好茶。

客房服务员为客人沏茶的注意事项：

（1）泡茶之前要洗净手，并检查杯子是否干净、是否有茶垢、是否有破损或裂纹、杯盖与杯子是否成套等。

（2）茶叶要放得适量，茶水不能沏得太浓或太淡。

（3）每一杯茶斟水七成满即可，盖上杯盖，放在垫有小方巾的茶碟上。

（4）如果客人饮用红茶，可准备好方糖，请客人自取。

（5）用茶壶倒完茶，放下时壶嘴不要对着客人。

2．送茶进房

泡好的茶水由客房服务员用托盘送进客房。在操作过程中，服务员使用托盘的方法要正确，防止泼洒和翻盘，送茶进房应敲门、通报、征得客人同意，不要直接闯入。

3．按规范的服务给客人上茶

客人允许客房服务员进房后，待客人坐定，把茶杯放在茶碟上（茶杯与茶

碟之间垫有带店标的纸垫），一同敬给客人。上茶时，杯把朝向客人的右手边，伸出右手做一个请的手势，轻声说："请用茶"。

客房服务员给客人上茶时应注意：

（1）如果多人在座，上茶时，应注意遵循先宾后主、先上级后下级、先女士后男士的顺序。

（2）若茶杯多、托盘重，可先将托盘放于茶几上或吧台上，然后双手捧茶给客人。

（3）根据具体情况决定是否在送茶的同时送上热毛巾。送毛巾时，要使用毛巾夹或毛巾碟。毛巾的干湿要适中，温度要适中。

（4）有送香巾时，应先送香巾后送茶。

（5）客人不急于喝茶和用香巾时，可将装有香巾和茶水的碟子摆在茶几上任客人自用，托盘及香巾夹则收走。

（6）动作要轻，注意不要打翻杯具。

4. 按规定退出房间

客房服务员送茶完毕，应面带微笑地向客人说："如果有什么事需要我们帮助，请告诉我们或拨打电话，我们将乐意为您效劳"，然后退后一步，转身走出房间，轻轻关上门。

四、擦鞋服务

中高档饭店的大厅里一般都备有擦鞋机，但往往效果不尽如人意。人工擦鞋服务可充分满足客人要求。因此，在饭店的客房中，若客人需要，客房的服务员可向客人提供免费的擦鞋服务。

1. 擦鞋服务程序（见图 5—2）

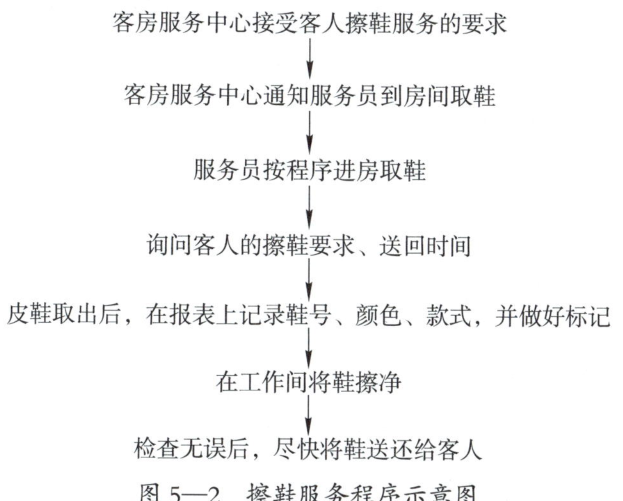

图 5—2 擦鞋服务程序示意图

2. 客人送擦皮鞋的方式

（1）客人将需擦的皮鞋放在房门口。

（2）客人将需擦的皮鞋放在鞋篮中。

（3）客人打电话通知服务员需要擦鞋。

3. 擦鞋服务注意事项

（1）注意不要在客房内或其他公共场所帮客人擦鞋。

（2）要避免将擦好的鞋送错房间。

（3）特别留意雨天的擦鞋服务。

（4）擦鞋时，首先去除鞋面和鞋底的泥沙，再均匀地涂上鞋油，然后再用软布抛光。

（5）根据鞋子的质地和色泽选用合适的鞋油及鞋刷。

（6）对没有相同色彩鞋油的待擦皮鞋，可用无色鞋油。

（7）注意擦净鞋边、鞋舌、鞋底，不要弄脏鞋内侧和鞋带。

（8）对于无法擦拭的特殊皮鞋，征得客人同意后，拿到外面请鞋匠擦。

案例思考

客人放在客房门口的皮鞋

客房服务员小胡是一位参加工作时间不久的员工。有一天，小胡上夜班，凌晨1点多的时候，小胡巡视到八楼，从远处看到楼道尽头812房间门口的地毯上放着黑乎乎的东西，走近一看，原来是一双皮鞋，这双皮鞋很旧而且还比较脏。

小胡认为这是客人扔掉的东西，心想，如果不要了，为什么不扔到客房的纸篓里呢？一边想一边将这双又旧又脏的皮鞋带回服务中心，扔到了垃圾桶里。

想一想：

1. 这是客人扔掉的皮鞋吗？
2. 客人将皮鞋放在客房门口，是什么意思呢？

五、借用物品服务

客人因特殊需要借用客房没有配备的其他物品，由客房服务中心统一递送。

1. 借用物品服务程序（见图 5—3）

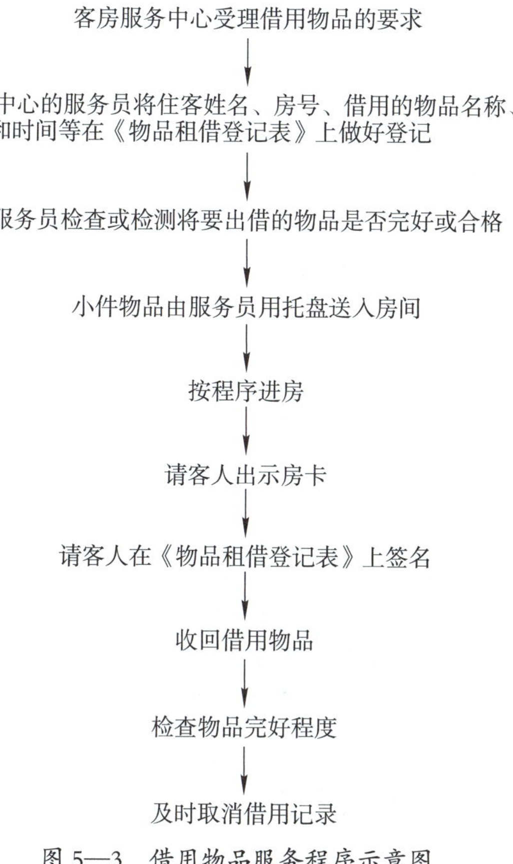

图 5—3　借用物品服务程序示意图

2. 借用物品注意事项

（1）物品只租借给住客。

（2）租借物品不得带出店外。

（3）借电器物品时，要提醒客人注意用电安全。

（4）贵重物品按规定收取一定数额的押金。

（5）物品交给客人时，提醒客人使用完毕应尽快通知服务员取回。

（6）在每日工作报表备注栏内注明“住客借用品”，提醒服务员在整理房间时顺便检查及客人退房时及时收回。

（7）早晚班服务员在交接班时，将客人的租借物品的情况及手续移交下一班次，以便继续服务。

（8）如过了租借时间，客人仍未归还物品，特别是在客人离店前，可主动询问，询问时要注意方式。

（9）借用物品收回时，应及时做好清洁工作，以便下次再使用。

（10）常客借用的物品，可记入客史档案，以便在其下次入住前先放入房间。

（11）遇到客人租借下列物品时，应作如下处理：

1）客人借用熨斗、熨板时，服务中心服务员应先提醒客人饭店有提供洗熨服务，如客人坚持借用，可让大堂副理与客人联系后再予以借用。

2）客人借用暖风机时，服务中心服务员应先提醒客人关掉冷气并表示可提供棉被，如客人坚持借用，可让大堂副理与客人联系后再予以借用。

3）客人借用旋具、大剪刀等利器工具时，要婉转地询问用途以及是否需要工程部人员帮忙，防止出现盗窃、自杀、他杀等恶性事件。

4）客人借用网线等需要收费且有时间限制的物品时，服务中心应与前台确认并提醒服务员按时收回。

（12）如因客人使用不当而造成租借物品损坏，应按规定给予赔偿。赔偿方式有支付现金和签单两种，赔偿金额根据物品的损坏程度而定。

六、托婴服务

为了方便带婴幼儿的客人，客房部应为客人提供婴幼儿托管服务，饭店会根据婴幼儿托管时间的长短和婴幼儿数量的多少收取相应的服务费。婴幼儿的看护人员，主要是从客房服务中心挑选。有些饭店也会与家政服务中心签订合作协议，由家政服务中心提供保姆。

1．托婴服务程序（见图5—4）

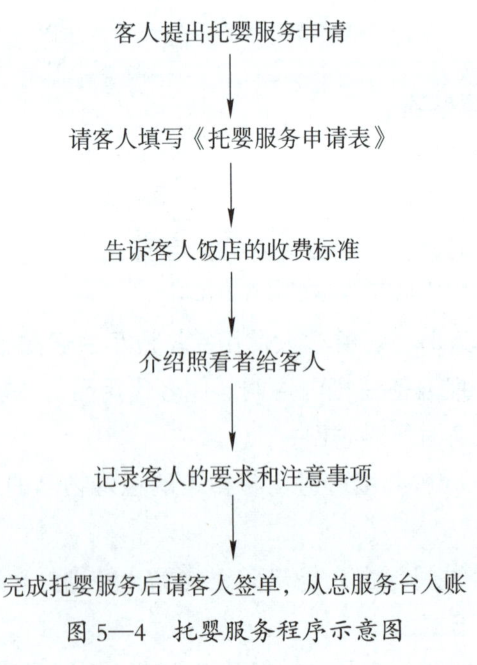

图5—4 托婴服务程序示意图

2. 托婴服务注意事项

（1）照看者必须有责任心，并有一定的保育知识。

（2）如果由客房服务员兼职，只能利用业余时间，绝对不能利用上班时间照看婴幼儿。

（3）要在饭店规定的区域内照看婴幼儿。

（4）不要随意给婴幼儿食物吃。

（5）不要让婴幼儿接近容易碰伤、刺伤的东西。

（6）照看婴幼儿期间，若婴幼儿生病，应及时与上级取得联系。

（7）不可委托他人照看婴幼儿，在照看过程中不得擅离职守。

（8）如客人在约定的时间内没有回来，保姆应照看婴幼儿至客人归来。

（9）如超过时间过多，应增加服务费。

案例分析

客人的小孩不同于自己的小孩

一天，一位香港客人找到客房服务中心主管，说她来北京参加一个重要的会议，而自己的小孩还处在哺乳期，不能把小孩放在家里，因此她不得不带着小孩。明天她要出席一个签字仪式，不能带着小孩参加，所以她希望饭店明天能帮助照看半天小孩。服务中心的主管安排服务员小刘完成替客人照看小孩的任务。客人在离开前，将小孩的具体情况向小刘做了一一交代，包括哄小孩睡觉、喝水的时间，以及喝什么水等。

小刘是一个很有工作热情的服务员，也非常喜欢小孩。客人出去参加签字仪式后，小刘便推车带着小孩在楼层、大厅玩耍，还给小孩买饮料……高高兴兴地玩了一个下午。晚上客人回来了，见到自己的孩子非常高兴，向服务员表示感谢。

第二天，客人找到了主管，虽然不是投诉，但是向主管表示了不满。原因是：服务员没有按照她的要求照看小孩，下午该睡觉时没有睡觉，不该吃东西的时间喝了很多饮料。结果造成孩子现在该吃的时候不吃，不该睡觉的时候睡觉，孩子的饮食起居规律全打乱了。

分析：

为客人代为看护小孩，不同于自己的小孩。托婴服务是一项责任重大的工作，服务员照看的是客人的小孩，绝不可掉以轻心。只有保证被托管的婴幼儿的安全、健康和愉快，饭店的托婴服务才有可能使客人满意，解除客人的后顾之忧。

（10）当有客人要求饭店为其托管婴幼儿时，应请客人到客房服务中心办理相关手续，填写《托婴服务申请表》。《托婴服务申请表》需填写的内容包括：房号、姓名、托婴服务的时间、托婴服务地点的选择、婴幼儿的姓名、性别、年龄、健康状况、特殊要求（饮食、穿戴、睡眠、习惯）、紧急情况联系人及电话号码、客人签名。

七、叫醒服务

饭店的叫醒服务原则上由总机负责，但在电话叫醒失败后或团队叫醒服务中，仍需要楼层服务员进行人工叫醒。电话叫醒与人工叫醒相结合，可以尽可能地避免叫醒失败给客人带来损失。

案例思考

住在饭店505房间的周先生在某日晚上九时临睡前，打电话给客房服务中心，要求饭店第二天清晨六点提供叫醒服务。服务中心的值班员当晚将所有要求叫醒服务的客人名单及房号（包括周先生在内）通知了电话总机接线员，并由接线员记录在叫醒服务一览表中。第二天清晨快要六点之际，接线员依次打电话给五间客房内的客人，他们都已起床，当叫到周先生时，电话响了一阵儿，周先生才接起来。接线员照常规说："早晨好，现在是早晨六点钟的叫醒服务。"接着传出周先生的声音（似乎有些微弱不清）："谢谢！"。周先生挂断电话以后，马上又睡着了，等他醒来时已是六点五十分。赶到机场时飞机已起飞，周先生只好折回饭店等待下班飞机再走。

客人事后向饭店大堂值班经理提出飞机票及等待下班飞机期间的误工费的承担问题。

想一想：

1. 饭店应赔偿周先生的损失吗？
2. 饭店应如何避免同类事件的发生呢？
3. 饭店可采取哪些措施来维护其在同类事件中的利益呢？

1．人工叫醒服务程序

（1）接到人工叫醒服务的通知时，服务员应马上赶到房间，按程序按门铃或敲门。

（2）若有客人应答时，报"叫醒服务"。

（3）如无人应答，按规范进入房间，检查客人是否起床离开。

（4）若发现客人仍在熟睡，应退至门口，继续敲门及报"Housekeeping"，可适当放大音量。

(5) 仍无法叫醒客人时，可走近客人，但因保持适当的距离，轻轻推动客人的肩膀部位，同时说："先生／小姐，现在是叫醒服务时间"。

(6) 客人叫醒后，主动向客人道歉，并解释进房的原因。

(7) 将客人叫醒后，及时回复服务中心，由服务中心通知总机服务已完成。

2．楼层叫醒服务注意事项

(1) 接到前台的团体叫醒通知单时，当值主管需根据叫醒时间、团队数量、是否为离店日等情况做好次日早晨的叫醒人员安排。

(2) 叫醒服务时，若房间挂有"DND"牌，应通报大堂副理，经同意后方可去敲门，仍无法叫醒时，由大堂副理和部门管理人员一起进房间叫醒客人。

八、会客服务

来访会客通常是双方约定好时间，主人在房间等候或是在电梯厅、饭店门口迎接。如主人将来访者带入房间，客房服务员要将情况做记录，同时及时做好服务工作，如送茶、送水、送饮料、加撤椅子、送小香巾等。

1．会客服务程序

如果是没有主人迎接的来访者，客房服务员应按如图 5—5 的程序接待访客。

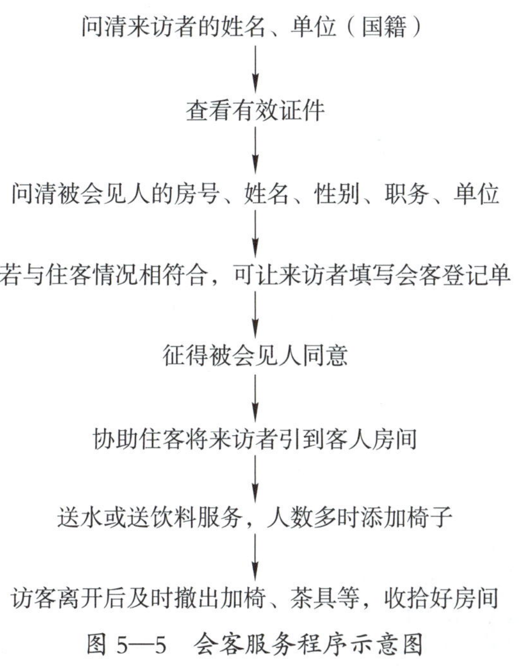

图 5—5 会客服务程序示意图

2．会客服务注意事项

(1) 来访者所说的情况与被会见者资料不符时，要劝其到总台去查询。

（2）来访者要查询某单位的住客时，不要直接将客人的情况转告来访者。

（3）客房服务员当着来访者的面与被会见人联系时，要注意讲话技巧。

（4）被会见人不同意会见时，不要私自引见给客人。

（5）不允许让来访者私自到房间会见住客，以防发生意外事故。

（6）若客人不在房间，可劝其离开楼层，并注意观察可能发生的任何情况。

（7）如来访者与客人同时上楼，客房服务员不必再问明情况。

（8）如客人不在房间，客人又无吩咐时，不可让来访者到房间等候。

（9）服务员引见时，见到双方相互问候、握手后方可离去。

（10）对来访者要及时做好各项服务工作。

（11）来访者离开饭店时，要观察是否携带贵重物品，并做好记录。

（12）发现可疑来访者时，要问明情况或向保安部报告。

（13）超过晚间会客时间，要礼貌地提示客人尽快离开饭店。

（14）来访者想在饭店留宿，请其按饭店的规定，到总台办理入住手续。客房服务员不可向客人许下任何承诺。

（15）工作中如遇有情况发生，要及时汇报。

3．来访会客登记程序

（1）询问来访者来访事由。

（2）确认来访者持有证件为有效证件（身份证、驾驶证、军官证、护照），并与持有者身份无误。

（3）由客房服务员按会客登记制度和会客登记项目进行登记。

4．会客服务过程中常见问题处理

会客服务过程中遇到常见问题的处理方法，见表5—6。

表5—6　会客服务过程中常见问题处理

问题	处理方法
住客不愿见访客	①礼貌地向访客说明客人需要休息或在办事情，不便接待访客 ②请访客到大堂问询处，为其提供留言服务 ③如访客不愿离开或有骚扰住客的迹象，应及时通知保安部解决 ④不要对访客直接说明住客不愿接见，同时，不能让访客在楼层停留或在楼层等待住客
访客带有住客房间钥匙，并要进入客房（住客不在）取物品	①礼貌地了解访客对住客资料的掌握程度（姓名、国籍、性别、公司名称、与住客关系、入住日期等） ②请访客办理访客登记手续 ③陪同访客到客房取物品 ④访客走后，应及时将取走物品做好记录 ⑤住客回店后，及时向住客说明 ⑥若要取走客人贵重物品，须出示住客的授权书，否则，予以婉言拒绝

续表

问题	处理方法
访客带有客人签名的便条但无房间钥匙，要进入客房（住客不在）取物品	①首先将便条拿到总台核对签名 ②核对无误后，由客房服务员办理访客登记手续 ③然后陪访客到客房取便条上所标明的物品 ④住客回店后应立即向其说明
客人外出，交代来访客人可以在其房中等待	①首先向客人了解来访者姓名及主要特征 ②来访客人到楼层，经过辨别确认后，请来访者办理访客登记 ③来访者到房间后，客人未回来，如访客要带物品外出，应及时上前询问，并做好记录
访客时间已到，但访客仍未离开客房	①礼貌地向访客说明访客时间已到，注意语言技巧 ②如访客不愿离开，应将此情况及时报告给大堂副理及保安部

案例分析

访客时间已过

墙上的挂钟显示，时间已过 11 点，四周一片寂静，夜已深。可 610 房的访客还未离店，服务员小王皱着眉，看看挂钟又看看腕上的手表，怎样巧妙地劝离 610 房的客人呢？小王想了想，拎起话筒："您好，黄先生，我是 6 楼服务员，打扰您很抱歉，只是饭店规定的访客时间已过，您的访客该离开了，我怕您不知道，特地提醒您一下"，610 房的主人黄先生不说话，小王接着说道："哦，可能您还有事没谈完，您再谈一会儿吧，过一会儿我再给您来电话。"过了半小时，610 房的访客并未离店，服务员小王又拎起了话筒："您好，黄先生，欢迎您的访客来我店，只是现在饭店规定的访客时间已过，如果您还要继续会谈，欢迎您和您的朋友到我们楼下的咖啡厅，它将 24 小时为您提供服务。"停顿了一下，"如果您的访客要留宿，我们很欢迎，请您的朋友到总台办理好登记手续。"时间又过了半小时，610 房的访客仍并未离店，也未去楼下的咖啡厅，此时服务员小王再一次拨通了电话："您好，黄先生，看来您的访客是想留宿了，我们很欢迎，如果您不方便，我通知总台上门为您的朋友办理手续好吗？"访客终于收拾东西离开了饭店。

分析：

劝离要讲究语言艺术，案例中的服务员小王采用环环紧扣法，最终劝离了访客。

九、加床服务

当入住客人的人数超过房间正常可入住的人数时，客人可以向总台申请加床，而具体的加床服务则由客房部提供。

1. 加床服务程序

（1）接到总台的加床通知，客房服务中心服务员应做好记录并及时通知楼层服务员。

（2）楼层服务员将加床及与其配套的床上用品和客房用品推至需加床的房门一侧。

（3）按规范程序进房。

（4）征得客人同意后，进房将客用品摆放好或礼貌地询问客人如何摆放才合适。

（5）客人若无其他要求，按规程铺好床。

（6）与客人礼貌道别，面向客人轻轻将房门关上。

（7）通知客房服务中心加床完毕。

2. 加床服务注意事项

（1）对有申请提供加床服务的房间，在客人入住期间，所有按人均配置的客房用品，均应相应地增加配置量。

（2）如果客房面积较小，加床白天应收起，晚上开夜床时再铺上。

十、留言服务

客人外出时，若有留言需求，应及时做好记录，在交接班时要交代清楚。

如有访客给住客留言，服务员要把记录好的留言放在房间明显的位置上，如床头柜或写字台上，当客人回来时还应提醒一下客人，防止客人因疏忽而没有看见留言条。

高星级饭店客房的电话配备有自动留言录音系统。客人外出时，该系统可以将未接电话的留言录制下来，如有留言，电话上的留言灯会自动闪烁，直到客人听取留言后，提示灯才会自动关闭。

十一、病客服务

客人在住店期间可能会出现生病的情况，此时客房服务员应给予其特殊关照，并体现出同情、关怀和乐于助人的态度。

1．病客服务程序（见图 5—6）

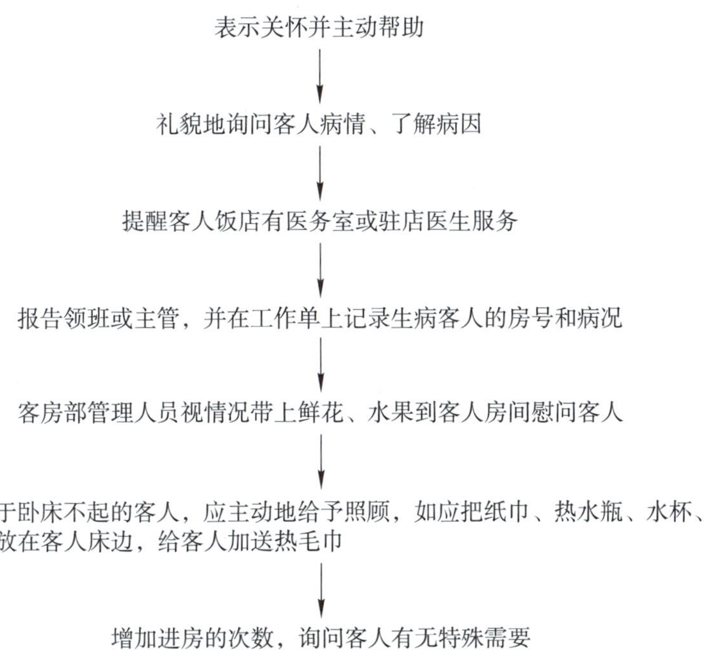

图 5—6　病客服务程序示意图

2．病客服务注意事项

（1）在日常对病客的照料中，服务员只需做好必要的准备工作即可离去，不可长时间在病客房间，告知病客若有需要可电话联系。

（2）如遇危重病人应及时与医院取得联系，组织抢救（客人清醒的情况下，应征得客人的同意），在救护人员未到之前，驻店医生可给予必要的救治。

（3）若出现客人休克或其他危险迹象时，为防止发生意外，未经专门训练和相应考核的服务人员不得随意搬动客人。

（4）若客人要求服务员代买药品，服务员应婉言向客人推荐饭店医务室，劝客人前去就诊。若客人坚持要求代买药品，可请大堂副理和驻店医生到客人房间，进而决定是否从医务室内为客人取药。

（5）客人生病时，服务员可建议并协助客人与就近的亲朋熟人取得联系，日常应注意提醒客人按时服药，推荐适合病人的饮食。

（6）客人生病期间，应多留意房内的动静。

十二、残疾客人服务

残疾客人常见的类型有三种：一是腿部有残疾的客人；二是盲人或视力不佳的客人；三是听力不佳的客人。

在客房服务中，应针对各类残疾客人的特点，给予特别的照顾，并注意下列有关事项：

1. 在客人进房前，根据客人残疾类型、生活特点、有无家人陪同以及特殊要求等，做好客人到达前的准备工作。

2. 客人抵店时，在电梯口迎接，问候客人并主动搀扶客人进入客房，帮助客人提拿行李。

3. 仔细地向客人介绍设施设备和配备物品，帮助客人熟悉房内环境。

4. 在客人住店期间，对客人的进出应给予特别的关注，并适时给予帮助。若客人离开楼层去饭店的其他领域，应及时通知有关人员给予适当照料。

5. 应尽力承办客人委托事项，主动询问客人是否需要客房送餐。

6. 对残疾人的服务要主动热情、耐心周到，但同时又要考虑到客人的自尊心。

7. 不打听客人残疾的原因，同时与客人交谈时应避免言语不当。

第四节　VIP 客人服务

VIP 客人是指饭店的贵宾。饭店一般会给 VIP 客人提供更专业和更个性化的一站式服务，以突出其特殊的身份与地位，让其产生优越感与自豪感。

一、VIP 客人级别

饭店的 VIP 客人可以分为 A、B、C 三个级别。

1. A 级 VIP 客人

主要包括党和国家领导人，外国的总统、元首、总理、外长等。

2. B 级 VIP 客人

主要包括我国及外国的各部部长，世界著名的大公司的董事长或总经理，及各省、市、自治区负责官员。

3．C级VIP客人

主要包括：

（1）各地、市的主要党政官员。

（2）各省、市、自治区旅游部门的负责官员。

（3）国内外文化艺术、新闻、体育界的负责人员或著名人士。

（4）各地星级饭店的总经理。

（5）各地物资部门的负责官员。

（6）国内外著名公司、企业及合资企业、外资企业的董事长或总经理。

（7）与饭店有重要协作关系的企业的厂长或总经理。

（8）饭店总经理要求按VIP规格接待的客人。

二、接待VIP客人的准备工作

饭店通常会根据VIP客人的不同等级，提前准备好客人所需的物品及相关服务。

1．了解情况

VIP客人的接待通知单由公关营销部向相关的接待部门发出。为了更好地做好接待准备工作，客房部接到VIP客人的接待通知单后，应立即认真核对客人信息，详细掌握VIP客人的等级，所需的房间数量，以及客人的姓名、性别、人数、抵离店时间、喜好、忌讳和生活习惯、宗教信仰、风俗习惯、健康状况、有无特殊要求等相关客史资料。

2．做好迎客准备

（1）清洁房间

安排中级以上的客房服务员严格按照清洁程序清扫客房。

（2）准备物品

按照VIP客人等级准备欢迎卡、鲜花水果、餐具和客用物品。

（3）布置房间

1）根据VIP客人的风俗习惯、生活特点和接待标准、规格，对房间进行布置整理，调整家具设备，配齐房间服务用品。

2）按照VIP客人的接待规格放置饭店经理的名片、鲜花、水果、礼物等。

3）对于VIP客人宗教信仰方面所忌讳的物品应禁止在房间摆放或应从房内撤出，以示对客人的尊重，如果客人在风俗习惯或宗教信仰方面有特殊要求，凡属合理的应予以满足。

4）如果VIP客人分住在几个房间，应在欢迎卡上注明每位客人的房间号码。

服务提示

VIP 客人的物品准备

（1）A 级 VIP：客房内摆放盆花、插花和瓶花；赠送饭店纪念品和工艺品；每天一篮水果（4 色）、4 种糕点及水果刀叉等物品；客房客用品一律是豪华包装、布件特供；客房内放总经理欢迎信及名片；每天摆放两种以上的报纸；开夜床时赠送一份精美的夜宵。

（2）B 级 VIP：客房内摆放插花和瓶花；赠送饭店特别纪念品；每天摆放一篮水果（两色）、两种糕点及水果刀叉等物品；客房内放总经理欢迎信及名片；每天摆放两种以上的报纸；开夜床时赠送一份精美的夜宵。

（3）C 级 VIP：客房内摆放插花和瓶花；每天摆放水果（两色）及水果刀叉等物品；客房内放总经理欢迎信及名片；每天摆放 1～2 种以上的报纸；开夜床时赠送一枝鲜花或一块巧克力。

服务提示

VIP 客房布置具体说明（见表 5—7 至表 5—9）

表 5—7　　A 级 VIP 客房布置

品名	规格	数量	摆放位置	细节要求
鲜花	高档盆插	大小号各 2 盆	主卧室、写字台、客厅茶几、卫生间浴缸上	每日更换
晚间鲜花	藤编花篮	1 篮	床头柜上	每日更换
果篮	高档果篮	1 篮	客厅茶几上	进口水果，每日更换
酒水	进口红葡萄酒	1 瓶	小酒吧台上	配镀银冰桶及 4 只酒杯
欢迎点心	西点和巧克力	4 块	盛放于盘内，置于小酒吧台上	饭店定制，每日更换
晚间小食	夜床巧克力	1 盒	床头柜上	饭店定制
绿色植物	有生命力	2 盆	客厅、卫生间	大小视区域面积而定
欢迎卡	饭店贵宾专用	1 张	鲜花上	总经理签名
浴袍	丝质、绣姓名	2 套	衣橱内、床上	饭店定制
易耗品	烫金	1 盒	卫生间云台上	洗漱用品
	烫金，印制姓名	3 张、2 件、若干页	服务指南内	信纸、信封、宣传页

表 5—8 B 级 VIP 客房布置

品名	规格	数量	摆放位置	备注
鲜花	普通盆插	大小号各 1 盆	主卧室、写字台上	
晚间鲜花	普通花篮	1 篮	床头柜上	
果篮	中档果篮	1 篮	客厅茶几上	进口水果，每日更换
酒水	国产红葡萄酒	1 瓶	小酒吧台上	配 4 只酒杯
欢迎点心	西点或巧克力	4 块	小酒吧台上	饭店定制，每日更换
晚间小食	夜床巧克力	1 盒	床头柜上	饭店定制
绿色植物	有生命力	1 盆	客厅	大小视区域面积而定
欢迎卡	饭店贵宾欢迎卡	1 张	鲜花上	总经理签名
浴袍	丝质	2 套	衣橱内、床上	饭店定制
易耗品	烫金	1 盒	卫生间云台上	洗漱用品

表 5—9 C 级 VIP 客房布置

品名	规格	数量	摆放位置	备注
鲜花	普通花篮	1 篮	写字台上	
晚间鲜花	康乃馨	1 枝	床头上	
果篮	普通果篮	1 篮	客厅茶几上	国产水果，每日更换
欢迎饮料	鸡尾酒	1 扎	小酒吧台上	饭店定制，每日更换
欢迎点心	西点或巧克力	4 块	小酒吧台上	饭店定制，每日更换
晚间小食	夜床巧克力	1 盒	床头柜上	饭店定制
绿色植物	有生命力	1 盆	客厅	大小视区域面积而定
欢迎卡	饭店贵宾欢迎卡	1 张	鲜花上	总经理签名
浴袍	丝质	2 套	衣橱内、床上	饭店定制
易耗品	烫金	1 盒	卫生间云台上	洗漱用品

（4）检查房间

布置好的房间由楼层领班、楼层主管、客房经理、大堂副理进行逐级检查，如发现问题应及时解决。若发现家具、电器、卫生设备有损坏，要及时报修。面盆、浴缸的冷热水的水质若混浊，应放水至水清为止。

（5）迎宾准备

VIP 客人抵店前 30 分钟，打开房门，开启室内的照明灯饰和空调；准备好香巾、欢迎茶；如果 VIP 客人晚上抵店，应拉上窗帘、开亮房灯、做好夜床；相关人员整理好个人仪表，在饭店门口、大堂或电梯口迎候。

三、VIP 客人的接待服务

1．VIP 客人的迎接规格

A 级 VIP：由总经理率饭店管理人员及相关接待人员在大厅门口迎送客人。

B 级 VIP：由总经理、大堂副理在大厅门口迎送客人。

C 级 VIP：视情况，由总经理或副总经理、大堂副理在大厅门口迎送客人。

2．客房部迎接 VIP 客人

（1）梯口迎宾

根据 VIP 客人等级，由部门经理或主管、领班及接待人员站在电梯口迎接 VIP 客人。当客人下电梯后，面带微笑，向客人行 15° 的欠身礼，主动向客人问候并做自我介绍。

（2）迎领客人入房

在客人左前方或右前方约一米处引领客人入房。引领的途中若遇拐弯处，应停步并伸手示意。

（3）按程序进房

到房门口后，告诉客人这就是他的房间，并用客人钥匙按程序将门打开。打开门后，退到门边，请客人先进。

（4）送迎宾茶

VIP 客人入住 3 分钟后，客房服务员应根据人数送上迎宾茶。送茶时，应按照先上级后下级、先宾后主、先老后少、先女士后男士的顺序进行。如房间客人较多，应立即补充茶具，并征询客人意见，是否需要增加会客椅。

（5）介绍情况

向第一次入住的 VIP 客人简要介绍房间设施设备的使用方法和饭店的服务项目及其特点，要求语言简练、介绍到位。但如果客人此时显得疲倦劳累或不便，可省去这一程序，另选择适当的机会向客人做补充介绍。

（6）征求客人的意见

征求客人的意见，是否还需要其他的协助。若没有，则告诉客人客房服务中心的电话，以便有事联系。

（7）退出房间

祝客人住店愉快，面向客人轻轻关上房门。离开房间时提醒客人将贵重物品寄存在总台或房内保险箱，晚上睡觉要拴上防盗链。

服务提示

表 5—10　　客房内部分设备的使用方法介绍

设备	使 用 方 法
磁卡钥匙	①按指示标志正面向上 ②插入锁孔，指示灯（绿色）亮，发出声响，即门锁已打开 ③磁卡也可作为取电卡使用，不分正反面，插入取电孔即可接通房间的所有电源
电热水壶	①灌满冷水（不可超过水位指示标志） ②直接放在电源底座上，自动接通电源，开始工作 ③水沸后指示灯亮，自动断电
VOD 点播电视系统	①打开电视机后请留意欢迎画面中的文字操作提示，参照电视画面显示信息，使用遥控器逐步完成各种功能性操作 ②点播影院和轮播影院的节目为付费节目，请注意明显的付费提示文字“PAY”；信息服务项目免费 ③在按“付费”键确认收看节目后，不论观看时间长短，均按全额收费自动计入房账 ④节目播放过程中如想退出，请按“EXIT”键，屏幕将显示“PRESS EXIT TO STOP”，此时再按“EXIT”键，节目停止播放 ⑤点播时，当屏幕出现“NO CHANNEL AVAIABLE”时，表示线路繁忙，请稍候再试
录音电话	①当客人离开房间后，若有电话接入，电话总机可将电话留言记下，此时，总机话务员拨通该电话机上的留言按键闪灯 ②客人回房间时，发现电话机闪灯，即表明有人来过电话 ③客人即与电话总机联系

四、VIP 客人的住店服务

1．VIP 客人的安全保卫

A 级 VIP：事先保留车位，饭店四周有警卫巡视，客人上下设有专用客梯，楼层、公共区域设有固定安全岗。

B 级 VIP：事先保留车位，视情况设专用客梯，视情况设安全岗。

C 级 VIP：合理配备保安人员，做好 24 小时楼层巡视。

2．整理房间

按整理房间的规格要求，上午进行重点整理，下午进行一般整理，晚上做好夜床服务。VIP 客人的房间整理实行跟进制度，VIP 客人外出时客房服务员随时进行小整理，更换使用过的用品，恢复客人用过的设备，让房间的设施设备和用品配备恢复到原始状态。

3．洗衣服务

（1）取回贵宾衣物，立即注明 VIP，进行专门登记和存放。

（2）贵宾的衣物由客房经理全面检查跟进，确保洗衣质量。

（3）严格检查，按面料确定洗涤方式，确保不发生问题。

（4）贵宾衣物，单独洗涤。

（5）包装完毕，立即送至贵宾房间。

4．其他常规住店服务项目

VIP 客人在住店期间，客房服务员本着密切关注、积极主动、服务优先的基本原则，满足客人对各项常规住客服务的需求。

五、VIP 客人的离店服务

1．准备工作

（1）掌握客人离店的确切日期及时间，检查是否有未完成的代办事项和各种账单，以防遗漏。

（2）核实客人是否需要叫醒服务及早餐服务。

（3）问清客人是否需要帮助打包行李。

2．送客服务

（1）接到客人离店通知后，客房部经理安排专人或亲自在电梯厅等候 VIP 客人。

（2）VIP 客人到达电梯厅后，为客人按梯。

（3）向 VIP 客人道别，并祝客人旅途愉快。

3．善后服务

（1）VIP 客人离店后，客房服务员应迅速进房检查，检查内容为：核对房内小酒吧的消费情况，检查是否有 VIP 客人的遗留物品。

（2）检查房间时，应及时、迅速、细致，避免遗漏。

（3）检查结果应及时向前台服务员报告。

（4）如发现有客人遗留物品，若客人还未离店，应及时送交 VIP 客人；若客人已离店，应按照客房部经理或接待单位的要求，保管好遗留物品，或按照要求将遗留物品送到指定地点。处理结果应向客房部经理汇报。

4．总结建档

VIP 客人离店后，客房部应及时做好 VIP 客人的客史档案的记录或补充，并对辖区内的接待工作认真做好总结：检查是否在接待服务过程中存在不足之处；信息传递及反馈是否到位；相关岗位的协调和沟通是否顺畅。

六、VIP 客人接待服务的共性要求

接待 VIP 客人有许多相应的共性要求，详见表 5—11。

表 5—11　　VIP 客人接待服务的共性要求

要求	说　明
正确称谓	饭店及客房服务人员都应认识 VIP 客人，向客人问候时要加上正确称谓
严格检查	对 VIP 客人预订的客房应提前准备，至少经过三次检查（领班、客房部经理、大堂副理或总经理），确保万无一失
房内登记和结账	VIP 客人不在总台登记和结账，住宿登记和结账皆由大堂副理协同其在房内完成，如客人是多次住店，该客人的住宿登记直接由总台人员根据客史档案完成
随即整理客房	VIP 客人随时出房，服务员随即整理干净房间
付费方式	VIP 客人在饭店内所有营业场所的消费在最后结账时一次性结算
征求意见或建议	VIP 客人离店时，总经理、副总经理或大堂副理应主动征求客人对饭店的意见或建议，并及时反馈有关部门
提供送餐服务	由于 VIP 客人多是社会公众人物，所以尽量提供客房送餐服务
服务模式	对于 VIP 客人应提供贴身管家服务
服务方式	对于 VIP 客人，应尽量掌握其生活和工作规律，尽力提供针对性强的符合时机的服务

第五节　处理客人投诉

客人投诉是指客人因对饭店的产品和服务不满，而提出的书面或口头上的异议、抗议、索赔和要求解决问题等行为。正确地处理客人的投诉，既能体现对客人的足够重视，又有利于纠正客房服务中的不足，提升客房的服务质量。

一、客人投诉原因

1. 因客房服务员素质而引起的投诉

（1）服务员待客不一视同仁、不礼貌。

（2）服务员进房时动用了客人物品。

（3）服务员工作时干扰了客人的休息。

（4）服务员的操作不规范。

2. 因客房产品而引起的投诉

（1）客房清洁卫生不达标准。

（2）房间隔音效果差。

（3）房内配套物品不齐全。

（4）客房硬件设施不达标或出现故障。

3. 因客人自身原因而引起的投诉

（1）客人对客房服务的期望值过高，与客房的服务标准有较大的差距。

（2）客人自身情绪不佳，寻找发泄渠道。

4. 其他因素

（1）因发生意外事件，如物品被盗、意外受伤等而引发的投诉。

（2）因发生突发事件，如突然停电、停水、发生火灾等而引发的投诉。

（3）因客人的特殊要求，如带宠物进入客房、在房内使用熨斗等未能得到满足而引发的投诉。

问题讨论

请就下列案例引发客人投诉的原因进行讨论。

（1）客人凌晨1点入住，进房10分钟后反映房间太小、床太小、不能上网，要求取消入住，并退还所有费用。饭店则表示，当时客人是同意入住的，并且房内所有的设施都已动过，门店已客满，无法为其更换其他房型，且已过凌晨，电脑已入账，无法退钱。客人表示不能接受，于是投诉。

（2）客人晚上入住，发现床上有一只臭虫，要求①道歉②换房③免房费，并称如果不免房费就反映到报社。

二、正确认识客人投诉

客人对客房部的投诉，对经营与管理存在着正反两方面的影响，服务员及管理层对客人的投诉必须给予足够的重视，对客人的投诉持真诚的欢迎态度。

1. 客人投诉的正面影响

（1）帮助客房部发现存在的问题

客房部的问题是客观存在的，管理者由于处在该环境中，所以不容易发现问题。而客人是客房产品最直接的消费者，对客房服务中存在的问题有切身的感受和体会，因此他们最容易发现问题，找到不足。

（2）改善饭店与客人的关系

客人的投诉为客房部提供了一个改善饭店与客人关系的机会。饭店通过正确解决客人投诉，能够把“不满意”的客人变成“满意”的客人，从而有利于饭店的市场营销。

（3）有利于饭店改善服务质量，提高管理水平

通过客人的投诉不断地发现问题，解决问题，进而改善服务质量，提高管理水平。处理好客人的投诉，是一项不需要饭店花钱的投资，它能直接地提高客人的满意度和美誉度。

2. 客人投诉的负面影响

客人的投诉，如果处理结果未能使客人满意，就会影响到饭店的声誉，同时会造成客源流失，从而影响到饭店的效益。

三、处理客人投诉的基本要求

当争论双方对同一事件持相反的看法时，按照一般逻辑来说，如果一方是“对的”，那么另一方必然是“错的”。但是在服务工作中，问题就不这么简单了。提出“客人永远是对的”这一口号，并不意味着“服务员永远是错的”，而是要求服务员在“客人不对”的时候，把自己的“对”让给客人。

对服务工作的许多要求都是为了使客人显得高贵而提出来的，其中包括在明明是客人不对的时候，也不能说他们不对，而是要让他们“永远是对的”。许多事实证明，在服务工作中，只要客人感到自己已经受到应有的尊重，其余的不足之处都能得到他们的谅解。相反，尽管饭店为满足客人的需要做了许多努力，但只要有一件事让客人觉得自己被轻视、被贬低，也会前功尽弃。为了实现优质服务，减少客人对服务的不满和投诉，就要坚持“得理让人”，把“对”让给客人。

在服务中把“对”让给客人的方法有：

1. 不计较客人的过错，自己把责任承担起来

例如，当遇到客人不付房费就走，服务员如何让他结算后再走？在这个时候服务员更要体现一个“让”字，应当这样跟客人说：“对不起，您的房费付过了吗？”或者说：“对不起，我忘了给您结算房费了。”客人付了房费后，还应

当向客人说："对不起，耽误您的时间了，欢迎您下次再来。"

2．要尽可能地"大事化小，小事化了"

因为一旦争吵起来，就难免要惊动周围人，不管谁是谁非，都会惹人注意，这就会造成不良影响。为了保持良好的气氛，宁可在经济上受一点损失，也不要和客人"据理力争"，不要因为客人打破一个茶杯而破坏人际交往中的友好。

四、处理客人投诉的流程

1．聆听客人意见

（1）面带微笑，仔细聆听客人意见。对客人遇到的不快表示理解，并致以歉意。

（2）饭店无论如何都不要与客争辩，尤其是对火气正大、酗酒、脾气暴躁的客人，不要急于解释，可以先向客人道"对不起"。

（3）若客人在投诉时大声吵闹或喧哗，工作人员应尽力将其劝离公众场合，避免影响其他客人。

2．认真记录

（1）工作人员要认真记录客人投诉，记录内容包括：客人姓名、投诉时间与内容。对于投诉要点应详细记录，时刻注重细节。

（2）工作人员应使投诉者放慢语速，并适时复述，表示对客人的重视，平缓客人的愤怒。

3．处理投诉

（1）被投诉的人员或部门负责人向客人做出解释。

（2）摆出事实，恰到好处地处理投诉，并为客人提供解决方案。

（3）切忌草率处理。

（4）对一些易解决的投诉，要及时解决，并询问客人是否满意处理结果。

（5）对一些不易解决的投诉，首先要向客人道歉，并感谢客人提出宝贵的意见，同时及时向相关部门经理汇报。

（6）及时将处理结果告知客人，并再次道歉，以消除客人的不快。

（7）对于重大投诉或重要客人的投诉，要立即上报总经理。如总经理不在，可电话请示或上报总值班经理。

4．记录归档

（1）详细记录投诉内容并写明处理结果。

（2）上报总经理批示后归档。

五、正确处理投诉的方法

1. 抓住客人投诉的心理

客人投诉的心理有三种：求发泄、求尊重、求补偿。在接待投诉客人时，要正确理解客人、尊重客人，给客人发泄的机会，不要与客人进行无谓的争辩。处理时，要正确辨别客人抱有哪种心理。如果客人投诉的真正目的在于求补偿，则要看看自己有无权利这么做，如果没有这样的权利，就要请上一级管理人员出面接待投诉的客人。

2. 设法使客人“降温”

“降温”就是要注意创造一种环境，让客人自由发泄他们受压抑的情感，把火气降下来，了解事情的来龙去脉。此时要注意：处理人员不能随着客人情绪的波动而波动，不得失态；即使客人故意刁难、无理取闹，也不应与之大声争吵。

3. 使用“替代”的方法

“替代”方法，即饭店工作人员以一系列实际行动和话题，使客人感到有关部门和人员是尊重和同情客人的，是站在客人立场上真心实意地帮助客人的，从而把不满的情绪转化为感谢的心情。

4. 维护客人和饭店双方的利益，迅速解决投诉问题

处理投诉时，应兼顾客人与饭店双方的利益。一方面，既不能推诿客人的投诉，应积极地想办法解决问题，征得客人的意见后马上实施；另一方面，为避免处理时让自己陷入尴尬境地，处理人员不能随意作决定或完全否定，要给自己留有余地，同时绝不能做出超出自己权限范围以外的承诺，以免留下后遗症。

5. 用恰当的方法处理客人投诉

第一类：急于解决问题。这类客人往往通过电话或口头方式提出投诉。处理这类问题的原则是，尽快解决客人急于解决的问题。第一，要注意与当事人的口头交流，讲究说话方式。第二，要及时采取补救措施。对短时间内无法解决的事情要给客人明确回复，说明饭店对这件事的重视程度，使客人有心理上的满足。

第二类：对饭店有良好印象的客人，对服务及管理中出现的问题他们会提出书面建议。对这类信件应由部门经理亲自处理，视情况写信给客人（已离店）或约客人当面交流，告知其改进的措施和杜绝此类事件发生的方法。

第三类：对饭店反感的客人，往往采取比较偏激的方法（如大吵大闹）来提出投诉。饭店员工面对这类客人时，要用正确的方法控制自己的情绪和言行，要始终坚持有理、有节、有礼貌地处理问题，平息投诉者的怒气，避免在公众场合处理问题。无论客人提出的问题是否符合事实，都必须认真倾听，从容大度地对待投诉者，待其怒气平息后再共商解决问题的方法。

第六节　对客服务中其他常见问题处理

对客房服务中，除了日常的对客服务外，由于客人或饭店的原因，还会遇见一些无法用相应的服务程序或方法解决的问题。是否能够正确处理这些问题，会直接影响到对客的服务质量。因此，客房服务员还应熟悉日常对客服务中可能存在的其他常见问题，并掌握其正确的服务方法。

一、客人入住环节常见问题处理

1．客人入住时，发现开重房间时怎么办？

（1）首先要向客人表示歉意："先生／小姐，请您稍等，让我同总台核对一下房号。"

（2）然后立即联系总台，重新给客人安排房间。重新安排的房号应尽可能在同一楼层，规格标准要与最先开的房间一样，房间的方向、位置也尽可能与原定房间相近。

（3）房间安排好，应对客人说："对不起，让您久等了，由于我们工作的疏忽把您的房间开错了，现在为您改换为XX号房间，我现在带您进房好吗？"接着把客人带到新开房间。如果总台重新安排的房间不在同楼层，应对客人说："对不起，由于我们工作的疏漏，本楼层的房间已住满，您现在的房间是X楼XX号房间，这房间虽然和原来楼层不同，但房间规格、标准都是一样的，我现在带您去好吗？"

（4）在引领过程中，特别要注意帮客人提行李。

（5）发现开重房时，服务员切记：

1）不要直接带客人去看开重的房间。

2）不要当着客人面指责总台的过错。

3）不要让客人自己回总台重新开房。

4）不要自作主张将客人安排在其他空房间。

2. 当新客人已到，而房间尚未清理好时，怎么办？

（1）向客人表示歉意。

（2）礼貌地向客人做解释。

（3）向客人表示立即将房间整理好。

（4）帮客人先将行李放在房内，然后请客人到大堂稍作休息。

（5）房间整理好后，立刻通知客人。

3. 当团队客人到达房间并催促要行李怎么办？

（1）礼貌地请客人回房稍候。

（2）向行李部打听行李送到客房的时间。

（3）将行李到达的时间告诉该团陪同，请陪同向客人说明。

（4）行李到了楼层，应马上送到客人房中，以免让客人久等。

4. 发现客人在房内使用大功率电器怎么办？

（1）客房服务员应礼貌地向客人说明在房内使用大功率电器的不安全因素。

（2）如客人需要在房内用餐，告诉客人饭店有客房送餐服务。

（3）及时将情况报大堂副理及保安部。

二、客人住店期间常见问题处理

1. 发现房间地毯有客人丢掷的烟头烫洞怎么办？

（1）保持该区域原状。

（2）通知大堂副理到现场查看。

（3）由大堂副理与客人协商索赔事宜。

（4）索赔后由客房服务员马上进行清理，由维修人员进行修补。

2. 客人称钥匙遗忘在房内，要求客房服务员为其开门，怎么办？

（1）请客人出示欢迎卡，核对日期、房号、姓名，无误后，可以给客人开门，并及时做好记录。

（2）如客人无欢迎卡，则请总台核对身份。

（3）总台核对身份无误后，通知客房服务中心。

（4）客房服务中心通知服务员开门。

（5）服务员给客人开门，并做好记录。

（6）如果是十分熟悉的客人，可以为其开门，但要做好记录。

3. 客人要求换房怎么办？

（1）首先了解换房的原因，如属房间设备问题，除为客人换房外，还须及时通知工程部检修。

（2）和接待部联系，由接待部安排换房。

（3）由行李员将房间钥匙和房卡拿到客人房间更换。

（4）查看原客房是否有客人遗留物品。

（5）换房后应更改客人入住资料，并作换房记录，及时向主管报告。

4. 客人投诉房间灯光太暗怎么办？

（1）首先查看房灯是否全部完好。

（2）各房灯瓦数是否符合规定。

（3）如不是以上两个问题，则应考虑给客人增加台灯或落地灯，不可使用超过规定瓦数的灯泡，以避免造成灯罩烧坏。

5. 发现客人在房内争吵、打架怎么办？

（1）立即报告大堂副理和保安部。

（2）将双方客人劝离现场。

（3）密切注意事态发展。

（4）做好交接记录。

（5）在适当的时候检查客房。如发现设备或物品有损坏，应及时报大堂副理，向住房客人索赔。

6. 深夜时客人来电话说隔壁客人很吵，无法入睡，怎么办？

（1）向客人表示歉意。

（2）问清客人房号。

（3）打电话或直接上房间，劝告吵闹客人。

（4）如客人仍吵闹，将情况报告大堂副理。

7. 客人反映房中保险箱打不开怎么办？

（1）由客房部主管、大堂副理、保安员、工程部维修员到客人房中。

（2）由大堂副理跟客人说明需要客人回避。

（3）在客房部主管、大堂副理、保安员监督下，由工程部维修员用专用钥匙打开保险箱。

（4）若保险箱损坏，专用钥匙无法打开，由工程部维修员用工具撬开。

（5）请客人清点保险箱内物品是否齐全。

（6）由客房部主管安排人员重新更换保险箱。

8. 客人要求在客房开会怎么办？

（1）首先了解开会人数。

（2）如人数很多，建议客人使用饭店会议室。

(3) 如人数不多，可予以同意，并按规定增加房间椅子及烟灰缸。

(4) 如人数很多，并且一定要在房间开会，须及时通知大堂副理，由大堂副理与客人协商。

9. 客人要求在房中摆放鲜花怎么办？

(1) 了解客人所需鲜花种类、数量、摆放方式和时间，问清客人禁忌的花卉。

(2) 了解客人摆放鲜花的原因，进一步做好细致的服务。如果是客人的生日，应向客人表示祝贺。

(3) 告之所需的费用并及时请客人付清。

(4) 按客人要求进行摆放。

10. 当发现客人不会使用客房设备怎么办？

(1) 不能面露瞧不起客人的神情。

(2) 根据客人要求，对设备使用方法进行说明。

(3) 必要情况下进行示范。

(4) 告诉客人如有疑难问题，及时通知客房服务中心。

11. 发现客人损坏房内设备怎么办？

(1) 礼貌地了解客人损坏设备的原因，保留好现场。

(2) 将此情况报大堂副理。

(3) 由大堂副理与客人进行协商索赔事宜。

(4) 客人同意赔偿后，客房服务员开出账单让客人签字认可。

12. 客人要求代其修理物品怎么办？

(1) 查清物品的损坏程度。

(2) 问清客人物品修理要求及取回的时间。

(3) 根据物品损坏的程度问清工程部能否修理。

(4) 如能维修，及时在规定时间内将修好的物品送还客人。

(5) 如果工程部无法修理，报大堂副理。

13. 客人要求增加枕头和毛毯怎么办？

(1) 了解客人需要增加这些物品的原因。

(2) 如果客人是因为感觉室温太低，除增加这些物品外，还要检查客房空调是否调得太低。

(3) 如果发现是住客超过规定的人数，应向客人说明不能增加物品，同时还应婉言说明未登记人员不能留宿，并将此情况及时报给大堂副理。

14. 客房服务员按正常程序敲门入房服务，发现客人刚好从床上起来怎么办？

（1）向客人道歉。

（2）马上退出房间。

（3）注意不要喋喋不休地向客人说明入房原因，以免造成客人不方便。

三、客人离店环节常见问题处理

1．客人离店时，客房服务员如何查房？

（1）检查客人有无带走客房的设施设备或用品。

（2）检查客人有无损坏饭店的设施设备或用品。

（3）检查客人有无遗留物品。

（4）检查客人有无使用过小酒吧的饮料。

2．客人离店时，带走了客房的设施设备或用品怎么办？

（1）先报给客房服务中心并查看交班记录，检查是否已按标准配备齐全。

案例学习

追回浴巾

客人退房时，带走客房内用品的事时有发生。福建省某大饭店大堂陈经理就运用了心理学基本原理，成功地解决了浴巾的追讨问题。

（1）让客人觉得你是信任他的。即明知是这位客人拿走了浴巾，也要表现出信任他的态度。陈经理对客人说："× 先生，对不起，在您的房间里少了一条浴巾，我们的服务员找不到，请您帮我们回忆一下放在哪儿了？"。这其中的"我们的服务员找不到"没有责备客人，而是把错留给了饭店；"请你帮我们回忆一下"又给了客人以信任。

（2）善于"拐个弯"。客人回答说："没见到"，于是陈经理就拐个弯说："那么请您回忆一下，是否您的亲戚在这儿洗澡时，不小心把浴巾一块带走了？如果是这样的话，您替他付费也行。"这时，客人开始盘算这条浴巾是否值得付费。

（3）给客人台阶下。客人经过思考回答："亲戚也没拿。"陈经理又恳切地说："那么麻烦您进房间帮我们查找一下好吗？"并在客人真的进房"查找"时，服务员立即退出，这样就给客人一个台阶。接着客人从旅行包中取出浴巾，放在沙发背后，出了房门后，反而批评服务员："你们是怎么搞的嘛？浴巾就在沙发背后也看不见！"

（4）给客人留面子。陈经理的责任在于追回浴巾，而不是评价客人素质。他热情地与客人握手道别，并欢迎他下次再来。

（2）了解客人是否还有同行住在饭店（因客人有可能将物品放在其同行客人房内）。

（3）如确实是客人原因造成失少，则客房服务中心应马上报告总台收银处和大堂副理，由总台收银员留住客人，由大堂副理向客人索赔。

3．客房服务员查房时，发现客人损坏了饭店的设施设备或用品怎么办？

（1）先报给客房服务中心，由客房服务中心第一时间通知总台收银和大堂副理。

（2）总台收银员找借口留住客人，大堂副理向客人索赔。

4．客房服务员查房时，发现客人的遗留物品怎么办？

（1）及时通知客房服务中心，若是零星散客，让客房服务中心通知收银员，告知客人有遗留物品；若是团队客人，则与团队联络员联系。

（2）若客人还未离店，客房服务员应及时地将遗留物品交给客人。

（3）若客人已经离店，客房服务中心应立即通知大堂副理有遗留物品。

（4）服务员立即填写“遗留物品登记单”（见表5—12），注明房号、物品名称、数量、质地、形状、成色、拾得日期等，并签上自己的姓名。

（5）下班前，客房服务员将遗留物品交客房服务中心，客房服务中心联络员负责登记。

（6）钱币和贵重物品经客房服务中心联络员登记后，交客房服务中心主管进行再登记，然后交秘书保管。

（7）一般物品与遗留物品登记单一同装入遗留物品袋，将袋口封好，在袋子的两面注上当日日期，存入遗留物品室内的格架中，并在格架上贴上写有当日日期的标签。

（8）遗留物品室每周由专人整理一次。

表5—12　　遗拾物品登记单

拾得时间	拾得地点	拾得人	登记单号码	物品详列	认领情况

5. 客人来认领遗留物品怎么办？

（1）需验明客人的证件。

（2）由领取人在遗留物品登记本上写明工作单位并签名。

（3）领取贵重物品时，需留有领取人身份证件的复印件，并通知大堂副理到现场监督、签字，以备核查。

6. 客人打来电话寻找遗留物品怎么办？

（1）需问清情况并积极查询。

（2）若遗失物品与客人所述相符，则问清客人前来领取的时间。

（3）若客人不立即前来领取，则应把该物品转放于“待领取柜”中，并在客房服务中心记事簿上逐日交接，直到客人领走为止。

7. 客人通过亲属、朋友或委托他人来认领怎么办？

（1）请客人出示委托书。

（2）问清客人姓名、遗失物品、遗失时间、遗失地点，所有资料相符合时才可移交物品，并请代收者签名确认。

（3）若代领的是贵重物品，应留下代领者的有效证件的复印件，并由大堂副理监督移交。

第七节　客房服务中的个性化服务

客人的需求是千差万别的，既有共性的部分，又有个性的部分。标准化的服务只能满足大多数客人的基本需求，而对于每个客人更深层次的特定的个别需求则难以满足，并且这些个别需求往往都是即时的、复杂多样的。为此，服务员应在做好规范服务的同时，站在客人的角度因宾客之需而随机应变，为客人提供个性化服务。

一、个性化服务含义

个性化服务起源于海外发达国家，称为“Personalized Service”或“Individualized

Service”，就是以客人需求为中心，在满足客人共性需求的基础上，针对客人的个性特点和特殊需求，主动积极地为客人提供特殊的服务，是对客人采取“量体裁衣”定制式的服务。

个性化服务是将规范化服务的要素进行拆分、重组，面向客人的直接需求做出细节改良，使服务的末端环节更多融入对客人需求的考虑，力求在客人并不亲自参与服务设计过程的情况下，设身处地地为他们预置多种备选方案，让客人依照自己的个性需要自由选择，改变他们在规范化服务体系中别无选择的处境，真正成为饭店服务的主人。

二、个性化服务表现形式

要能提供个性化服务，服务员就应善于察言观色，了解客人的特定需求。个性化服务的内容广泛，琐碎，表现形式也各异，但归纳起来有以下三种。

1．灵活服务

这是服务员经常会碰到的最普遍的个性化服务。简单地说，就是不管饭店是否有相应的规范，只要客人提出要求，且合情合理，饭店就要尽最大可能去满足他们。比如，绝大多数客人晚上休息时，喜欢将客房的遮光窗帘拉合好，才会睡得香甜，因而客房服务程序中规定对住客房间开夜床。然而有的客人却为了不影响第二天的工作，希望将遮光窗帘中间留出一条缝，这就需要细心的服务员发现、分析、判断客人的特殊需求，在夜床服务时提供客人满意的服务。

2．针对性服务

客人的需求各有不同，有些客人的某些需求还非常独特。比如某客人，特别注意清洁卫生，要求房间布置全部为白色，服务员打扫房间还必须戴着手套当着她的面完成。这需要服务员细心观察，做好记录，建立规范化的档案存储起来，更好地主动满足这类客人的需求。

3．意外服务

客人在住店期间可能会发生难以预料的意外而急需解决相关问题。遇到这种情况，服务员“雪中送炭”式的个性化服务会让客人备感亲切和温暖。如客人住店期间生病，服务员嘘寒问暖、陪伴诊疗；客人临时急需重要物品，服务员放弃休息帮助购买。在客人最需要关心和帮助时，服务员急客人之所急，想客人之所想，客人会对饭店留下难忘而良好的印象。

案例分析

特殊的床

一天，客房部接到销售部的通知，两天后将有一位特殊的客人入住饭店，请客房部提前做好准备。

这是一位怎样特殊的客人呢？通过客人预订通知单得知，将要入住的这位客人的身高达230厘米。那么客房部需要提前准备什么呢？主要就是为这位将要到来的“巨人”准备睡觉的床。

准备工作开始了。哪里有这么大的床呢？就是有这么大的床也没有地方放呀。客房部经理和几名服务员一起商量，想出了办法。选定了一个豪华大单间的客房，把会客区域的沙发抬出去，在房间的客厅里放上一张两米乘两米的大床，再把一张两米长、一米宽的单人床横着与大床的床尾相接拼在一起，这样就成了一张3米长、两米宽的“巨型单人床”。

床有了，可是还没有与“巨床”配套的卧具。一位客房领班出了个主意，到工服房把两条大号床单接到一起，做成一条巨大的床单，一共做了三条床单，毛毯也是用两条接在一起。最后，共用了六条床单、两条毛毯做好了这张特殊的单人床。

这位来自美国的“巨人”在这家饭店享用了三天“巨型单人床”后，离开饭店前，在客房的《宾客意见卡》上写下了这样的留言：“我是美国一家公司的职员，我的智力不比别人差，能力也不比别人差。可是我不敢像其他人一样出差或旅游，因为我的身体特殊，没有哪家饭店能有合适的床供我睡觉休息。而有时由于工作原因，又不得不出差，入住饭店时，经常在客房的地毯上打地铺，常常休息不好，第二天无法正常工作。贵饭店为我特制的床实在是太舒服了，这是我除了在自己的家里之外，睡得最舒服的三天。这三天，对于一般人也许不算什么，但是在贵饭店入住的三天，是令我难忘的三天。”

分析：

这是一个典型的针对性服务案例，针对客人的特殊身材，如何才能使客人睡得舒服，客房部的经理和服务员开动脑筋，站在客人的角度去想。其实将两条床单接在一起，客人走后拆开还是一样用。关键是他们没有嫌费事，怕麻烦的想法。

在为特殊客人准备用品和提供服务时，并没有什么高难度，也没有多么高超的技巧，但是却解决了客人困难，为客人提供了恰到好处的服务，也赢得了客人由衷的感谢。

案例分析

米歇尔的手提箱

某饭店接待了一个大型的国际会议。在会议结束后的第二天上午，参加会议的法国核专家米歇尔先生找到了客房领班小张。米歇尔先生说在他准备收拾行李时，发现他的手提箱钥匙找不到了，手提箱无法打开。而他在当天下午就要离开饭店回国，飞机票、护照、信用卡全放在手提箱内，拿不出这些东西，他连飞机都上不了。米歇尔想请小张帮助把手提箱打开，并说只要是能够把东西取出来，就是把手提箱砸坏也没有关系。

看到客人着急的样子，小张马上将客人的情况向客房部经理做了汇报。在饭店的规定中，服务员是不能随便答应帮客人撬箱子的。经理了解了情况并同意后，小张找来了工程部的技工师傅。小张和技工师傅商量，尽量在不损坏手提箱的情况下将箱子打开，因为客人还有很多事要办，如果把箱子撬坏了客人再出去买箱子，时间会很紧张。

小张协助技工师傅，用了近两个小时的时间，中午饭都没有吃，最后真的打开了手提箱而且没有损坏。米歇尔先生非常高兴，说："你们的饭店非常好，员工非常好，我会把你们的热情友好、尽心尽力帮助客人的事告诉我的家人和朋友。我还会告诉他们，如果他们来中国、来北京，一定要住在你们的饭店。"

过了一段时间，小张收到了一张来自法国的明信片，是米歇尔先生寄来的，米歇尔先生在信上表达了对中国及对这家饭店的怀念之情，以及对饭店的祝福。

分析：

小张为客人打开手提箱，并且没有损坏。米歇尔先生被服务员急客人之所急、为客人着想的精神和良好的职业道德所折服。

如果小张当时找来技工，把手提箱砸开，也算帮助了客人。而且客人有言在先：只要能拿出机票和护照，就是砸坏手提箱也没有关系。客人同样会感谢，但肯定不会有这样的效果。另外，在客人提出帮助砸开手提箱时，小张没有马上答应，及时向领导请示的做法是正确的。并且是在有技工和客人本人在场的情况下打开手提箱的，在为客人悉心服务的同时，仍然不能忽略原则和自我保护，以防止意外的情况出现。

三、个性化服务范例

规范的客房对客服务是饭店服务质量的基础保证，大多数客人的普遍、共同要求需要通过规范服务来加以保证。个性化服务则是饭店服务质量的灵魂，突破标准与规范的个性化服务更富有人情味。要想让个性化服务收到实效，客房服务员在工作过程中应细心观察，站在客人角度去看待、分析、处理问题。下面列举发生在客房中的常见的个性化服务。

1. 服务员清扫客房时，若发现客人将毛毯、棉织品等硬物垫于枕头下，则可给客人增加一个枕头。

2. 若发现客人对饭店免费赠送的某种水果有特别的偏好，则可在其入住期间，增加该水果的数量，同时减少其他品种的数量。

3. 服务员清扫客房时，发现客人将毛巾弄湿放于灯罩上或所有杯子里盛满水放于各处，则可给客人增加加湿器。

4. 服务员清扫客房时，发现客人使用笔记本电脑，鼠标下放纸张或杂志等物品，则可给客人增加一个鼠标垫。

5. 服务员清扫客房时，发现客人有药品（除保健品）放于写字桌、床头柜、迷你吧台等处时，服务员可主动晾白开水并留言提醒客人按时吃药。

6. 服务员清扫房间时，发现客人将毛毯或棉织品等物品折叠好平铺在被子下方，则可给客人增加一个海绵垫。

7. 服务员在清扫房间时，根据客人的生活习惯、工作习惯适时地给长住客人清扫房间和征求客人房间棉织品更换意见，房间物品的摆放遵循客人的习惯和偏好。

8. 服务员为客人清扫房间时，发现客人的电动剃须刀放在卫生间的云台上未关时，如客人不在房间，服务员则应主动为客人关闭剃须刀开关。

9. 服务员早上清扫房间时发现，客人将开夜床时已铺好的被子双层叠好盖在身上，再看空调是23℃，可能客人嫌房间冷，这时服务员立即主动加一张毛毯或被子给客人，并交代中班服务，夜床服务时将温度调到26℃左右。

10. 服务员清扫房间时，发现床单、毛毯、床垫等各处都有不同程度的污秽。服务员马上意识到，是客人因饮食不慎引起肠胃失调或喝酒过量，应将所有脏的物品更换一新（视情况赔偿），还应通过楼层主管及时与部门经理联系，为客人提供及时服务，让客人得以康复。

11. 服务员清扫房间时，发现一张沙发靠在床边，服务员观察到床上垫着一块小塑料布，卫生间还晾着小孩衣裤后明白，母亲怕婴儿睡觉时掉到地上，服务员随即为客人准备好婴儿床放入房间。

12. 服务员发现客房中放有西瓜，想必是客人想品尝一下这里的西瓜，绝对不会千里迢迢带个西瓜回家留个纪念。所以服务员主动为客人准备好了托盘、水果刀和牙签。

13．服务员清扫房间时，发现面盆内泡有客人的衣物。可能由于客人工作繁忙，没有来得及洗。服务员主动帮客人清洗。

思考与练习

1. 按旅游动机划分，客人可分为哪几种类型？饭店应如何做好相应的针对性服务？

2. 什么叫贴身管家？贴身管家的对客服务模式有什么优缺点？

3. 客人住店过程中，客房部可向客人提供哪些服务项目？

4. 如何做好 VIP 客人的迎接与送行服务？

5. 客人称钥匙遗忘在房内，要求客房服务员为其开门，怎么办？

6. 当发现客人不会使用客房的设备时，怎么办？

7. 客房服务员查房时，发现客人的遗留物品怎么办？

8. 什么叫个性化服务？个性化服务的表现形式是什么？

第六章 客房物品管理

客房物品主要包括客房的设备、客房的布件和客房的日用品。客房的物品是客房部的重要资产，是客房部正常运转的物质保证，也是客房部为客人提供服务的保障。加强客房部物品的管理，既可以为客人提供满意的服务，同时也可以节约饭店运转中的成本消耗，是饭店提升利润空间的重要环节。

学习目标

☆掌握客房家具和主要电器的使用与保养方法。

☆了解客房设备的管理方法。

☆了解客房布件的种类与规格。

☆了解客房布件的配备、管理和控制方法。

☆熟悉客用物品的配备标准、领发制度和控制流失的措施。

第一节 客房设备管理

客房设备通常可以分为客房客用设备、客房清洁设备及其他设备。其中客房的清洁设备详见本教材第三章。

一、客房家具的使用与保养

1. 床的使用与保养

（1）保持清洁

要保持床架与床垫的清洁。为了防止床架被弄脏，可在床架上套上床裙；为了防止床垫被弄脏，可在床垫上加铺褥单；床裙与褥单有脏时，应及时换下洗涤。要及时地除尘除迹，服务员要经常使用吸尘器清除床垫上的灰尘，及时清除床垫上的污渍。

服务提示

清除床垫上的污渍时，要将软垫竖起来，用轮刷和合适的清洁剂擦洗，然后用干布吸去水分，再用电吹风吹干或让其自然干燥。清除软垫上的污渍时不能将软垫平放的原因是平放易使水和清洁剂渗透到弹簧钢丝上，使钢丝锈蚀。

（2）定期翻转床垫

为了保护床垫，每月必须翻转一次，使床垫各部分平均承受压力，以延长床垫的使用寿命。床垫翻转的程序如下：

第一步，编定标号：

- 核实床垫上的标号，按每季度编号，分为1～4号，字迹清楚；
- 床垫标号分别贴于床垫的两面，位置要正确。正面为单数，反面为双数；正面标号为“1”，贴于床垫左下面，标号“3”贴于右上角；反面标号为“2”，贴于右下角，标号“4”贴于左上角。

第二步，翻转床垫：

- 第一季度以标号“1”在左下角，标号“3”在右上角为准；
- 第二季度将床垫从右面向左翻转180°，使标号“2”置于左下角；
- 第三季度从床头向床尾翻转180°，使标号“3”置于左下角；
- 第四季度将床垫从左向右翻转180°，使标号“4”置于左下角，依此类推。

(3) 注意检查、及时维修

服务员要经常检查床垫的面料有无破损、滚边有无破损、弹簧有无松动或脱落，发现问题及时报修，对于无法修复的床垫要及时更换。

(4) 注意防潮

床垫的防潮，一要避免人为地将水或其他溶液弄到床垫上；二要保持室内干燥，经常让床垫通风透气。

2. 沙发的使用与保养

(1) 选用讲究的面料制作沙发套，以保护沙发面层清洁和不受磨损。

(2) 沙发靠背顶部和两侧的扶手放置与沙发比例相符的花垫。花垫既是保护沙发的用品，也是精美的装饰品，可随时进行洗涤。

(3) 沙发面层有污点时，要用清洗剂擦洗。

(4) 不能蹬踩沙发坐垫，以免坐垫内的弹簧损坏。

(5) 经常翻转沙发坐垫，以保证坐垫受压均匀。

(6) 经常对沙发进行吸尘，以保持其清洁。

3. 木质家具的使用与保养

木材具有易变形、易腐朽、易燃、质地结构不均匀、各方面强度不一致等特点，因此，木质家具在使用的过程中应根据其特性注意保养。

(1) 防潮

木质家具受潮后容易变形、开胶和脱漆，因此，木质家具在使用过程中要注意防潮。具体的措施有：

1) 家具放置一般与墙相距5～10厘米，并注意经常通风换气。

2) 整理房间时，服务员应注意不可把受潮的物品搭放在木质家具上。

3) 擦拭家具时不能用带水的抹布，可用拧干的湿抹布或干抹布。

(2) 防热

木质家具过度受热后容易收缩、开裂。因此，要避免暴晒和烘烤，避免阳光直射，摆放时要远离暖气片等热源。

(3) 防虫蛀

木质家具容易滋生蛀虫，要加强防虫蛀工作，方法可参照除虫灭害的要求和办法进行。

（4）防摩擦损伤

对木质家具要采取一系列办法防止其受到损伤，常见的方法有如下几种：

1）摆放在桌子，台子等家具上的用具用品底部必须光滑，不得有毛刺。如烟灰缸、杯子等陶瓷器具，使用前必须用细砂布将其带刺部分磨光。

2）使用杯垫、垫碟等防损伤物品。

3）定期为家具表面打蜡。

（5）定期打蜡

使用专用的家具蜡给木质家具定期打蜡，可以起到隔热防潮、防渗透、防止失去光泽、保持清洁明亮、清除轻微擦伤、降低灰尘附着力等作用，是木质家具的综合性保养的有效措施。

二、客房主要电器的使用与保养

1．照明灯的使用与保养

饭店客房的照明都采用局部采光，因此客房内的照明灯具种类繁多，主要有门灯、酒吧灯、台灯、镜前灯、床头灯、夜灯等，它们既是照明设备又是房内的装饰品。平时应加强对它们的维护与保养。

（1）每天用干抹布进行抹尘。

（2）及时更换不亮的灯泡。

（3）定期进行检查，确保灯具的照明效果和使用安全。

2．液晶电视的使用与保养

液晶电视简称LCD（Liquid Crystal Display）。在饭店中，液晶电视正逐渐替代普通电视和等离子电视，对它的使用与保养要点如下：

（1）远离化学药品

发胶、灭蚊剂等挥发性高的化学品，对液晶显示屏会造成损伤，客房服务员在使用灭蚊剂、灭虫剂等挥发性化学品时，要尽量远离液晶电视。

（2）不用的时候应关闭显示屏

不用时，如果选择屏幕保护程序或调低显示屏的亮度，只能起到保护液晶屏的作用，显示屏后面的灯管还一直在工作，这样会影响到灯管的寿命。因此，不用的时候应关闭显示屏。

（3）注意防潮

对于长时间空着的客房，客房服务员应定期给电视通电，以防显示器受潮。清扫房间时，不要让任何具有湿气性质的东西进入LCD；一旦发现有雾气，要用软布将其轻轻擦去，然后才能打开电源；如果湿气已经进入了LCD，就必须将其放到较温暖的地方，以便让其中的水分和有机化合物蒸发掉。

（4）正确清洁屏幕

客房服务员清洁屏幕应注意三点：一是不可用水而应使用玻璃清洁剂擦拭屏幕，并要注意不可让清洁剂流到屏幕与屏框的接口中，以免出现短路烧坏显示屏；二是不可用硬质毛巾而应使用特殊屏幕擦布擦洗屏幕表面，以免刮花屏幕影响观看效果；三是清洁显示屏应定时定量，频繁擦洗也会对显示屏造成一些不良影响。

（5）尖硬物避免接触屏幕

液晶屏非常娇贵，客房服务员打扫卫生时，手指等尖硬物不可接触到屏幕，否则会对屏幕造成损伤。

使用电视遥控器的注意事项

（1）遥控器内的电池可使用半年。如果遥控器不能正常使用，应首先更换新电池。

（2）如果长时间不使用遥控器，应取出电池，以免电池液泄漏。

（3）使用遥控器时，电视与遥控器之间不可放置任何物体，以防遥控指令波受阻。

（4）遥控器与电视机距离越短，遥控器可操纵的范围就越宽广。

机顶盒的使用与保养

现在大部分饭店客房都采用数字电视，采用数字电视的客房除了配有必要的电视机外，还必须配有数字电视机顶盒。因此，服务员应了解机顶盒相关的使用与保养知识。

（1）机顶盒放置应避开灰尘和潮湿。机顶盒的上方避免放置物品，以免影响其正常的散热，缩短其使用寿命。

（2）顶盒的插口避免频繁插拔，以免松动或变得接触不良等。

（3）关电视时应先关掉电视的电源，再关掉机顶盒的电源，否则会破坏机顶盒内部的软件。

（6）非专业人士不要打开后盖

液晶显示屏的功耗比较小，但即使在关闭了很长时间以后，背景照明组件中的 CFL 换流器依旧可能带有大约 1 000 V 的高压，这种高压能够导致严重的人身伤害，因此非专业人士不可随意打开显示屏的后盖。

3．客房小冰箱的使用与保养

在中高级饭店的客房中，为保证饮料供应，常设有客房小酒吧，并配有小冰箱，在冰箱内放置酒品、饮料，客人可根据需要随意饮用。

目前国内外市场的冰箱基本有三种：一是用压缩机制冷剂制冷的冰箱；二是用半导体制冷的冰箱；三是扩散——吸收式冰箱。每种冰箱的制冷原理、使用工作介质、制造技术、性能、使用领域均不同。

饭店客房使用的小冰箱一般选用扩散——吸收式冰箱。其具有完全静音、高效制冷、环保节能、使用寿命长的特点。客房小冰箱的保养主要是每天的冰箱外的除尘，以及对冰箱进行定期的清洁。客房小冰箱的清洁方法如下：

（1）定期对冰箱进行清洁，清洁冰箱时先切断电源，用软布蘸上洗洁精，轻轻擦洗，然后蘸清水将洗洁精拭去。

（2）为防止损伤箱外的复合涂层和箱内的塑料零件，请勿使用洗衣粉、去污粉、滑石粉、碱性洗涤剂、开水、刷子等清洗冰箱。

（3）清洁完毕，将电源插头牢牢插好，检查温度控制器是否设定在正确位置。

（4）客房小冰箱长时间不使用时，应拔下电源插头，将箱内擦拭干净，并打开箱门通风，待箱内充分干燥后将箱门关好。

做好客房小冰箱的清洁，不仅能延长冰箱的使用寿命，而且还能保证冰箱的使用功效，也体现了饭店客房的档次与品质。

4．空调器的使用与保养

饭店常用的空调有两大类，即中央空调系统和房间空调器。

一般中高级饭店都采用中央空调系统，为了满足客人对温度的不同需求，每个客房都有空调旋钮或开关，客人可根据需要自己调节。中央空调系统由工程部专人控制、定期进行检修，客房服务员仅对客房里的温度进行调节，并保持空调风口的清洁。

一般的经济型饭店或低星级饭店考虑到经济成本，往往选择房间空调器。对于客房服务员来说，掌握正确的清洁和保养空调器的方法是必备的工作技能之一。空调器的日常清洁保养的要求为：

（1）保持空调整机内外的清洁。每天用干布擦拭机器外部，用软毛刷清洁内部的冷凝器及蒸发器等处的灰尘。

（2）空调过滤网隔 2～3 周清洁一次。将过滤网摘下，先用吸尘器或毛刷除去过滤网的灰尘，再用低于 40℃ 的温水（如肥皂水、中性洗涤剂溶液）清洗，不能用洗衣粉、洗洁精、汽油、香蕉水等清洗，以免滤网变形，最后用清水冲净，并用软布擦干或阴凉处吹干，千万不要在阳光下暴晒或在火炉等明火处烘干，以免滤网变形。

（3）每 4 周检查一次插头和插座，可用手触摸插头判断是否发热，另观察插头是否有打火痕迹。

（4）每年检查一次遥控器，打开后盖更换电池。

（5）每半年向蒸发器内注入清水一次，检查排水机情况。

（6）每 12 周检查一次底板有无松动，运转时有无异常声音。

（1）如何正确使用空调？

1）使用空调送冷气时，最好比室外温度低 4～5℃，送暖风时可控制在 18～20℃左右。

2）空调关闭后再重新启动时，需要等 3 分钟以上。

3）保证空调吸入口和吹风口畅通，不要堵塞。

（2）空调突然停止工作怎么办？

需查看电源是否有电、电源插头是否接触良好、插座有无损坏、温控器是否调到合适位置。

（3）空调不停运转怎么办？

先查看温控器是否调到合适位置，另外，房间温度过高、面积过大或开窗通风等也能导致该状况出现。

5．电脑的使用与保养

现在越来越多的商务饭店或商务客房在房内配置电脑，电脑通常由饭店的专业网络工程师来维护，但当电脑出现问题时，客人往往首先咨询的是客房服务员。因此，客房服务员也应了解相应的电脑使用与保养的基本常识。

（1）电脑开机应先开外部设备，如显示器、打印机等，再开主机，目的是防止瞬间烧毁电脑主板元器件；关机反之，先关主机再关外部设备。

（2）灰尘是损坏电脑的最大杀手，日常使用电脑时要注意保持电脑主机、显示器的清洁。当显示器屏面（尤其是液晶显示屏）有灰尘或脏东西时，要用柔软的纸巾或专用的显示屏擦拭布来清理，不要用湿布和表面粗糙的纸巾来擦拭，否则会损伤显示屏。

(3) 注意电脑的防晒、防潮、防雷击。不要让太阳光直射到电脑显示屏（尤其是液晶显示屏）上，长期的太阳光直射会加速老化，导致显示屏变色；不要将电脑主机直接放置于地面，应放置于电脑桌上或用木板垫起；不要把水杯放得太靠近电脑，如不小心将水溅到电脑的部件上，应立即关闭电脑，待部件晾干后再重新开启电脑，否则会使电脑部件短路，导致电脑损坏；如遇雷雨天气，最好不要使用电脑，以免电脑的零件遭受雷击而损坏。

(4) 注意电脑的散热。不要用物品遮挡电脑散热口、电源出风口等，否则会影响电脑的散热，当电脑内部热量散发不出去时，会造成电脑主机内部温度过高，电脑会频频死机；电脑连续使用时间不宜过长，不使用电脑时应让电脑处于休眠状态。

电脑上不了网，怎么办？

首先要检查一下电脑主机跟网络端口的连接线是否松动。如果网络连接显示为红色交叉状态，那就是网络端口松了，只要将网线与连接口插好即可；如果网络是连接着的，但上不了网，此时很大的可能是网络出现了堵塞，可尝试重启电脑，如仍不能上网应及时与饭店的 IT 管理员联系。

三、客房设备管理方法

饭店客房设备种类繁多，价值悬殊，必须采用科学合理的管理方法，做好客房设备的管理工作。

1. 制定严格的设备管理制度

客房设备的种类繁多，分布范围广，周转环节复杂，为此，客房部应根据设备的类型、性质、使用范围、管理要求等因素，分别制定各设备的岗位责任制度、分级管理制度、归口管理制度、安全操作制度、维修保养制度、保管发放制度等，以免造成管理工作上的疏忽和漏洞。各类制度一经制定，任何人都必须认真执行。

2. 加强对员工的设备知识培训，减少员工工作中的误操作

客房部应加强对客房员工的设备知识培训，使其掌握各类客房设备的用途、性能、使用和保养方法，并懂得一些设备管理的知识，减少员工工作中的误操作对客房设备的影响。

知识链接

分级归口管理

客房设备用品的日常使用和管理，是由各部门、各班组共同完成的。各部门、各班组既有使用设备用品的权利，又有管好设备用品的责任，因此，必须实行分级归口管理。

分级就是根据饭店内部管理体制，实行设备主管部门、使用部门、班组三级管理，每一级都有专人负责设备管理，都要建立档案。使用部门和设备主管部门建立设备分类明细账，实物数量和金额同时记载，财务部门实行金额控制，设备调拨、报损、报废各级都要及时登记。

归口是将某设备归其使用部门或归组管理，如客房的电器设备归楼层班组管理。几个部门、多个班组共同使用的某类设备，归到一个部门或班组，以它为主负责管理，而由使用的各个部门、各个班组负责该类设备的使用保管与维护保养。

3．加强日常的督导工作，调动员工维护客房设备的积极性

客房管理者一方面要定期检查客房设备的使用情况；另一方面要督导员工按规程对客房设备进行日常的检查与清洁保养。管理者必须调动客房员工的积极性，使之在工作中认真检查、及早发现设备的问题并及时解决，并在平时的工作中严格按标准执行各项清洁保养计划，保证客房设备的正常运转。

4．减少客人使用中的损坏

客房设备是以租借的形式提供给客人使用的，为了减少客人使用中的误操作造成的设备损坏，饭店通常采用下列相关措施：一是由行李员或客房员工向客人介绍客房内的设施设备的性能和正确的使用方法；二是如因客人原因造成客房设备损坏，要视具体情况进行适当的索赔；三是有些饭店的客房管理者还专门设计关于客人损坏或带走客房设备物品的赔偿价格表放在客房内，以提醒客人爱护饭店的设施设备，不要给自己造成不必要的损失。

5．加强部门间的沟通协调，做好设备的维修保养及更新工作

客房部是客房设备的使用部门，而设备的维修保养又必须信赖于工程部，所以客房部必须积极主动地与工程部加强沟通，及时通报客房预订状况，共同制订好设备维修保养计划，保证客房的正常运转。客房设备的更新改造必须列入饭店整体费用开支计划当中，所以客房部应提早制订设备更新采购计划，与财务部门及时沟通，保证资金及时到位。

四、客房设备的更新与改造

为了保证饭店的规格和档次，保持并扩大对客源的吸引力，满足客人不断变化的需求，饭店应根据需要对客房设备进行局部更新或全面更新改造。

1．常规修整

客房设备的常规修整一般每年至少进行一次，如地毯、饰物的清洗，地面清洗和粉刷，常规检查和保养，家具的打蜡和油漆，窗帘、床罩的洗涤等，以保持客房的基本标准。

2．部分更新

客房的设备在使用5～6年后，应对部分设备进行局部更新，如更换地毯，更换灯具，更换窗帘、床罩甚至包括电视机，以保证客房设备的清洁、舒适和常新。由于饭店业竞争日趋激烈，客人需求不断变化，饭店客房设备部分更新的周期呈越来越短的趋势。

3．全面更新

客房的设备在使用10年左右应进行全面的更新改造，这种更新改造要求对客房的陈设、布置和格调等进行全面彻底的改变，其项目包括家具、灯具、装饰品、地毯、墙纸、卫生间设备等的更新。

饭店应根据自身的经济实力，合理调整客房设备，注意增添新功能、符合生活潮流的设备，同时在客房设备的布局和配备上体现新理念和新思维，保证更新改造既能体现时代的时尚性，又能突出饭店的特色。

第二节 客房布件管理

客房布件既是客房不可或缺的用品，也是客房成本的重要组成部分。饭店应保证客房布件在种类与质量上与饭店星级相对应。合理的配置布件，可以加强对客房布件的管理与控制，确保客房布件的正常供应，避免造成无谓的浪费和损失。

一、客房布件分类

根据布件的用途，可以把客房使用的布件分为三大类，如图 6—1 所示。

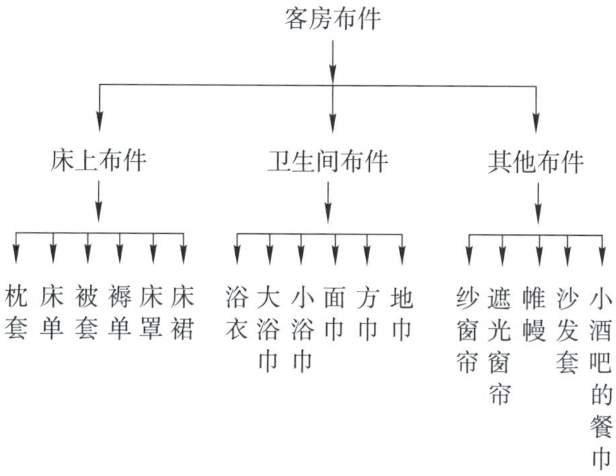

图 6—1　客房布件分类图

二、客房布件规格

1．床上布件规格

（1）床单

床单的规格尺寸、大小受床的规格尺寸和铺床方法及铺床要求等因素的影响。通常情况下，可按下列公式进行计算：

床单的长度 = 床垫的长度 +2× 床垫的厚度 +2×20 cm

床单的宽度 = 床垫的宽度 +2× 床垫的厚度 +2×20 cm

按照公式计算出来的床单的规格是实际所需的尺寸，没有考虑缩水的因素，购买床单时要考虑其缩水率。

问题讨论

如果床垫的规格分别是 120 cm×200 cm、160 cm×200 cm、200 cm×200 cm，则它们相应的床单规格分别为多少？

（2）枕套

枕套是与枕芯配套使用的，通常要求枕套比枕芯宽 2～5 cm，长 20～23 cm。

2. 客房卫生间毛巾规格

客房卫生间的毛巾规格应与饭店的档次相适应。参照饭店星级评定标准的有关要求，客房卫生间毛巾的规格见表 6—1。

表 6—1　客房卫生间毛巾规格

种类	尺寸（cm×cm）	质量（g）	饭店档次
大浴巾	120×60	400	一、二星级
	130×70	500	三星级
	140×80	600	四、五星级
小浴巾	100×34	125	无明确规定
面巾	55×30	110	一、二星级
	60×30	120	三星级
	70×35	140	四、五星级
地巾	65×35	280	一、二星级
	70×40	320	三星级
	75×45	350	四、五星级
方巾	30×30	45	三星级
	30×30	55	四、五星级
浴衣	大、中、小号	不定	四、五星级

知识链接

影响布件质量的相关技术参数

（1）纤维长度

纤维较长，纺出的纱均匀、光滑、强度好，织成织物后美观、细腻、平滑、舒适度好。纤维短，则纺成的织物针脚不匀，手感粗糙。一般二级至四级棉的纤维长是 27～29 mm，一级（高级）棉的纤维长是 29～31 mm。

（2）纱支数

纱支数的高低与纤维长短也有很大关系。纤维长，纺纱细而紧，纱支数高，使用中不易起毛，耐洗、耐磨。纤维短则纱支数要差些。有三种棉纱支数用于床单和枕套织物：20 支纱、21 支纱和 24 支纱。

（3）毛圈数量和长度

主要用于卫生间的毛巾类布件。毛圈数量多且长，其柔软性好，吸水性强，但毛圈长度太长易被钩坏，3 mm 左右较合适。

（4）织物密度

床单和枕套，在纱支数相同的情况下，织物密度高且经纬线分布均匀的，其舒适度和强度都较佳。床单和枕套的织物密度一般为 288×244 根 /10 cm^2～400×400 根 /10 cm^2。毛巾类织物是由地经纱、纬纱和毛经纱组成，地经纱和纬纱织成布基，毛经纱与纬纱交织成毛圈子。所以纬纱越密，毛圈子抽丝的可能性就越少。地经纱不宜用纱，应用股线，可增加其耐用性。

（5）制作工艺

制作工艺主要是对卷边和接缝的要求。卷边要宽窄均匀，针脚线要等距离且有一定的密度，一般要达到 36～45 针 /dm。

（6）耐洗次数

耐洗次数也是布件织物的质量标志之一。

三、客房布件年度消耗定额的确定

1．确定年度损耗率

损耗率是指布件的磨损程度。为了保持饭店的规格和服务水准，饭店对布件要进行更换和添补。确定损耗率的基本准则有以下两条：

（1）饭店自身等级的要求

饭店应根据自身的等级要求确定损耗标准。例如，豪华饭店的布件制品六成新就淘汰，改作他用；而经济型饭店则到破损才能淘汰。

（2）布件的耐洗次数

不同质地的布件有不同的耐洗次数。例如，全棉床单的耐洗次数约为 250～300 次，混纺的略大于此数；全棉枕套的耐洗次数约为 150 次，毛巾类约为 150 次。但如果送店外的洗涤公司洗涤，耐洗次数将降低；如果饭店自己的洗涤条件差，加上不按洗涤程序和规范进行操作，也会降低耐洗次数。耐洗次数越低，布件的损耗率就越高。

根据饭店确定的损耗标准和耐洗次数，即可计算出棉织品的损耗率。

$$年度损耗率 =1\div 每张床单的使用年限 \times 100\%$$

问题讨论

某饭店为三星级饭店，按星级标准规定，床单每天一换，其耐洗次数为 300 次。饭店客房单间配备量为 3 套，每套 4 张。请确定该饭店床单的年度损耗率。

2. 制定客房棉织品消耗定额

客房棉织品的消耗定额的计算公式为：

单项棉织品年度消耗定额 = 客房单间配备套数 × 客房数 ×
预测的平均出租率 × 单项棉织品年度损耗率

问题讨论

某饭店是一家三星级饭店，有客房 500 间，床单单房配备 3 套，每套 4 张。预测客房年平均出租率为 70%。在更新期内，床单年度损耗率为 40%，求其年度消耗定额。

四、客房布件配备

从使用状态的角度来分，客房的布件可分为在用布件和备用布件两大类。其中在用布件即投入日常使用和周转的布件，备用布件是指存在库房以备更新补充使用的布件。无论是在用布件还是备用布件，客房的布件配备需要一个合理的定额标准，否则会影响到客房布件的正常供应或造成无谓的浪费和损失。

1. 在用布件配备

在确定在用布件的数量时，要综合考虑下列因素：

(1) 必须能够满足客房出租率达 100% 时的使用和周转需要。

(2) 必须能够满足客房一天 24 小时运营的使用和周转的需要。

(3) 必须能够适应洗衣房的工作制度对布件周转所造成的影响。

(4) 符合饭店关于客用布件换洗的规定和要求。

(5) 考虑布件调换、补充的周期及可能发生的周转差额和损耗流失等情况。

(6) 能够保证刚洗烫过的布件有一段保养的时间。

2. 备用布件配备

在确定备用布件的数量时，要综合考虑下列因素：

(1) 布件的年度损耗率和消耗定额。

(2) 计划更新补充的周期和数量。

(3) 预订流失布件的补充情况。

(4) 是否有更新布件品种及规格等计划。

(5) 定制和购买新布件所需的时间。

(6) 库存条件。

(7) 资金占用的损益分析。

根据经验，有自己洗衣房的饭店，其客房布件的配备定额一般都为 3.5～4 套。其中，一套在用、一套换洗、一套周转、半套或一套备用。配备完成后，只有到了更新周期才陆续补充和新购。档次低的饭店至少应配备 2～3 套才能满足起码的要求。

服务提示

（1）备用布件不宜过多，以防止库存时间过长而造成自然损耗。

（2）各种布件的损耗情况并不完全一样，加之有的布件可以改制再利用，因此，无须各类布件都按 3.5～4 套配备。

五、客房布件的管理与控制

1. 安全存放

为了避免浴巾出现霉点和异味等问题，布件房管理员应该按正确的方法将布件存放在合适的环境中。

知识链接

布件的良好储存条件

（1）具有适宜的温度、湿度。库房的温度以不超过 20℃为佳。湿度不大于 50%，最好是在 40% 以下。

（2）通风透气，防止微生物繁殖。

（3）墙面材料须经过防渗漏、防霉蛀处理，地面材料以 PVC 地砖为佳。

（4）保持清洁。

（5）布件房不能存放其他物品，特别是化学物品和食品。

（6）布件上应加防护罩，以防止布件积尘、变色。

（7）要有消防设施。

（8）布件房限制无关人员进出。

（9）定期进行安全检查。

2. 控制“流失”

为了避免布件“流失”和责任不清，有些饭店要求各班次在交接工作时要将所辖区域的布件全部清点、核实。

（1）分类存放

布件应分类存放，并附有货卡，以加快发放速度，同时方便盘点和查库工作。

(2) 定点定量

由于布件分散在各处，为了便于使用和盘点等，存放必须定点、定量。凡是与布件使用和保管等有关的员工，都必须知道布件存放的地点、放置的具体位置、种类、数量及摆放方法。在平时的工作中，只要检查核对一下即可知道规格种类全不全，数量够不够、有无差错，这样既能提高工作效率，又能加强员工的责任心。

(3) 对等交换

布件收发要采用对等交换的办法，即用脏的布件换取相同规格、品种和数量的干净布件。在实务中对等交换有两种方法：一是楼层服务员在下班前将脏的布件送洗衣房，由洗衣房指定人员清点复核，在“布件换洗单”(见表6—2)上签字，楼层服务员凭此单到客房服务中心布件房领取相同规格品种和数量的干净布件。二是布件房的收发员到楼层收取脏布件，与楼层服务员确定脏布件的品种、数量，填写布件换洗单，双方签名确认。然后将“布件换洗单”送布件房，待配货员按需求数配好后，将布件及时运送至楼层，交服务员签收，并将回单交至布件房做账。

表6—2　布件换洗单

楼层：　　　　　　　　　　　　　　　　日期　年　月　日

品种	数量	收到数	发还数	签名
大床单				
小床单				
长枕套				
短枕套				
浴衣				
大浴巾				
小浴巾				
面巾				
方巾				
地巾				
口布				
抹布				
备注				

服务提示

客房服务员在收布件时要逐件清点检查，保证布件数量正确，并把好质量关，将有破损及洗烫质量不合格的布件找出，单独处理，防止将这些布件用于客房。

（4）定期盘点

饭店要定期对布件进行盘点，通常为一月一小盘、半年一大盘。通过盘点，了解布件的使用、消耗和储存等情况，发现问题及时处理，填补漏洞，改进管理工作。大盘点由客房部与财务部共同进行。盘点布件要认真、细致和全面。盘点前，要将盘点的日期和时间通知各有关方面和人员；盘点时要停止布件的流动，防止漏盘和重盘；盘点时须填写“布件盘点统计分析表”（见表6—3）并存档。

表6—3　布件盘点统计分析表

部门：　日期：　填表人：

品名	额定数	客房		楼层工作间		布件房		盘点总数	报废数	补充数	差额总数	备注
		定额	实盘	定额	实盘	定额	实盘					
毛巾												
浴巾												
面巾												
地巾												
浴衣												
床单												
枕套												
毛毯												
床罩												
被罩												
衬垫												
床裙												
窗帘												

（5）合理使用与保养

1）严禁服务员对布件的不正当使用，如将在用布件当抹布使用，发现后应严肃处理。

2）及时阻止客人不正当使用布件，若致使布件报废，应向客人索赔。

3）要消除污染或损坏布件的隐患，如将布件随便丢在地上，收送布件时动作粗鲁，布件中夹带别的东西，布件车、布件架不干净或表面粗糙、有钩刺等。

4）撤换下的脏布件用专用的袋子装好送洗，不要乱堆乱放，随意踩踏，更不可用床单包着布巾在地板上拖着走。

5）撤换下的布件，应将干燥的与潮湿的分开放置。潮湿的布件应及时送洗，否则容易生霉变质，不但影响使用，而且洗出来的效果也不好。

3．建立布件报损制度

布件在使用过程中的质量保证一般由洗衣房来控制。洗衣房人员在洗涤中发现严重污渍的布件后应对其进行单独去渍处理，在折叠熨烫过程中发现有破损的布件应抽出进行处理。归纳起来，布件的报损条件有以下几点：

（1）报废条件

1）使用期限已到，为了保证质量标准要及时报废。

2）由于某些原因布件损坏，无法修补。

3）布件上有无法清除的污迹。

（2）报批手续

布件报废须有严格的核对、审批手续。客房服务员在清洁时发现不合格布件要及时挑出来，由主管来认定，同时填写布件报废单，报客房部经理审批。

（3）报废布件处理

1）报损布件的再利用。床单如有破洞或不容易去掉的脏迹，可将其剪成小块做成枕套。当枕套报损后改作抹布，因为用报损的枕套来擦尘，其纤维少，擦尘效果好。大块毛巾可改作小毛巾，小毛巾可改为抹布。

2）寻价卖出。无论是新的布件还是报损的布件，都需要相应的空间来贮存。为了尽可能地减少占用空间，应经常对报损布件进行处理，最好通过寻价，以便将破损布件以最好的价格卖出。

第三节 客用物品管理

客房的客用物品具有使用量大、流失率高的特点，为此，客房部应加强对客用物品的管理，既要保证客人对客用物品的正常需求，又要采用多种措施降低其流失率，控制客房成本。

一、客用物品配备标准

为合理地配备客用物品，有效地保证服务质量和控制客用物品的消耗，要制订客用物品的配备标准。

1．各类客房的单间配备标准

饭店应参照行业、竞争对手及国际标准，以客房的类别和档次为依据，制订出各类客房的单间配备标准，在品种、数量、规格、质量以及摆放要求等各方面做出统一的规定，并将这些标准制定成文字、表格、图片等，以供日常操作、检查和培训时使用。

2．工作车配备标准

工作车所配备的客房客用物品的品种、数量、摆放位置及方法也要有统一的标准，这种标准也可以制成图片、写成文字，形成标准书，以统一规范工作人员的做法。工作车配备标准一般以一个班次的耗用量为基准。

3．楼层小库房储存标准

楼层小库房应该储存客房客用物品，以供楼层周转使用。楼层小库房客用消耗品的储备量通常以一周使用量为标准，其他非消耗品则根据各楼层的客房数量及客情等具体情况确定储量标准。对于楼层小仓库所配备的物品，应将品种、数量等用卡或表格的形式列明，并贴在库房内，供盘点和申领时参照使用。

4．客房部中心库房储存标准

客房部通常设一个中心库房，储备客房部的常用物品。客用物品的储量以一个月的消耗量为标准，配备量只要满足既可定期对楼层进行补充又可应付临时需要即可。中心库房不可储备过多客用物品，避免造成库存积压。很多客用物品尤其是客用消耗物品，都有一定的保质期，如果库存过多，造成物品积压过期，难免会出现自然损耗。

二、客用物品领发

客用物品的发放工作由客房部中心库房日用品发放员负责，不设这一岗位的由客房服务中心负责，客用物品的申领则由楼层领班或专人负责。各种客用物品的使用主要是在楼层进行的，所以，楼层领班是管好客用物品、掌握定额标准的关键。

中心库房则根据客用物品的消耗和发放情况及仓库最高库存量，定期填写客用物品的申购单，经主管或经理批准，交采购部门采购后，从采购部门领取物品。

客房一次性用品的收发应根据楼层小库房的配备量、楼层的消耗量等明确规定收发周期和时间，这不仅使这项工作具有计划性，方便中心库房人员的工作，还能使楼层工作有条不紊，减少漏洞。在收发之前，楼层客房服务员和领班应将本楼层小库房的消耗及库存情况统计出来，按楼层小库房的配备标准提出申领计划，填好申领表，由经理签字。中心库房在规定时间根据“客房日用品申领表”（见表 6—4）发放，并凭“客房日用品申领表”做账。

表 6—4　　客房日用品申领表

楼层：　　　　　　　　　　　　日期：

品名	申领数		实领数		品名	申领数		实领数	
	数量	单位	数量	单位		数量	单位	数量	单位
大香皂					指甲锉				
小香皂					棉签				
卫生纸					信纸				
面巾纸					信封				
洗发液					明信片				
沐浴液					铅笔				
护肤露					圆珠笔				
牙刷（简）					便笺纸				
牙刷（精）					传真纸				
梳子（简）					晚安卡				
梳子（精）					火柴				
浴帽					擦鞋器				
拖鞋（简）					洗衣单				

续表

品名	申领数		实领数		品名	申领数		实领数	
	数量	单位	数量	单位		数量	单位	数量	单位
拖鞋（精）					酒水单				
卫生袋					针线包				
剃须刀					洗衣袋				
服务指南					礼品袋				
宾客意见表					电视节目表				

申领者：____________　　　　　　发放者：____________

很多一次性客用消耗品都有一定的保质期，为了避免客用物品因发放延迟而过保质期，发放员在发放客用物品时要遵循“先进先出”的原则。

三、客用物品统计分析

1．每日统计

服务员每天按规定数量和品种为客房添补日用品，并在服务员工作表上登记。楼层领班负责本楼层的客用物品的管理，每天通过服务员工作表汇总服务员在每房的客用物品的消耗用量，填写主要客用物品的耗用统计表，并向客房中心汇报。再由客房中心文员对整个客房部所有楼层的客用物品耗用量实行汇总，填写“每日楼层消耗品汇总表”（见表 6—5）。

表 6—5　　每日楼层消耗品汇总表

汇总人：　　　　　　　　　　　　日期：

项目 / 楼层	卷纸	洗发液	沐浴液	擦鞋纸	圆珠笔	小铅笔	明信片	箱贴	梳子	牙具	针线包	香皂
餐饮层												
四层												
五层												
……												
合计												
金额												

2. 定期分析

客房部根据每日统计资料，定期（通常为一个月）对各楼层客房客用物品消耗进行汇总，并结合盘点，了解客用物品的实际消耗情况，将结果报客房部，并以实际消耗资料为基础进行分析，主要采用对比分析法，见表 6—6。

表 6—6　　楼层日常消耗品月度用量汇总分析表

年　　月　　　　制表人　　　　审核者

楼层	开房数（间天）	香皂		卫生纸		圆珠笔		品名		品名	
		总耗量（块）	平均量（块/间天）	总耗量（卷）	平均量（卷/间天）	总耗量（支）	平均量（支/间天）	总耗量	平均量	总耗量	平均量
总计											

（1）与消耗标准比较分析

用月度各主要客用物品的实际消耗量与制定的消耗标准对比，见表 6—7，找出差别产生的原因。

表 6—7　　月度预算执行情况对照表

部门　　　　月份　　　　年份

费用项目	编号	预算	支出总数	所占比例	上月支出	结余

（2）动态对比分析

根据开房／间／天数和总消耗量或消耗金额，计算出平均消耗量或平均消耗金额指标，然后与上期同类指标对比，计算增减幅度，说明主要客用物品消耗的动态变化，并分析变化原因。除月份对比外，也可作季度、年度情况对比。在用金额指标对比时，要注意价格因素的变化。

（3）控制前后对比分析

在客用物品的使用消耗过程中，如发现有什么问题、漏洞，客房部应及时采取新的控制措施。措施是否行之有效，要通过控制前后的间天客房平均消耗量或消耗金额指标的对比分析来说明。

通过分析研究，不断总结经验，摸索管理规律，提高管理水平，降低成本消耗，保证客房经营活动的顺利进行，为饭店获得更多的经济效益。

（1）造成与实际定额标准差较大的原因是多方面的，有的属于正常情况，有的属于不正常情况，要做具体分析。一段时间内如果客房出租率急剧上升，超出预定出租率，使物品使用过量，属正常消耗。

（2）如果管理不善，在领取、使用、保管等环节就会出现问题。

（3）在客用物品消耗控制中，既要力争节约，又要讲究适度，不能因过分要求节约而影响服务质量，通常要有一个合理的限度。对于那些因过分节约而影响服务质量的服务员，不应予以奖励，而应提出批评，甚至进行处罚。

四、客用物品消耗控制

1. 制定消耗定额

通常，客用消耗物品是按客房客用物品的配备标准配置和补充的。但由于并非所有客用消耗物品都会每天消耗完，因此，对这些用品的实际消耗情况要具体统计分析，从中找出规律。

（1）单项客用消耗物品的消耗定额

单项客用消耗物品的消耗定额可以用下列公式计算。

单项客用物品的消耗定额 = 每间 / 天客房的配置数 × 出租客房的间 / 天数 × 平均客用物品消耗率

其中：

平均客用物品消耗率 = 消耗数量 ÷ 配置数量

客房的出租间 / 天数 = 饭店可供出租的房间数 × 消耗周期 × 使用期限内的预计客房出租率

例：客房内的茶叶，每间客房每天供应 4 包，平均每间客房每天的消耗量为 3 包，其平均消耗率为 3/4，即 75%。如果某一层楼本月客房的出租总数为 576 间 / 天，计算该楼层本月茶叶的消耗定额。

茶叶消耗定额 =4×576×75%=1 728（包）

（2）全部客用消耗物品的消耗定额

全部客用消耗物品的消耗定额可以用下列公式计算。

全部客用消耗物品的消耗定额 = 每间客房配置的客用物品的总金额 ×
出租客房的间 / 天数 × 平均消耗率

例：每间客房全部客用消耗物品的总金额是 8 元，平均消耗为 60%，某楼层某月出租客房的总数为 576 间 / 天，计算该楼层本月客房客用消耗物品的消耗总金额。

消耗总额 =8×576×60%=2 764.80（元）

（3）可多次重复使用的客用物品的消耗定额

在确定可多次重复使用的客房客用物品的消耗定额时，应根据各种物品的使用寿命、合理的损耗率以及更新周期来确定。这类物品的品种很多，各种物品的使用寿命、损耗率及更新周期因质量和使用频率的不同而有所不同，因此，对这部分客用物品要分别单独制定消耗定额。

例如，客房的玻璃杯每间 / 天的损耗率为 2%，每间客房所配置的玻璃杯平均为 4 只，某饭店有客房 350 间，预计客房平均出租率为 80%。那么该饭店本年度玻璃杯的消耗定额为：

350×80%×365×4×2%=8 176 只

2．将消耗定额落实到楼层班组

制定消耗定额是客用物品管理的基础。客用物品消耗是逐日、逐月在每个楼层的接待服务中实现的。所以，必须将各种客用物品的消耗定额落实到每个楼层、每个班组。在制定年度消耗定额的基础上，根据季节变化和业务量的变化，分解同楼层、班组的季节、月度消耗定额，并加强日常控制，这样才能真正把消耗定额管理落到实处。

3．加强日常管理

（1）建立客房客用物品责任制

各种客房物品的使用主要是在楼层进行的，因此，使用的好坏和定额标准的掌握关键在领班。建立楼层客房物品的领班责任制和客房服务员责任制，并与奖惩制度结合起来，是客房部用品管理的关键环节。

（2）合理使用客用物品

通过管理人员的现场指挥和督导，让客房服务员在工作中形成成本意识，注意回收各种有价值的物品，并进行再利用。另外，还要防止因使用不当而造成的损耗，尽量减少客用物品的浪费和损坏。

1）督导客房服务员在引领客人进房时，必须按服务规程介绍房间设备用品的性能和使用方法，避免不必要的损坏。

2）督导和检查客房服务员清扫房间的工作流程，杜绝员工野蛮操作。例如：少数员工在清扫整理房间中图省事，将一些客人未使用过的消耗品当垃圾扔掉，或者乱扯乱扔客房物品等，领班应及时对其加强爱护客用物品的教育，尽量减少浪费和人为的破坏。

4．完善制度

（1）建立严格的赔偿制度。住客将客房内的物品损坏或带走，要按饭店规定的价格赔偿或付款。服务员在工作中不慎损坏物品，或走客房客用物品丢失而服务员又没能及时查明，均须由服务员赔偿。

（2）楼层员工利用工作之便私自将客用物品携带出去据为己有，或送其他部门员工者，将视情节轻重，给予罚款、警告直到开除的处罚。

（3）建立月末盘点制度。

（4）定期公布客房各楼层的客用物品耗用量，实行奖惩制度。对增收节支者，给予表扬和奖励；对超控浪费者，要扣发班组和个人奖金。通过奖惩，严格管理制度，强化服务员对客用物品的节约意识。

5．加强客用物品流失控制

（1）客人方面

一些客人在服务员做房时从工作车上“顺手牵羊”，拿走部分客用物品。因此，服务员在做房间卫生时，应将工作车紧靠房门口停放，以便随时留意工作车用品。

（2）员工方面

客房服务员在整理房间时多是单独作业，领班、主管的现场检查和督导较少，所以，服务员要洁身自好，勤俭节约，做好废物利用、旧物利用工作，不利用工作之便拿走客用物品，不野蛮操作，不人为损害客用物品。

（3）部门方面

1）楼层员工上班时不能带私人用包，同时，控制饭店其他部门人员随意上楼层。

2）要求服务员做好客用物品的领取和使用记录，以便考核。

3）为员工创造不使用客用物品的必要条件。例如，更衣室和浴室应配备员工用衣架、香皂及消毒用品等。在这些用品上标注标志，以便与客用物品相区别。

思考与练习

1. 如何做好床垫的保养工作？
2. 如何做好客房的木质家具的保养工作？
3. 简述客房的床上布件与卫生间布件的规格。
4. 楼层布件的配备标准是什么？
5. 如何确定客用物品的消耗定额？
6. 如何防止客用物品的流失？

第七章 客房安全管理

安全问题是饭店工作中不可忽视的重要环节。客人入住饭店后，饭店必须要保证客人的人身和财产安全。同时，饭店也应为员工提供安全的工作环境，培养他们高度的安全意识，保障员工自身的安全。因此，客房服务员必须掌握客房防火、防盗、防自然事故的常识，懂得在工作中保护自身安全，掌握处理客房中常见突发安全事故的方法。

学习目标

☆了解火灾发生的原因，熟悉火灾的预防措施。

☆掌握消火栓、灭火器的使用方法。

☆了解客房失窃的原因，熟悉客房失窃的预防措施。

☆熟悉职业安全。

☆熟悉自然灾害及其他安全事故的防范措施。

☆掌握异常客房的处理措施。

☆掌握客房部应急处理预案。

第一节　客房部常规安全管理

客房部常规安全管理是饭店安全工作的重要组成内容，通常包括防火工作、防盗工作、职业安全、自然灾害及其他安全事故的防范等内容。

一、防火工作

火灾直接威胁着人们的生命及财产安全，往往会使饭店付出沉重的代价。又因客房区域的位置一般处于饭店的高层区，扑救和疏散人员都较困难。因此，客房服务员应了解客房区域配置的防火设备，掌握防火器材的使用方法和发生火灾时的处理方法，在日常工作中还应提高防火意识，防止客房火灾的发生，减少火灾带来的不良后果。

1．客房易发生火灾原因

（1）客人吸烟

因客人吸烟导致客房发生火灾的情况主要有两种：一是客人卧床吸烟，特别是酒后卧床吸烟，睡着后引燃被褥酿成火灾；二是吸烟者乱扔烟头引发火灾。

（2）客房线路、电器设备故障

客房内电器设备种类繁多，用电负荷大，如果线路安装不合规范、线头裸露、电线老化、电器设备安装不合理、电器本身有故障等，均有可能会引发火灾。

（3）客房内易燃物品众多

饭店客房的各种木质家具、棉织品、地毯、窗帘以及装饰材料均为易燃材料，一旦发生火灾，这些物品将会加大火势的蔓延。

（4）火情不易被发现

客房是客人的私有场所，不像公共场所那样火灾苗头往往易被发现。往往等发现客房火情时，火势已经蔓延，给扑救工作造成很大困难。

（5）消防设施、设备配备不足

按照消防法规的规定，一类建筑通道每15米必须安放手提式灭火器一部，二类建筑通道每20米必须安放手提式灭火器一部。但不少饭店并没有按消防法规的规定来配置消防器材，造成重大的安全隐患。

（6）饭店的消防制度无法让员工第一时间向当地消防部门报警

大部分饭店都要求员工发现火灾时，首先向饭店消防中心报警，再由饭店消防委员会根据火势大小做出是否向消防队报警的决定。如果饭店消防委员会判断失误，未能在第一时间报警，很可能使火势迅速蔓延，酿成大火。

（7）员工操作不规范或违规操作

员工工作时违规操作或违反纪律均有可能引发火灾。如客房服务员打扫卫生时，检查不认真，让客房内灯具的灯罩和灯泡贴在一起，引起灯罩燃烧，造成火灾；工程人员在客房内明火作业，用化学涂料、油漆等化学品时没有采取防火措施，造成火灾；服务员在库房内吸烟导致发生火灾。

2．火灾预防

（1）在客房区域配置消防设备器材

现代饭店一般都为高层建筑，一旦发生火灾，仅靠饭店外的消防栓供水和当地消防部门救火车的云梯登高救火，是不能迅速扑灭大火的。饭店必须建立自身的消防灭火系统，配备相应的消防设备器材。

知识链接

消防设备使用方法（见表7—1至表7—3）

表7—1　消火栓使用方法

①发现火警按下手动报警按钮 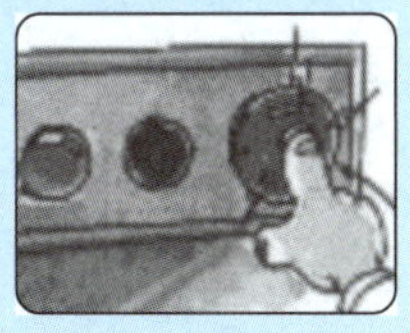	②报警警示灯闪，铃声大作 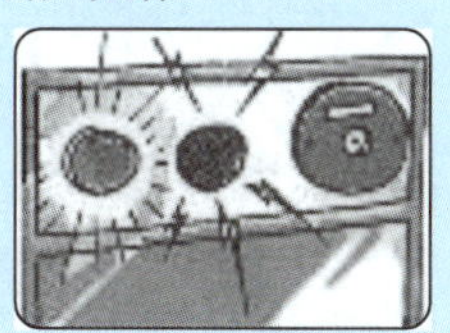	③打开消火栓箱 
④取出喷嘴 	⑤取下水带 	⑥注意接头是否接牢固 

续表

⑦转动制水阀	⑧转动喷嘴选择适当的射水方法	⑨握紧喷嘴

表 7—2　　灭火器使用方法

①提起灭火器	②拉开安全插销	③握住皮管，朝向火苗	④用力握下手压柄
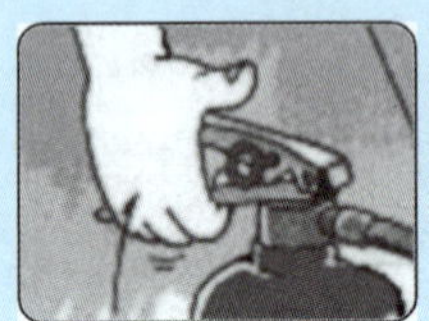 	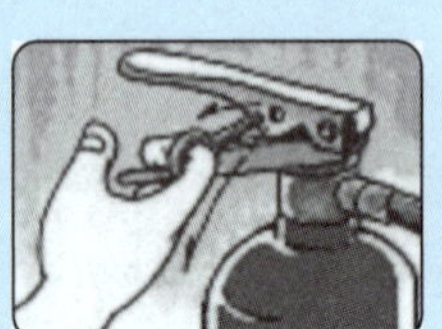 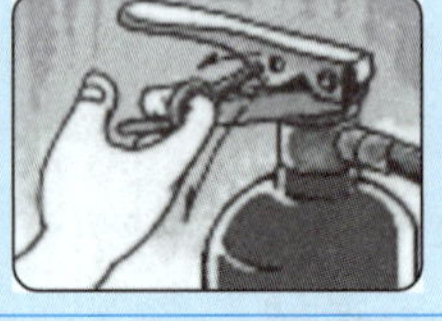	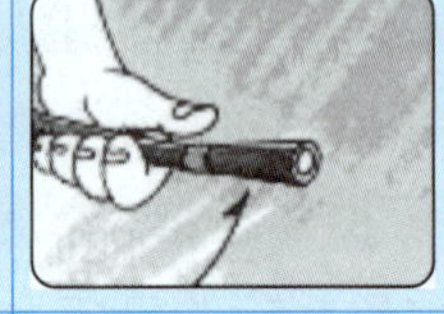 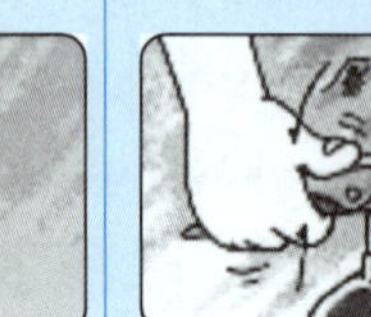	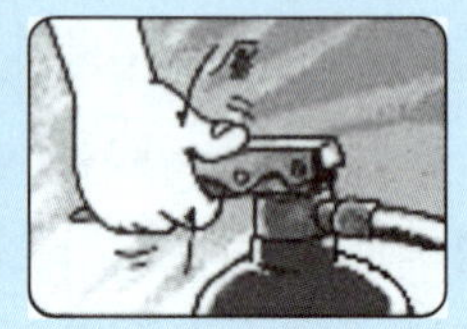
⑤朝向火源根部喷	⑥左右移动扫射	⑦熄灭后用冷水冷却余灰	⑧保持监控，确定熄灭

表 7—3　　客房逃生绳索（缓降机）使用方法

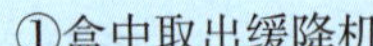

①盒中取出缓降机	②打开挂钩接口，挂上固定架，安全索套在腋下
	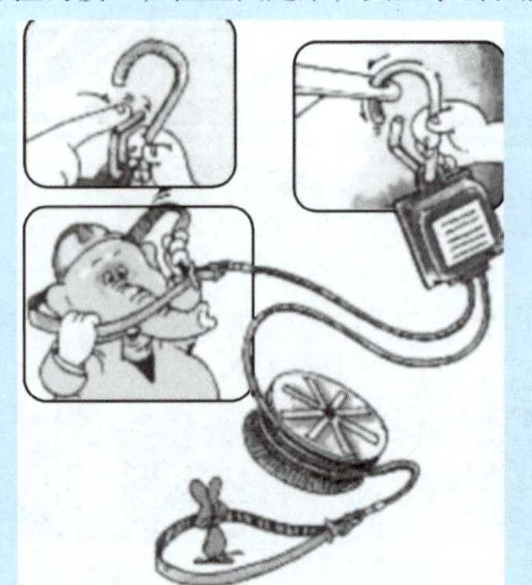

续表

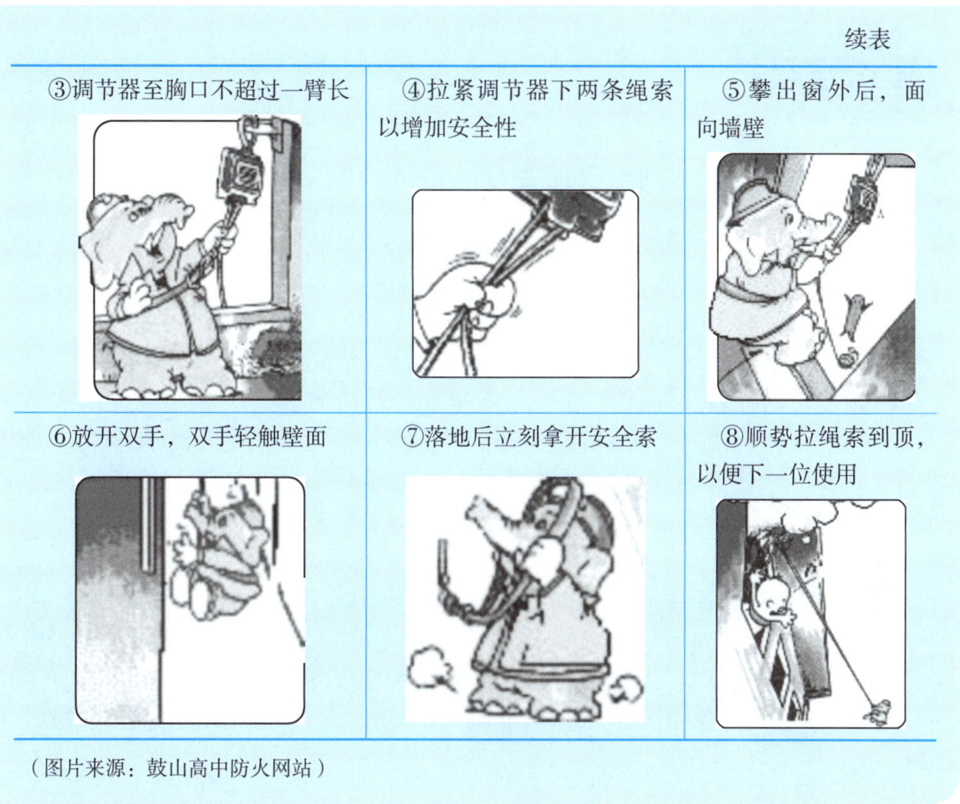

③调节器至胸口不超过一臂长	④拉紧调节器下两条绳索以增加安全性	⑤攀出窗外后，面向墙壁
⑥放开双手，双手轻触壁面	⑦落地后立刻拿开安全索	⑧顺势拉绳索到顶，以便下一位使用

（图片来源：鼓山高中防火网站）

（2）提高防火意识

客房服务员应将预防火灾作为一项重要的任务，在日常工作中必须提高防火意识。

1）牢记饭店安全出口、灭火器、消火栓的位置。

2）了解各工作区域的空调、照明、水电系统的开关位置，以便火灾发生时能迅速管制。

3）严禁在工作中吸烟、喝酒，以减少火灾发生的可能性。

4）当班时应随时提高警惕，发现火警征兆或问题要及时采取措施，及时报告。

5）定期进行安全检查，清除隐患。

（3）加强对客人的防火宣传

加强对客人的防火宣传工作，提高客人的防火意识，避免因客人原因引起客房火灾的发生。

1）在客房内醒目位置放置《客房防火须知》。

2）向客人介绍客房内有哪些消防设备，告诉客人所在客房的位置以及一旦发生火灾的撤离方法。

知识链接

客房区域安全检查的内容

（1）各常用通道和紧急出口是否畅通。

（2）出口处的照明灯、安全指示灯、应急灯是否完好。

（3）防火门的坚固性和自闭性能是否完好。

（4）所有取暖管道、空调和通风设备是否清洁完好。

（5）气流调节器（客道中遇有火苗即自动封闭的装置）功能是否正常。

（6）电线负荷情况，电线与插头是否磨损，灯具软线是否过长。

（7）客房部员工是否都知道报警器、灭火器的位置及使用方法。

（8）所有灭火设备是否都放在指定的位置，有无任何故障。

（9）“禁止吸烟”的告示是否放置，确保吸烟区有足够的沙缸。

（10）储存室是否通风，物品存放是否符合防火规程。

（11）每一个工作场所的灭火器数量是否充足，是否定期检修其喷压与换药，放置位置是否明显，四周是否堆积杂物而妨碍其取用。

（12）易燃品的储存处是否保持良好的通风，有无置于高温或明火作业场所。

3）用生动的事例提醒客人注意用火安全。

4）在床头柜上放置“请勿在床上吸烟”告示牌。

5）在通道、电梯口放置烟灰桶。

二、防盗工作

防盗是客房保安工作的又一项重要内容。客房服务员在工作中应严格遵守各项安全制度，提高防盗意识，避免客房失窃事件的发生，保障客人和饭店的财产安全。

1．客房失窃原因

（1）外部偷盗

外部偷盗即社会上的不法分子混入饭店客房进行盗窃。这些人往往装扮成客人的样子蒙骗店方，盗取住店客人及饭店的财物。

（2）内部偷盗

内部偷盗指饭店职工利用工作之便盗取客人及饭店的财物，这种类型的偷盗在整个偷盗事件中占很大比例。

(3) 内外勾结

这种类型的盗窃一般由饭店内部员工向社会上的同伙提供“情报”及各种方便，由其同伙作案、销赃。这种作案手段较为“高明”，对饭店构成较大威胁。

(4) 客人自盗

这种方式是指一些不法分子以客人身份入住，然后利用“地利”的方便，伺机行窃。

2. 失窃预防

(1) 配置防盗安全设施

为了避免盗窃事件的发生，在客房区域应配置相应的防盗设施，以保证客人的财物安全。客房区域常见的防盗设施有：

1) 电视监控系统。

2) 安全报警装置。

3) 新型门锁系统。包括：磁卡锁、IC 卡锁、磁片机械锁、电子光卡锁、电子密码锁等。

4) 防盗链及反锁装置。

5) 窥视镜。

6) 小型电脑保险箱。

(2) 保管好工作钥匙

发生在客房内的偷盗事件，大多与客房钥匙管理不善有关，其中包括服务员的工作钥匙卡。饭店应制定工作钥匙的管理制度并严格执行，具体要求是：

1) 领发、归还和交接钥匙都必须登记签名。

2) 上班期间，钥匙应随身携带，不得乱放，更不能充当取电牌，以防遗失。

3) 不得将钥匙借给他人使用。

4) 不得将钥匙带出饭店。

5) 严禁为陌生人开门。

服务提示

只有在两种情况下，客房服务员才能为没有住宿凭证的住客打开房门：
(1) 可以百分之百地肯定该客人正是某房间的住客，而且没有结账离店。
(2) 持有大堂副理或接待员签发的要求服务员为其打开房门的证明。

6) 其他部门员工因工作需要进入客房，客房服务员应仔细核对有关凭证后再开门。如果是住客房，客房服务员要待该员工完成任务后方可离开。

7）服务员违反饭店有关客房钥匙使用的规定或遗失钥匙，要承担过失责任。

8）磁卡钥匙的制作者及密码一般由饭店高层管理人员专人负责管理和控制，管理者应随时查对制作钥匙的情况。

9）应根据不同的管理层次逐级规定制作人员的权限。

10）每一位磁卡钥匙制作者，都应有独立的密码进入制作系统，以确保安全。

3．防止客人偷盗

客人偷盗的对象往往是饭店的物品和其他客人的财物。为了防止客人偷盗，饭店可采取下列有效措施。

（1）保障饭店财物安全的有效措施

客房内的物品，如毛巾、送餐服务的餐具、电视遥控器以及其他具有使用价值或纪念意义的物品，往往是客人比较感兴趣的，因而会被一些客人有意或无意带走。对此，客房管理中通常采用如下措施：

1）在客房内有可能成为客人偷盗目标的物品上作上饭店的标记，这有助于打消客人偷盗的念头。

2）客房内有些物品容易引起客人的兴趣，想带走留作纪念时，饭店可在“服务指南”“宾客须知”中告知客人可与客房管理部门如客房中心等联系或在饭店商场购买。

3）客房内的一些贵重物品，在设计制作和安装布置时就要考虑防止客人偷盗，尽可能不要过分“刺激”客人，或者使客人无法带走，不敢带走；也可以标明价格，客人如需要，可视情况出售。

4）加强对客房用品的检查。客房工作人员应养成经常对客房内的物品进行检查的职业习惯。当发现客房内家具、设备和用品有损坏或缺少时，应及时报告上级或按有关规程妥善处理。

5）加强对访客的控制。一些客人（住客）往往利用会见和接待访客的机会将客房内的物品带走。因此，客房服务员要做好会客服务工作，加强对访客的控制。

（2）保障客人财物安全的有效措施

1）制定科学、具体的宾客须知，明确告诉客人应尽的义务和注意事项。

2）提醒客人不要随意将自己的房号告诉其他客人和陌生人。

3）建立和健全来访客人的管理制度，明确规定接待来访客人的程序、手续以及客人离店时间，严格控制无关人员进入楼层。

4）严格按规定为客人开门，切实做好验证工作。

5）加强巡逻检查，发现可疑和异常情况及时处理。

6）在巡视中，注意在走道上徘徊的外来陌生人、可疑人及不应进入客房层或客房的饭店员工。

7）注意观察客房的门是否关上及锁好。

8）发现有人乱闯楼层推销商品，应劝其离开楼层，并向受扰客人道歉。

9）如发现醉酒、神志异常的客人，要特别留意，避免损坏房内东西和不良分子乘机进入客房盗窃作案。

4．防止外部偷盗

饭店应采取下列措施，防止外来人员进入客房楼层进行偷盗。

（1）加强客房楼层出入口及通道的控制，防止外来人员进入客房楼层。

（2）对进入楼层的外来人员加强监视。

（3）加强楼层的巡视检查。客房楼层的工作人员、饭店的保安人员应经常巡视检查客房楼层，如发现客房的房门未关好、有外来人员在楼层等情况，要及时处理。

（4）不要随便为“客人”开门。

（5）督促客人提高警惕，增加防盗意识。

问题讨论

如果不能肯定要求开门的人是住客时，该怎么办？

知识链接

饭店电梯需要房卡才能启动

目前，我国多数饭店采用客房服务中心的服务模式，楼层不设服务台，人员进入楼层就少了直接的监控。为了避免非住店客人进入楼层，现在越来越多的饭店采用了一种特殊的防范措施，即饭店电梯需要用房卡才能运行，以此杜绝非住店客人进入楼层，这在一定程度上保障了客人的财产安全。

5．防止员工偷盗

员工偷盗的对象是饭店和住店客人的财物。为了有效预防员工的偷盗行为，可采取以下措施：

（1）设立员工通道，建立员工上下班自动出示随身携带物品的制度。

（2）完善客房部物品的申领、保管制度。

（3）建立工作钥匙的管理制度，使用新型的客房门锁系统。

（4）建立相应的奖惩制度。

三、职业安全

根据统计，客房服务员在清扫或进行其他作业过程中，80% 的事故都是由于客房服务员不遵守操作规程、粗心大意、工作不专心、精神不集中造成的，只有 20% 是由于设备原因所致。因此，所有的客房服务员必须具有强烈的安全意识，严格遵守相关的安全操作须知。

1. 在饭店范围内不得奔跑。

2. 工作地带湿滑或有油污，应立即抹去，以防滑倒跌伤。

3. 员工制服不宜过长，以免绊倒，发现鞋底过分平滑时要更换。

4. 取高处物品应使用梯架。

5. 举笨重的物品时，要用脚力，勿用背力。

6. 保持各种设备和用具的完整无缺，有损坏的物件切不可再用，要立即报告送修。

7. 发现公共地段照明系统发生故障，必须马上报告立即修复，以免行人碰撞发生危险。

8. 在公共地段放置的工作车、吸尘器、洗地毯机等，应靠边停放，电线要整理好，不能妨碍客人和员工行走。

9. 所有玻璃或镜子，如发现有破裂，必须立即报告，及时更换，暂不能更换的，也要用强力胶带贴上，以防坠下。

10. 清洗地毯、地板时，切勿弄湿电源插头和插座，小心触电。湿滑地面要有警告标识。

11. 化妆室内及露天花园的地板、楼梯台阶等不宜打蜡，以防滑倒。

12. 在玻璃门或窗上要贴标识或色条，提醒客人和员工，以免不慎撞伤。

13. 家具或地毯如有尖钉要马上拔除，以防刺伤他人。地板有坑洞或崩裂，要立即修理。

14. 化妆室热水龙头要有说明指示。

15. 清理破碎玻璃及此类物品时，要用垃圾铲，勿用手收拾，处理时应与一般垃圾分开。

16. 开门关门，必须用手按门锁，勿用手按在门边。

17. 不要将燃着的香烟弃置在垃圾桶内。

18. 手湿时，切勿接触电器，防止漏电。

19. 经常留意是否有危险的因素。

20. 放置清洁剂、杀虫剂的仓库要与放食物、棉织品的仓库分开，并要做明显的标识。

四、防自然灾害

威胁饭店安全的自然灾害有水灾、地震、台风、雷电、龙卷风、暴风雪等。饭店应根据所在地区的地理、气候特点，制订出预防及应付可能发生的自然灾害的安全计划。客房部则应制订相应的安全计划，采取必要的防范措施，保护客人与饭店员工的生命财产安全。

1．建立应对自然灾害应急机制

根据饭店的实际情况，针对本地区多发性的自然灾害，建立应对各灾害的指挥领导机构，明确指挥系统的权力与责任，成立应急救援队伍。

2．配备足够防灾物资设备

饭店应根据自身的实际情况，添置相应的物资设备，提高防范自然灾害的能力。

3．提升抵抗自然灾害能力

饭店员工应了解影响当地生态环境的常见问题，形成保护自然环境和躲避自然灾害的意识；学会在自然灾害发生时的自我保护和求助及逃生的简单技能；掌握突发自然灾害预警信号级别含义及相应的防范措施；熟悉饭店建筑布局，学会紧急情况下协助客人疏散、救生的基本方法。

五、其他安全事项防范

1．传染病预防

防止各种传染病的感染与传播，不仅是关注客人安全的需要，也是维护饭店员工切身利益的需要。

（1）减少传染

1）总台接待员谢绝患有易传染疾病的客人入住。

2）当客房工作人员发现住客得了传染病时，要及时向部门主管汇报，并向政府防疫部门报告，按照防疫部门意见将客人妥善安置治疗。

3）传染病人住过的房间、用过的家具设备，需请防疫部门彻底消毒；病客用过的床单、毛巾、餐具，要撤出并单独严格消毒；经过消毒处理的房间要再进行一次全面大清扫后才能安排新的客人入住。

4）员工在录用之前应对其进行必要的健康检查，尽量避免传染源的店内化。

5）饭店要定期组织员工体检；对患有法律规定禁止或限制的传染病者，饭店将视病情安排离店休息或调离原工种。

6）总台接待员可谢绝携带宠物的客人登记入住。

（2）切断传播途径

1）定期对客房区域的公共设施进行清理消毒。

2）严格执行布件消毒规定。

3）客用设施设备要特别的清洁和消毒。

4）定期通风、除湿，降低空气中有害物质的浓度。

5）及时消灭害虫。

（3）将传染病预防知识纳入培训内容

定期请传染病预防专家对员工进行知识培训，让员工更多地了解公共场所消杀细菌和病毒的常识，熟练掌握有关消毒工具的使用方法。

2．客人饮食安全

客房中的食品虽然种类不多，但存在引发饮食安全事故的隐患。因此，饭店应保证客房小酒吧的酒水、食品的保质期，客房内配置的新鲜水果应采用合理的保鲜方法。

3．客人娱乐安全

客房中提供的健身器具、商务楼层提供的免费健身娱乐设施应注意安全性。

4．客人信息及资料安全

客人的信息安全涉及的面较广，它包括客人在房间内放置的各种资料、产品，客人的住址、联系方式（电话号码、电子信箱）、访客记录，及客人电脑中的资料等信息资料的安全。

5．客人隐私安全

隐私是客人不愿公开或不愿告知他人的事，包括个人嗜好、生理缺陷等。饭店应培训员工注意保护客人在房间内的隐私。

6．客人心理安全

客人如对客房的环境、设施、卫生、服务、管理等方面感到不适应，会产生不安全感。

7．客人人身安全

在客房，影响客人人身安全的主要因素有：客人突发疾病、食品卫生事件、治安事件（暴力行凶、强奸、投毒、杀人、抢劫等）、精神病人危及自身或他人安全、发生火灾、设备设施事故（因地面湿滑、地毯破损或铺垫不平、浴缸无防滑措施、电源插头损坏、电线裸露、灯具安装不牢固等造成人身伤害）、恐怖事件、自然灾害等。发生这些事件都会危及客人的人身安全。

第二节　客房异常情况处理

在对客服务中，服务员会遇见一些异常情况的房间，如“请勿打扰”房、拒绝任何服务的房间、住客房无人无行李等，此类房间存在着安全隐患或客人逃账的风险。为保证客人的人身或财产及饭店的利益不受损害，客房服务员在遇见此类房间时，应采取相应的措施。

一、“请勿打扰”房

门上挂了“请勿打扰”的指示牌或亮了“请勿打扰”的指示灯的客房叫“请勿打扰”房，“请勿打扰”是指客人此时不希望任何人进入房间打扰。因“请勿打扰”房存在着安全隐患或客人逃账的风险，因此，遇见“请勿打扰”房时，客房服务员应谨慎处理。DND 房的处理细则如下：

1．报告

服务员发现 DND 房时，不可以马上敲门而入，应先在工作表上做好记录，然后通知客房主管。

2．了解情况

（1）客房主管首先与总台联系，问清房间当天是否续租。

（2）对于续租房间，客房主管要在 14：00 打电话询问客人是否需要清扫房间及何时清理房间。

3．应急处理

若房间电话无人接听，服务人员应同保安一起敲门，查看房间是否发生了异常情况，如客人生病严重或遇到伤害则要及时救援。

4．事宜交接

如果下班，应针对 DND 房的情况做好交接班记录。

5．总台处理

客人已经明确退房，但迟迟没有到总台办理手续，此时总台要与客人联系，询问情况，以防客人逃账。

二、拒绝任何服务的房间

在住店期间，客人不需饭店提供任何形式服务的房间叫拒绝任何服务的房间，简称 NNS。这类房间客人的住宿时间通常在 3 天以上，甚至长达 1 个月。因 NNS 房有时候会成为黄、赌、毒等某些违法犯罪活动的场所，因此，为了保障客人的安全和饭店的利益，饭店对此类房间必须采取相应的措施。

1．报告

客房主管应将 NNS 房间的房号报告到饭店保安部。

2．监控录像

保安部可使用监控录像对住客行为及进入楼层的访客进行观察，查看有无行为异常的迹象。

3．进房查看

如有必要，可以在房内无人的情况下进房查看，发现异常情况时可以报警。

三、住客房无人无行李

住客房包括 OC 房或 OD 房。当班主管对 OC 房查房时，或者服务员打扫 OD 房时，因无人无行李的 OC 房存在着总台工作失误的可能性，而 OD 房存在着客人逃账的风险，因此，主管查房或服务员打扫住客房时，发现房内无人无行李，应立即通知总台，查明原因。

1．出现无人无行李 OC 房的原因

如果 OC 房中无人无行李，并且房间中的物品没有使用过的痕迹，则可能存在以下几种情况。

（1）客人刚登记还未进入房间。

（2）总台操作失误，给错客人房卡，客人已进入其他房间。

（3）客人已经在前台换房，但总台电脑上没有及时更换房号。

总台应根据造成无人无行李房的原因，及时纠正房态，以免给饭店造成损失。

2．解决出现无人无行李 OD 房的措施

（1）若客人已经提早离店，但是没有到总台办理退房手续。无论客人账户中的押金是否充足，总台都应拨打客人手机询问客人是否已经离店。

（2）若客人已经退房，但是总台操作失误，结错房号，甚至忘记结算。总台应及时查找客人销卡时间，找出错误后立即纠正。

四、走客房有人或有行李

1．走客房出现有人或有行李的原因

（1）前台结错账

客人没有退房，前台却作了退房处理，该结的没有结账，把不该结的账给结了。

（2）前台服务员故意作为

前台服务员人为地提前结算房费，以便于朋友可以在超过结账时间后能在房内免费多住几小时。

2．应对措施

（1）反映

若发生走客房有人或有行李的情况，服务人员应迅速将情况反映给前厅经理。

（2）彻底清查

前厅经理接到报告后应立即彻查，如员工有谋私行为，则应严肃处理，惩一儆百。

五、待售房有人或有行李

服务员打扫干净，主管检查合格，随时马上能出租给客人的房间，叫 VC 房。因此一般情况下 VC 房房间中不可能有人或行李。

1．待售房中出现人或行李的原因

（1）总台员工的“飞房”行为

为了私吞房费，客人入住时，服务员只在相关表单上登记，电脑不做登记，客人离店后再由已事先串通好的客房服务人员清理房间。

（2）总台未及时在系统里更换房号

客房主管未正确修改房态；为饭店自用房，但系统却加标注。

2．应对措施

（1）反映

若发生走客房有人或有行李的情况，服务人员应迅速将情况反映给前厅经理。

（2）彻底清查

前厅经理接到报告后应立即彻查，如员工有谋私行为，则应严肃处理，惩一儆百。

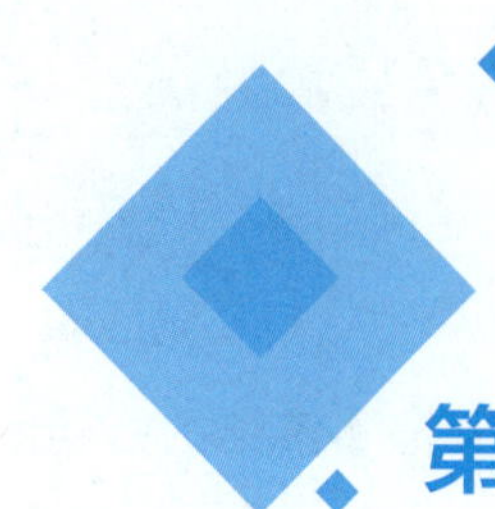

第三节　客房部应急处理预案

火灾、盗窃、停电、停水、客人死亡等意外或安全事故，有的会危及客人的生命，有的会让饭店和客人遭受巨大的损失，有的会给饭店的声誉造成影响，有的会给客人带来不便，影响到对客服务质量。因此，饭店应制订相应的应急预案，以便在发生意外、安全事故时，尽可能地降低对饭店和客人造成的影响与危害。

一、火灾应急预案

1．报警预案

饭店、客房一旦发生火灾，必须立即报警，报警往往分为二级。一级报警是只向消防中心报警，其他场所听不到铃声，这样不至于造成整个饭店的紧张气氛。二级报警是在消防中心确认已发生火灾的情况下，向全饭店报警。

2．火警预案

（1）客房部工作人员听到火警信号（通常为有间隔的短促信号），应立即查实是否发生在本区域。

（2）如火灾不发生在本区域，应照常工作，保持镇静，随时待命（等待随时可能出现的疏散信号）。

（3）发生火警信号时，为保持总机线路畅通，便于发布紧急指令，除指定人员外，任何人员在任何情况下均不得与总机联系。

（4）非客房区域发生火灾，客房部经理须留守办公室待命。

3．疏散预案

疏散信号表明某处已发生火灾，要求全体人员撤离现场，赶到指定集合地点列队点名，该信号只能由在火场的消防部门指挥员发出。

（1）听到疏散信号（通常为持续信号），立即打开所有安全楼道、太平门，关闭电梯。

（2）通知各楼层工作人员敲门并打开房门，帮助客人迅速离开房间并立即关上门。

(3) 组织人员把守各梯口、路口，有步骤地引导客人从安全口疏散，避免人流盲目拥挤，造成挤压死伤事故。

(4) 特别注意和帮助老弱病残及儿童。

(5) 分头检查每一个房间内是否还有客人。

(6) 客人疏散完毕，工作人员迅速撤离现场。

(7) 客房部经理根据考勤记录，在集合地点列队点名，确认是否每一位工作人员都已到场。

(8) 所有的对讲机都应处于开机状态。

4. 发生火灾

(1) 一旦发现起火，立即使用最近的报警装置进行报警。

(2) 拨报警号码通知饭店的安全消防部门着火的具体方位和起火原因。

(3) 迅速利用就近的消防器材进行扑救工作。

(4) 注意保护客人的人身和财物安全。

(5) 如火灾发生在客房内，房门下有烟冒出，应先用手触摸此门，如果很热，千万不能打开房门。

(6) 如果火势不能控制，则应疏导全体人员离开火场，离开时沿路关闭所有门窗。

(7) 等待消防人员到场，提供必要的情况。

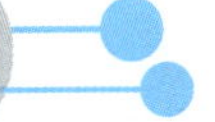

疏导客人时应注意：

(1) 要求客人保持镇定，防止由于恐慌、拥挤而造成其他意外伤亡事故。

(2) 提醒客人穿好衣服或睡袍，勿将身体直接暴露在火焰之中，以免烧伤。

(3) 提醒客人随身携带房门钥匙，以便在无法从安全通道出去时返回房间，等待救援或采取其他措施。

(4) 最好能将一件针织衫用水浸湿，蒙在头上，当作“防毒面具”使用。

(5) 如整个通道已被浓烟弥漫，可提醒客人匍匐前进。

(6) 提醒客人不要乘坐电梯。

5. 火灾逃生

(1) 选择最近的安全通道撤退。

(2) 疏散时，随身带一条湿毛巾，经过烟雾区时用湿毛巾捂住嘴鼻，以防吸入有毒气体。

(3) 经过浓烟区，能见度很低时，应弯腰或趴下沿墙壁匍匐前进。

(4) 身上如若着火，千万不能奔跑，应把着火的衣服脱去或撕掉。如来不及脱衣，可就地打滚。

(5) 如身处高层，已无法下楼时，可往上跑至楼顶，站在逆风一面，等待营救。

(6) 如疏散线路中断，应退回房间进行自救并等待救援。

(7) 烟雾进入房间，用湿毛巾或床单沿着门缝塞上，以防烟熏。

(8) 在浴盆内放满水，将所有易燃物品用水浸湿，若将洗头液和洗洁精等混在水里，灭火效果会更好。

(9) 如果房门或门把手发烫，千万别开门，要不断往门和其他易燃物品上浇水，以冷却降温，防止辐射燃烧。

(10) 不可开窗，以防火焰从窗外窜入。除非房间内充满浓烟，为避免窒息，可开窗换气。

(11) 在紧急情况下，可将床单拧成绳，从窗户进入下层楼的房间逃生。

二、客人报失应急预案

案例思考

服务员小王是某饭店的一名实习生，在她实习期间，发生了这样一件事：有一天，708 房间来了一位珠光宝气的女士，手里拿着大包小袋的物品，可以看出，她是一个游客。在她第二天退房的时候，小王负责 708 房的清理工作，小王习惯性地把床铺好。“你有没有看到我的小提包？”有人焦急地问道。小王还没来得及回答，她就在刚铺好的床上翻来找去，这时，小王才知道她就是刚退了房的住客。她便上前提醒这位女士说：“太太，您是否忘记搁在哪里了？”“我带在身边的东西还能搁在哪！”她愠怒地吭声道。小王忙提醒她说：“您再想一想，是不是放在别处？一时间记不起来了？”“你别装好人，你要是喜欢我的小提包，说一声拿去也没有什么，何必偷偷摸摸。”小王的一番好心居然遭到一阵挖苦，而且这位女士好像认定了小提包就是小王偷了似的。但小王想：现在不是和她分辩的时候，最重要的是要把小提包找出来，才能解决问题。于是，小王马上找领班反映情况，领班过来了解了事情的经过，她一方面安慰那位女士，另一方面叫小王去寄存室看有没有这位女士的存物记录。小王马上到寄存室，刚好有一个和那位女士所说的一模一样的小提包，原来是那位女士一时间忘了寄存过物品。最后，当小王把小提包捧到她的面前时，她激动地握住小王的手，说："对不起！实在对不起！"小王感到一种被理解、被尊重的快乐。

想一想：

案例中的服务员小王在客人反映小提包不见时，她的做法有哪些是可取的？

客人丢失物品向饭店报失后，服务员应根据具体丢失物品的价值大小，采取不同的处理措施。具体的处理方法如图 7—1 所示。

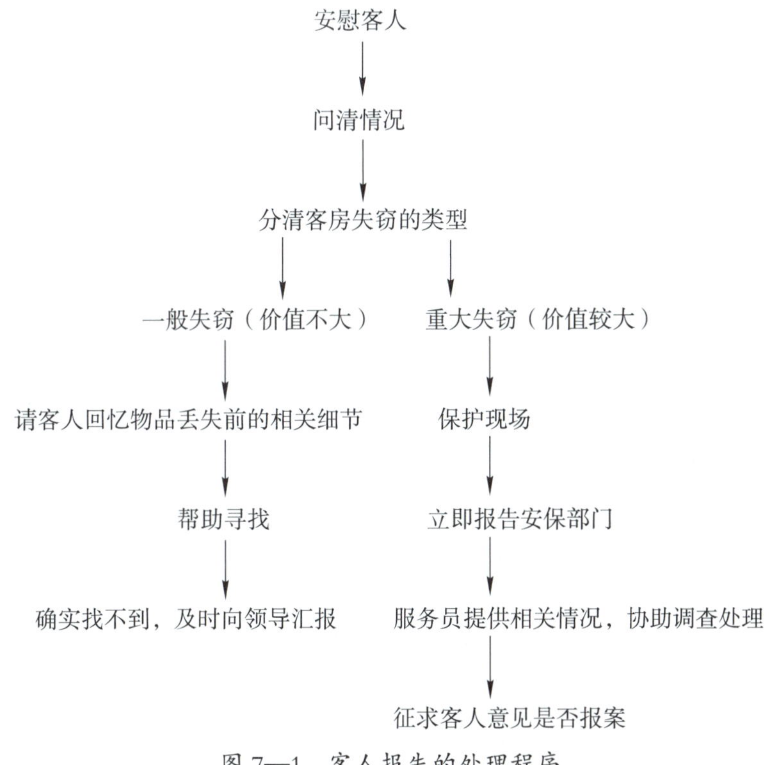

图 7—1　客人报失的处理程序

案例分析

有一天，客房服务员小李正在清洁 1802 房的卫生间，门敞开着，工作车置于楼层走廊中，小李一边轻声哼着歌曲，一边清洗浴缸。这时，一名在饭店多次作案的惯偷，轻手轻脚地溜进房间，坐在床上假装打电话。小李清洗完毕，看到房内有人，以为是住客回来了，不宜打扰，于是退出房间，关上房门。

于是惯偷就在房内有恃无恐地作案，撬开客房的小保险箱，偷走了现款及有价值的物品，随后迅速离开房间。客人回来发现失窃，立即报案。在当地派出所的协助下，逮捕了这名惯偷，追回了赃物。但是这件事情严重地损害了饭店的名誉。

分析：

1. 客房服务员必须具有高度的安全意识，确保客人的生命和财产安全，这是饭店职工的基本责任。可服务员小李的安全意识低，毫无警惕性，见到有人在房间，没有主动打招呼问好，也没有确认此人是不是该房的住客。如果服务员小李能及时了解“客人”身份，就可以避免这场窃案。

2. 服务员小李没有按照操作规程工作。若将工作车堵住房门，可防止小偷和闲杂人员乘机混入。若服务员小李发现房间有客人，主动征求客人意见是否继续做清洁工作，并礼貌地请客人出示住宿证件（或是钥匙卡），也不会给不速之客作案的机会。

三、停电应急预案

1．事先得知要停电

（1）如事先得知将要停电，则应张贴告示，尽可能通知到所有客人。

（2）在停电期间，服务员应打开过道的应急灯，并在过道上不断巡视，做好安全防范工作。

（3）停电期间，关闭电梯。

（4）准备好备用手电筒。

（5）严禁使用明火照明。

（6）恢复供电后检查各区域有无发生异常情况。

2．突然停电

（1）现场工作人员应马上通知工程人员。

（2）工程人员接到通知后，应立即到达现场，落实电梯内是否有被困人员，如果有，应稳定乘客情绪，展开营救工作。

（3）检查配电箱是否有跳闸现象，查明停电原因后把电源合上。

（4）如果是大范围停电，则需向供电局询问停电原因及来电时间。

（5）工程部负责人需请示领导是否发电。

四、停水应急预案

1．如事先得知会停水，则应张贴告示，尽可能通知到所有客人。

2．事先储存一部分水，以备使用。

3．如果突然停水，则应立即组织员工取水，在客人需要的时候送至客人房间。

4．准备一定数量的矿泉水作为饮用水。

5．恢复供水后，应检查饭店内有无漏水现象。

五、客人死亡应急预案

1．如果发现房内的客人已经死亡，切记保持镇静，并立即向上级汇报并保护好现场，等待保安部经理、客房部经理、大堂经理一起进房查看。

2．管理人员将情况报告总经理，通知前台封锁房间。

3．迅速通知死者家属或工作单位、接待单位、同行人员，如是境外客人，须及时通知公安局入境管理部门、政府外事部门，如客人有投保，还需通知相应的保险公司。

4．征得死者家属或单位同意后，向公安机关报案，由法医验尸。

5．尽快将死者转移出饭店，转移时注意避开住客，可选择夜深人静之时，从员工通道出店。

6．及时整理、清点和记录死者的遗留物品，待死者家属或指定委托人认领并做好领取的签收手续。

7．客房部经理根据调查结果写出客人住店期间死亡及处理经过的报告，总经理审阅通过后，一份留饭店备案，其余的交给死者家属及有关单位。不可随意猜测或解释死者的死因，应统一由饭店指定的权威人士解答。

8．尸体转移后，应对客房进行严格的消毒，对于客人用过的物品与卧具应该做焚毁处理。

六、醉酒客人处理应急预案

1．发现客人有醉态时，服务员应主动上前搀扶客人至房间。

2．进入房间后，让客人慢慢躺在床上，并帮助客人沏上一杯浓茶。

3．将火柴、打火机和刀具之类的危险品放在客人拿不到的地方。

4．如果客人喝醉酒后无理取闹，则应立即与保安人员共同处理此事。

5．如果客人醉得厉害，则需打电话请医生，并向值班经理汇报，必要时将客人送至医院，并时刻与医院保持联系。

思考与练习

1．简述灭火器、消火栓的使用方法。

2. 列举客房服务员应遵循的安全操作须知。
3. 客房服务员打扫卫生时，遇见 DND 房时，应怎么办？
4. 客房区域发生火灾时，该怎么办？
5. 客房服务员遇见客人报失时，应如何处理？
6. 客房服务员遇见醉酒客人，怎么办？